ソヴェト＝ロシアにおける赤色テロル（1918～23）

Красный Террор в России

レーニン時代の弾圧システム

S・P・メリグーノフ［著］　梶川伸一［訳］

社会評論社

ソヴェト＝ロシアにおける赤色テロル（1918〜23）　レーニン時代の弾圧システム＊目次

本書に関する若干の解説　あとがきに替えて

梶川伸一

はじめに

本書は、Мельгунов С.П. Красный Террор в России（1918- 1923）.2-е изд. Берлин, 1924.『メリグーノフ　エス・ペ、ロシアにおける赤色テロル（一九一八―一九二三）』、第二版、ベルリン、一九二四年の本文全訳である。今回の訳出には本書の最新版である、Мельгунов С.П. Красный Террор в России（1918- 1923）М.,2006. を参照した。後者にはチェー・カーの犠牲者、本書にも登場する「人間の手袋」、監獄に残された犠牲者の書き置きなどの生々しい写真が掲載されている。

副題は訳者が補った。

本文にある、はしがき「悪党を粉砕せよ！」と「むすびに替えて」の章は、政治色が強く、現在の日本の読者には分かりづらく、不要とも思えたが、訳者の判断で原著を変更するのは礼を失すると考え、訳出した。

テキストには著者が述べているように、個々の事例についてほとんどの場合に逐次典拠註がつけられているが、読者には煩雑になるだけで不必要と判断し、割愛させていただいた。ただし、テキストにあるそれ以外の註釈のうち必要と思われるものは、〔原註〕という形で訳出してある。お読みになっておわかりのように、本書は人名、地名、組織名など、固有名詞に溢れ、また、日本の読者はもちろんのこと、ソヴェト＝ロシア史でも一般に知られていない数多くの事件や出来事に言及されている。ソ連崩壊後はこれら埋もれた事件史の発掘と見直しが行われている。これらについても、必要と思われる事項については、＊や〔〕という形で訳註として補っている。もちろん、これも全部ではなく、レーニンなど周知であったり、逆に重要と思われなかったりする人名、組織名も割愛した。不明な組織名もこの中に含まれる。ロッカート事件など、多数の事案に言及されているが、これらに註釈をつけると際限がなくなると思い、本書を読むに当たって必要最小限の註釈に留めたことも、お断りしなければならない。

ロシア語固有名詞の日本語表記は、特に原則を定めなかった。

中央ロシアでは県、郡、郷が行政単位である。

旧ロシアの度量衡がたびたび登場するが、必要な箇所は訳註で補った。

本文中で著者はペトログラードとペテルブルグの表記を併用しているが、邦訳ではテキストにしたがった。

頻繁に登場する機関紙の編集者と刊行地は以下。

『最新ニュース』Последнин новости、ミリュコーフ、パリ
『ルーリ』Руль、ゲッセン（カデット）、ベルリン
『ドゥニ』Дни、ケレンスキー、ベルリン
『全般状況』Общее дело、ブールツェフ、パリ
『ロシアの声』Голос России、エスエル機関紙、ベルリン

三〇年以上も前に本書の出版の話があったが、出版社の都合でこの話は流れ、この間ずっとロッカーの隅で眠っていたコピーを改めて訳出したのが、本書である。単に埋もれていた著書が日の目を見たというのではなく、当時ならば紛れもなく「際物」扱いであったろう本書が、それなりの評価を受ける環境の中で上梓できたことは、訳者の大いなる喜びである。ここで描かれる「赤色テロル」はボリシェヴィキ革命の裏面史ではなく、非公然部分ではあるが歴史の本流であることは間違いない。これについては訳者による「本書に関する若干の解説」を参照してほしい。多くの固有名詞（人名、地名など）、固有の事件が本書に多数登場するが、いくつかの不明な箇所があり、訳註を含めて誤りは免れないかも知れず、読者諸氏のご批判を仰ぎたい。

本書の特徴として、以下の二点を挙げることができる。第一に、著者自身が触れているように、訳書では割愛されているが、ボリシェヴィキ機関紙を含めて、その多くが社会主義政党機関紙・誌を典拠としていること

である。複数の典拠資料でこれらの現象を論証しようとする態度など、できるだけ客観性を持たせようとする姿勢をうかがうことができる。訳者の手持ちの資料に限定しても、本書の引用は基本的に適正であることが確認される。第二に、著者の体験も含めて、「身の毛がよだつ」さまざまな事例で犠牲者自身の生々しい声が聴かれることである。本書はこの点で類書の追従を許さない。これらの惨劇はわれわれの想像をはるかに超えているが、われわれはこれらを否定する確実な証拠を持っていない。

訳者として著者の見解に必ずしも同意するものではないが、レーニンの晩年である一九二三年に書かれたとは思えないような先見の明と示唆に富む指摘が随所に見られることは認めなければならない。

われわれがソ連史を語る場合、スターリンの恐怖政治を抜きにすることができないのは、すでに当たり前になっているが、本書をお読みになれば、そこに頻出する様々な反ヒューマニズム的行為が決してスターリンの独創ではないことがおわかりになるであろう。著者自身が語っているように、ここで挙げられた犠牲者の数が半分であったとしても、残虐性も誇張されているとしても、国家によって人間としての最低限の権利さえも蹂躙されるような「赤色テロル」がシステムとして、民衆を圧殺するために十月政変直後から機能していたという事実は残るのである。これは前衛党の指導者への暗殺や暗殺未遂に対する報復や、内戦の戦術として案出されたのではなく、ボリシェヴィキによる民衆支配の本質であるとの主張に反論するのは難しい。

ただし、本書では、このような恐怖政治の基底をなす「赤色テロル」の現象面が強調されることで、チェー・カーとボリシェヴィキ支配の全体構造との関係、これを生み出した歴史的背景、体制におよぼした影響などはほとんど語られていない。「赤色テロル」の残虐性をチェキスト個々人の人間性に還元する傾向が見られないわけでもない。レーニンがそこではたした役割についてもまったく触れられていないなどの欠点はあるにしても、文献資料としての本書の価値は決して褪せないであろう。そろそろスターリン体制以前の、レーニンやトロツキーの支配の実態にも眼を向ける頃ではないだろうか。当時のヨーロッパ左翼インテリがこぞってソヴェト＝ロシアの惨状に眼をつむっていた愚行から、そろそろ決別すべき時期ではなかろうか。

われわれが大月版『レーニン全集』やトロツキーの著作を読むならば、民衆の苦悶の声がほとんどまったく聴かれないことに驚きを感じないであろうか。本当に当時はソヴェト＝ロシアの至る所で悲痛な叫び声が充ち満ちていたのに。そもそも、二一年春以後の、いわゆるネップ体制によって戦時共産主義期に行われていた人権抑圧や政治弾圧が緩和されたと考えるなら、それはあまりにもナイーヴである。例えば、二一年七月四日のヴェー・チェー・カー参与会会議は、検閲に軍事政治的性格を付与して、検閲制度を強化する決議を下したのだから、反革命文書がそうであるように、この時期の党出版物も信用できないのだ。われわれは、レーニン時代を歴史的に偽造しようとする文書にあまりにも無自覚で無批判ではなかろうか。現在、ロシアのアーカイヴには国家的暴力の犠牲となった民衆の声が無数に保管されている。「死者はわれわれに声に出して語っている」。メリグーノフの記述は、事例の繰り返しがあり、党派性が垣間見え、些事にこだわりすぎているとの批判が的を射ているとしても、本書で描かれている「赤色テロル」抜きにソヴェト＝ロシア史を語ることは、もはや不可能であろう。

大学職員紹介の写真はネクタイの着用が義務づけられ、勤務評定の自己申告が強制されている今の大学の実情は、悲劇なのか喜劇なのかわからない。大学という環境の中ですら、異論を表現することはいうまでもなく、それを持ち続けることさえ困難になっている。われわれは歴史の教訓から学ぶことがあまりにも少なくなってはいないであろうか。インテリが存在するとしても、その多くは、インテリゲンチャでなく、単なるインテリジェンスでしかなくなっている。「恐怖に平静に耐えながら理解するには本当に図太い神経を持たなければならない」ず、それがいかに醜悪であろうと、事実をありのままに受け入れなければ、それを克服することはできないであろう。本書がその一助となれば、訳者として望外の幸せというべきであろう。

いつもながら本書の出版は困難を予想していたが、ボリシェヴィキ民族政策の研究家であり、つねに民衆の眼からボリシェヴィキ体制を批判し続けてきた、在野の「闘士」白井朗さんのお口添えもあり、何とか上梓することができた。厳しい出版事情の中で出版を引き受けてくださった社会評論社社長・松田健二氏にはお礼を申しあげます。もちろん、編集部の新孝一氏にはいろいろお世話になりました。だが、本書を真っ先に読んでもらいたいと思っていた白井さんは、本書の草稿すら見ることなく鬼籍に入られたのが訳者にとって本当に心残りである。彼との交流を偲びつつ。

二〇一〇年三月二九日

梶川伸一

恐るべき真実だが、真実には違いない。

コロレーンコ

「悪党を粉砕せよ！」［ヴォルテール］　著者から初版と第二版へ

「おのれの奈落の深さを自覚したとき、ようやく民衆は立ち上がる」
エドガー・キネ*

「読者と批評家が充分に読み取ろうとする勇気を持ちさえすれば、このようなことが人知れず起こることはほとんどない（銃殺されるのを見て、避けて通るとしても）」。そのように一九一〇年の『ロシアの富』に掲載されたヴル・タブリンの「活ける魂」について、コロレーンコ**はゴルンフェリド***に書いた。

* （一八〇三〜七五）。フランスの歴史家、詩人、政治家。歴史家ミシュレとともに自由主義的知識層の反政府運動の指導者の一人。二月革命では国民議会左派として活躍。フランス革命史などを著す。
** （一八五三〜一九二一）。ウクライナ生まれのナロードニキ作家。モスクワ農業専門学校に在学中にネチャーエフ事件に連座して流刑。この頃から創作活動に入り、代表作に『盲目音楽師』などがある。ペテルブルグでナロードニキ系の雑誌『ロシアの富』の編集に携わり、多数の社会評論を発表。
*** （一八六七〜一九四一）。ウクライナ生まれの文学研究家、批評家。一九〇四年以後雑誌『ロシアの富』の編集に携わり、文芸評論などでコロレーンコの助手を務める。

この本を手にする者は充分に読み取ろうとする勇気に満ちていると望みたい。わたしは、多くの点で文学的に仕上がっているのでもない拙著が時期尚早に出版されたことを知っている。だがこのことを自覚しても、わたしは、それにしかるべき形式、少なくともそれに捧げた問題の重要性にふさわしい形式をつけ加える力を肉体的にも精神的にも、これまで持っていなかったし、今でもそうである。本書の以下のページで出会う、ひどい恐怖に平静に耐えながら理解するには本当に図太い神経を持たなければならない。

『日常的現象』［革命運動の参加者への死刑の問題がテーマ］という自著について少し触れたコロレーンコの言葉が、否応なしに思い出される。彼は上で引用した［ウクライナのタヴリヤ州］アループカからの書簡でゴルンフェリドにこのように書いた（四月一八日）。「「死刑囚」について恐ろしい資料を調べていますが、これらの資料によってわたしは毎日何時間も神経をすり減らしました」。そして読者諸氏が本書の最後のページをめくったとき、この筆者が、われわれの同時代の血と暴力と筆舌に尽くせない恐怖の海に浸りながら、長い日々に味わわなければならなかった重苦しい気分を理解するであろうと、わたしは考える。われわれの時代と比べれば、『日常的現象』［一九一〇年に出版］の時代はまだ真っ青になるほどでもない……。

読者諸氏はおそらく眼前でおこることのすべてが必ずしも厳密な歴史的信憑性に応えるものではないと意識すれば、いくらか精神的に安堵すると、わたしは考える。そう思わなければ、実際に生きる値打ちもないであろう。憤りや激怒の感情を掻き立てることもないような屈辱的現実が存在する、この呪わしい世界と決別する必要がある。異議を唱えず今でも黙々とそれに耐えるような文化と決別する必要がある。そこでゲルツェンのようにいとおしめ。「突然凶弾に倒れても、わたしは二、三の信念を墓場まで持ち込む」……もし以下の記述を熟読すれば、本当に理性を失うかもしれない。文化的状態を求める人類にとって醜悪で恥ずべきものを、ある者は平静に眺め、またある者は平静になし遂げる。未来にもまだ残る信念のみがすべてを救うのだということを、ハドソンはこう語ったのだろう。

季節《とき》が訪れ、ヴァール［豊穣と利己主義の神］が滅びる。そこで愛は土に戻る。

歴史家は過去にも現在でもフランス革命時代のテロルに理論づけと正当化さえしている。政治家は呪わしい時代性という解釈を下す。過去においても現在においても社会的モラルから見て糾弾されるしかないか、糾弾されるべき現象を理論づけたいと、わたしは思わない。わたしはこの過去と現在の現象の光景を甦らせようと思っているだけである。社会学者とモラリストには、近年のヨーロッパ大戦の血に飢えた狂気、人間的モラルの低下を過去の遺産の中に、現代の人間的残虐さを人間的心理と思考のイデオロギー的根拠の歪みの中に理論づけてもらおう。精神医学者には、［二〇］世紀の病的現象の分野に当てはめてもらおう。集団ヒステリーをこれに加えてもよい。

まずわたしは、歴史研究の小手先細工によって、その時代の現実的政策を主観的に評価する際に大きく歪曲されている過去と現在の描写を、生々しく甦らせたいと思っている。

計画では拙著は必然的に三部に分かれる。歴史的概要、ボリシェヴィキの「赤色テロル」、いわゆる「白色テロル」の特徴づけである。たまたまの成り行きで、「赤色」テロルに充てられた著書の第二部が何とか出版されることになった。

コンラーディの銃殺の音が鳴り響き、ローザンヌ裁判の準備のため、わたしは収集できたこの資料を急ぎ整理しなければならなかった。

わたしが現在本書を上梓するのは、今ではその形式的構成はテーマ自体の現実性や緊急性に比べて重要さを持たなくなったからである。

本書で活字になっていることが研究的な性質を持つと主張することはできない。これは将来の著作の大枠《スキーム》でしかない。これはおそらく決して完全ではない現有の資料をまとめる最初の試みにすぎない。おそらくは、しかるべき資料のより広汎な収集と公表への刺戟に益するであろう。結論は自ずと導き出される。

［補註］本書で何度か言及されるコンラーディとローザンヌ裁判について簡単に触れる。モーリス・モリーソヴィッチ・コンラーディ（一八九六〜一九四六）は、チョコレート工場をペテルブルグに所有するスイス系家族に生まれ、第一次大戦に将校としてルーマニア戦線などで戦う。一七年の十月蜂起の後、彼は白衛軍のヴラーンゲリ将軍麾下で軍務に就き反ボリシェヴィキ闘争に従事するが、最終的にヴラーンゲリ軍のクリミア

からの撤退とともに、彼はロシアから亡命し、トルコのガリポリの収容所で生活を送った後、妻とともにチューリッヒに移り住む。この間にも彼はつねにボリシェヴィキへの個人的復讐を燃えたぎらせていた。というのは、ボリシェヴィキ政府により工場を経営していた父親の資産は国有化され、父親自身は再三投獄され、最終的に監獄病院で死亡し、叔父、叔母、長兄は、世界的ブルジョワジーの手先として「赤色テロル」により人質として銃殺されたからである。二三年三月に彼がジュネーヴに出向いた際に、白軍時代の盟友でソ連非公認の赤十字ロシア協会に勤めていたアルカディア・ポルーニンと再会し、ソヴェト政府要人暗殺の計画をそこで打ち明け、彼に物質的支援を要請した。四月一三日には外務人民委員チチェーリン、駐英ソ連大使クラーシンらの暗殺をベルリンで決行しようとするが、未遂に終わった。近東問題を協議するためジュネーヴを訪れるソヴェト代表団主席B・ヴォローフスキィがローザンヌに立ち寄ることを知り、彼を目標に定める。五月一〇日二一時一〇分、コンラーディはヴォローフスキィに銃弾を浴びせ、二人の補佐官を負傷させた。彼は犯行直後に拳銃を引き渡し、到着した警官に逮捕された。翌日ポルーニンも逮捕され、この裁判は同年一一月五日にはじまった。スイスで著名な弁護士テオドール・オベールらはこの裁判をボリシェヴィズムへの審判に利用する方針で臨んだ。一〇日間のこの審理過程で約七〇人が証言に立ち、ヴォルガ流域の飢饉は自然災害によって発生しただけでなく、ボリシェヴィキの政治により引き起こされたことが明らかにされ、また、反宗教キャンペーンの詳細はスイス人陪審員に深い印象を与えた。一一月一四日に陪審員は多数決で被告両名を刑事処罰に該当しないとの結論を下した（ポルーニンには国外追放の決定がなされた）。一方、ソヴェト政府はこの事件を反革命的陰謀の一環と見て、六月にスイスとの貿易の禁止、労働者階級以外のスイス人の入国禁止措置などを定めた布告を出し、スイス政府との対決姿勢を強めた。

＊　＊　＊

おそらく出会う一つの反論に、わたしは間接的に応えている。わたしは引用したそれぞれの事実に責任を負うことはできない。だが、わたしはほとんどの箇所で引用した典拠を示した〔訳書では割愛してある〕。暴力と流血を呼びかける際に大胆にも理論的根拠を与えた者が、今ではテロルが「架空」であると語らせている（例えば、コンラーディ事件に関する『イズヴェスチヤ』の論文を見よ）、この現実をまず覆そう。モスクワ当局がローザンヌ裁判の無罪判決に応えて復活させるおそれがあるのは架空のテロルとは！

わたしはまた別の反論がなされることも知っている。

では白色テロルとは何か。これについてコンラーディ裁判で民事原告と検察側証人は真っ向から対立した。これは社会主義者の一定のグループが持つ主要な武器であるとは、一部の西ヨーロッパ新聞の主張でもあった。遺憾ながら、この対立を身近な仲間内でも聴かなければならない。A・B・ペシェホーノフ＊が小冊子『わたしはなぜ亡命しなかったか』の中で、作家的不偏不党の立場からそのような言い訳をボリシェヴィキ・テロルへの評価に加える必要があると見た以外、誰もそのように見なかった。ヂェニーキン＊＊政府についてペシェホーノフは次のように書いた。「あなたはこの権力に血を見ないだろうか。もし、ボリシェヴィキにチェー・カー勤務員《チェキスト》がいて、ヂェニーキンには防諜員がいても、これは本質的に同じことではなかろうか。ああ、もちろん、ボリシェヴィキは記録を塗り替え、激しさの程度でヂェニーキン軍をはるかに凌駕した。それではヂェニーキン軍はいかなる点でボリシェヴィキに勝ったのか」

ペシェホーノフは註釈でロストフ＝ナ＝ドヌでの絞首台の恐怖を語った。この著書でペシェホーノフが確信しているように、彼はここでも誤って誰もボリシェヴィキに「勝つ」ことはできなかったという。だが問題はそこにあるのではない。当面は不必要なこれらの言い訳によってわが倫理的反論はなんと弱められることか！　歴史的不偏不党という立場でこの反論はなんと虚しいことか！

＊（一八六七〜一九三三）。ロシアの政治家、文筆家、統計学者。エヌエス党の指導者の一人。二月革命後の臨時政府の初代食糧相を勤める。十月政変後はソヴェト権力に反対し、「ロシア再生同盟」員でその義勇軍議長となる。一九二二年に反政府活動の廉で国外追放。

＊＊（一八七二〜一九四七）。旧軍人。一七年当時は西部戦線総司令官。コルニーロフ反乱に参加して逮捕されたが逃亡し、ドン地方で反革命派の義勇軍を編成して戦う。一九年にドンとクバニを占領したが、二〇年にカフカース方面で赤軍に敗れパリに亡命。

わたしは「白色テロル」の特徴づけを避けようと思わない。それはわたしの著作第三部に充てられる。われわれは以下の叙述よりも、もっと恐ろしい事実を記録することができると思う。というのも、これまでの歴史は、「白色テロル」は常に「赤色テロル」よりも恐ろしい、換言すれば、復古は革命よりも多くの人的犠牲者をもたらしたことを物語っているからだ。ボリシェヴィキを革命的伝統の継承者であると認めるなら、この伝統的歴史的枠組みの修正も認めなければならない。ボリシェヴィキがなした以上に人間の血を流してはならない。ボリシェヴィキのテロルで具体化された以上に破廉恥な形を想像することはできない。これは自分のイデオローグを見つけ出すシステムである。これは暴力を計画的に実施するシステムであり、これは世界中のいかなる権力もまだ到達したことがないような、権力が持つ武器として殺人を公然と礼賛することである。これは内戦の心理状態にあれこれの説明を求めることができるような過剰行為ではない。

「白色テロル」は別の秩序の現象であり、まずは放埒な支配と復讐に基づく過剰行為である。いつ、どこで、政府政策の条文やこの陣営の政治評論に、諸氏は権力のシステムとしてのテロルの論理的根拠を見いだすであろうか。いつどこで組織的で公的な殺人を呼びかける声を聴いただろうか。いつどこでヂェニーキン将軍やコルチャーク提督*やヴラーンゲリ男爵**の政府にこれが見られたか。

テロルの精神的恐怖、人間心理へのその破壊的影響力は、つまるところ、個々の殺人でなく、その数ですらなく、まさにシステムにあるのだ。シベリアやドンの「コサック」などの頭目《アタマン》には、ときには無辜の人々にもおよぶ流血の過剰行為によって自分の行為を心に刻みつけさせよう。彼らについて、ローザンヌ裁判で検事が多くを語ったし、赤色テロルと白色テロルを比べようとするすべての人が語りたいと思っている。「法廷」の耳目を集めた陳述でコルチャーク提督は、自分は「アタマン運動」といわれる現象と闘うには無力であったと証言した。

そうではない。権力の弱さ、過剰行為、階級的復讐、……それに、テロルの礼賛は、様々な秩序が生み出す現象である。このため、わたしは「赤色テロル」を語るときは、良心に恥じることなく「白色テロル」時代の暴力を当面は脇に置くことができたのである。

わが民主的ジャーナリズムがシベリアの反動の責任をコルチャーク提督に負わせるなら、ロシアで過去にも現在にも起こっていることの責任は誰が取るのか。

マクシム・ゴーリキーは、小冊子『ロシア農民について』で簡単にこれに応えた。「革命の激しさをわたしはロシア民衆の特別な激しさで説明しよう。ロシア革命の悲劇は「野蛮な人々」の間でわき起こっている。革命の領袖たち、もっとも活動的なインテリグループを「野蛮」であると非難するとき、わたしはこの非難は政争につきものの虚偽と中傷、または真面目な人々にある善意の誤解と見ている」。また別の箇所でゴーリキーは次のように述べた。「「昨日までの奴隷」は自分の同胞を支配する機会を得るや、「もっとも放埒な暴君」になった」。要するに、ロシア的共産主義に共鳴しただけでなく、自らも彼らと直接関わったロシア人作家は、テロルのシステムの創造主を免責し、それを無知な民衆に転嫁している。それについての論争はなく、以前『総割替』誌に「後進的で堕落したあらゆる国に歴史によってかけられた呪いがロシアを支配している」と書かれたように、大勢が言及したがっているのは歴史的メネシス［復讐の女神］である。発達した市民意識を持つどのような国にも、ロシアで起こったことは起こりえなかった。

だが、ゴーリキー自身は明らかにこのことを理解せず、現在ロシアにある支配政党のデマゴギーへの厳しい告発文を宣告している。ロシアの農民とロシアの労働者をゴーリキーの中傷から擁護する必要はほとんどない。ロシアの民衆は無知で、おそらくロシアの庶民は粗野であるが、民衆の心理も民衆の考えかたもボリシェヴィキ理論を作り出したのではなく、それは自身のイデオロギーによって育まれた。……

赤色テロルは白軍の過剰行為によって引き起こされたのだと、証明しようと躍起になっている。事件の経緯を時間の流れで認識し本書を読み通す人は、この主張の蓋然性と信憑性は非常にわずかでしかないことがわかるであろう。本質的に、内戦期の人間関係を理解しようと試みる心理学者だけが、これに関心を持つであろう。わたしは本書で理論的問題を設定するのを避けた。それらは際限がない。わたしにはまず事実を収集することが必要であった。

おそらく、ロシアの社会体制はこの点で、本当に必要な形でその責務を果たしていない。オーラール学派***のフランス革命史家の見解にもかかわらず、同時代人のみが現在の嘘ではない真実を後生のために描くことができるであろう。

＊（一八七三〜一九二〇）。一九一六年以後黒海艦隊司令長官。二月革命後は辞任を余儀なくされた後、臨時政府によってアメリカに派遣され、日本に滞在した後、一八年一〇月にオムスクに帰還する。ウファーの「全ロシア閣僚会議」陸海軍大臣、クーデター後に発足した軍事独裁体制の「最高執政官」に就くが、イルクーツク・チェー・カーの決定により銃殺。

＊＊（一八七八〜一九二八）。貴族出身の旧ロシア陸軍中将。十月政変後はドイツ軍に支持されたウクライナのスコロパーツキィ軍に加わるのを拒否して、義勇兵団に加わる。二〇年四月にクリミアを放棄したヂェニーキンの後継者として白軍の指揮を執る。ポーランド戦争に乗じてウクライナに侵攻し政府を樹立。一一月にクリミアから撤退したことで、事実上の内戦終了を迎える。

＊＊＊第三共和制時代にアルフォンス・オーラールによって作られたソルボンヌ大学フランス革命史講座の学派。フランス革命を人民主権と平等の原則が確立された過程と捉える。この学派の特徴として、政治史を重視し、資料的実証主義の方法論による歴史解釈を主張した。なお、レーニンは一九年一二月の第七回全ロシア・ソヴェト大会で、民主主義を擁護し、ボリシェヴィキを批判したオーラールの発言を引き、彼のブルジョワ的立場を非難した。

＊　＊　＊

白色テロルは過去のものである。この先何が起こるかわれわれは知る術もない。イデオロギー的基盤に立つ赤色テロルはまだわれわれの時代の現象である。

人間世界は驚くほど平静にそれを傍観し続けている。なぜか。わたしは最近改めてこれに応えた。「ヨーロッパの輿論は意識的にこの真理から目を逸らそうとしている。というのは、むき出しで赤裸々な真理は、現代の法体系の文化的習性と社会的に容認されている人的モラルと、あまりにも受け入れがたく対立しているので」。そのような状況では、一、二年ほど前に次のような言葉ではじまる外国の手紙を読むのはなんとつらいことか。「もしできるものなら助けてくれ。ナンセン＊に書いてくれ、アン・フランス＊＊に書いてくれ、ノンポリのグーヴェルに書いてくれ、可能なあらゆる所でSOSを叫んでくれ……」「ヨーロッパの輿論が人間への愚弄を止めるよう求めることが必要である。ヨーロッパ社会主義の介入が必要である」と、エスエル機関紙『ロシアの声』の特派員はロシアから訴え、ホルモゴールィとポルタミンスク修道院の強制収容所で二一、二二年に生み出された筆舌に尽くしがたい恐怖を伝えている。

＊（一八六一〜一九三〇）。有名なノルウェーの探検家であり政治家。当時最北の北極探検に成功し、いくつかの学術的探検の後に政治生活に入り、第一次大戦後は人道主義的立場から捕虜送還、難民救済、ソ連の飢饉援助に尽力した。二二年にノーベル平和賞を受ける。

＊＊（一八四四〜一九二四）。フランスの小説家、評論家。モンテーニューやヴォルテールの影響を受け、合理的ヒューマニズムに基づき社会主義的政治思想に共感的立場を採り、社会批判を行った。

これらの訴えも期待もほとんどが当時は実りがなかった。現在はどうか。それほど昔ではないが、チェコ社会民主党中央機関紙『プラヴォ・リドゥ』に次のように書かれた。「ボリシェヴィキは彼らの体制に同意しない者を迫害しているとの情報を、現在ロシア人亡命者は広めている。だがわれわれは、これらの情報を読むときに一定の慎重さが必要であり、いくつかの場合には次のような疑念が生ずると考えている。ロシア人亡命者の一定部分は、外国で自分たちが何もしないことを正当化する目的でこれらの情報を発していないだろうか」。『プラヴォ・リドゥ』のためにボリシェヴィキ体制に関する情報の検証が必要であり、ソヴェト権力のその政敵に対する関係の検証が必要である。もう二年も前にチェコ社民党員は「信頼すべき報道」に基づき、外相ベネシュにソヴェト政府の下にあるロシアでの「耐え難い」政治状況を質した。彼らは外相に以下を尋ねた。

一、あらゆる文明国で、とりわけロシアで死刑を廃止するため、外交的手段であらゆることを行うのは外相閣下にはいかがなものか。

二、労働者、農民または兵士であれ、ロシアで社会民主的傾向の政治犯の判決を軽減するため、それに応じた措置を執るのは外相閣下にはいかがなものか。

三、ロシアで社会主義者への迫害を停止させ、社会主義者の政治犯に一般的恩赦が与えられるように、国際的状況が許す限り、措置を執ろうと外相閣下は配慮しないのか。

まさにチェコ社民党員は社会主義者に触れているだけなのだ！　彼らは残念なことに西ヨーロッパの多くの社会主義者と同じく、自分たちにとってよそ事の真理を理解するには至らなかった（といっても、ロシアの社会主義者も）。それについて最近『プチトムノステ』で地方のチェコ人社会活動家T・Γ・Mが言及している。「人間にとって、人間の生命と人間性が崇高でなければならないと自覚する以上に、すべての人生と政治における最高規範はない」。社会主義に対する『プラヴォ・リドゥ』の立場は今なぜ変わったのか。ヨーロッパによるソヴェト権力承認という世上を賑わす問題であろうか。*　例えば、最近二四年一月の大会でフランス社会党はソヴェト政府に社会主義者の迫害を停止するようにとの提案を出した。あらゆる留保条件なしに非難なしに、フランスがソヴェト政府承認に同調するよう［フランス社会］党が勧告するには、この提案は重要であった。イギリス労働党は、社会主義のまるで新しい理解を示しながら、このような要求さえも提出していない。……チェコ社民党員は迫害の事実さえ疑う傾向にある。これはソロフキ**での自殺、虐殺、殺害の情報がまだわれわれに届いていないときのことであり、それについては二四年に国外ロシア出版物ではなく、ボリシェヴィキ政府の報道自身が世界に通告した。われわれはこのようにして、『ドゥニ』の時期尚早であるとの主張に大きな修正を加えなければならないことを知っている。「ボリシェヴィキの制裁が秘密裡に行われた時代は過ぎた。赤色テロルの新たな波が徐々にヨーロッパ輿論の抗議を引き起こしている」

＊第一次大戦後の資本主義諸国の相対的安定とスターリンの「一国社会主義」政策下で、二四年にようやく西欧諸国はソ連を承認する（二二年四月のドイツとのラパロ条約を除けば）。イギリスにはじまり（二月）、イタリア、ノルウェー、オーストリア、ギリシャ、フランス（一〇月）などの諸国がこの年にソ連を承認した。

＊＊北海に浮かぶアルハンゲリスク県ソロフキ諸島にある修道院が二〇年に閉鎖され、その後三〇年代末まで強制収容所となった。極寒の孤島にあるこの修道院要塞はまさに監獄としての優れた立地条件を持っていた。

ロシアにおいて現代の流刑という恐ろしい状況下で自殺によって命を絶とうとする社会主義者でさえ、西ヨーロッパの同志に訴えるのは無駄なことであると知らねばならないと、われわれは表明する権利を持っていないのか。

上記の『ロシアの声』特派員は二二年に次のように書いた。「北部の強制収容所で創り出される恐怖は筆舌に尽くしがたい。それらを体験せずそれらを知らない人にとっては、怒りに駆られた人間の作り話に思えるかもしれない」……われわれは日々恐怖と苦痛の中でソロフキにおける悲劇が今や終わったのだという結末を待ち望みながら、この悪夢のような現実を知り悟るのだ。われわれにとってこれは、西ヨーロッパのプロレタリアートのための模擬的実験として有益であるといった代物ではないのだ。……われわれにとってこれは生身の病んだ肉体なのだ。言葉によって救うこともままならないと自覚するのはなんとつらいことか。……

＊　＊　＊

本書が、ロシアの諸事件について知ろうともせず理解したいとも思わず、しばしば安易に自説を披瀝するような西ヨーロッパ輿論の代表に届くとは期待していない。例えば、現実を偏って歪曲していると、外国のロシア語出版物を非難するのは簡単だ。だが、自分の言葉に責任を持つ人々は、自分の疑問をそのように安直に解決する権利を後世の人々に対して持っていない。ロシアと完全に隔絶しているため「モスクワの統治者の乱暴な暴力支配」を、カウツキー*の言葉によれば、「ブルジョワの誹謗中傷」によって説明した時代は過ぎ去った。

＊（一八五四〜一九三八）。ドイツの著名なマルクス主義経済学者、歴史家、政治家。第二インターおよびドイツ社民党の代表的理論的指導者。十月政変に対して社会民主主義を擁護し、プロレタリア独裁を批判し続ける。

最近のこれら発言の実例として、半年前にすべてのヨーロッパ・ジャーナリズムが取り上げたロシア避難民に関する国際連盟高等弁務官「ナンセンのこと」の論文がある。それについてわたしは『ドゥニ』でナンセンへの公開書簡『根拠のない言葉』を書かなければならなかった。

ナンセンはロシアで起こっていることについて理解しようとしない西ヨーロッパ輿論を非難し、「下らぬ風聞」に惑わされないよう忠告した。「すべてを理解することは、すべてを赦すことだ」……この言い古された格言でナンセン博士はわれわれの不幸な祖国で猛威をふるっている圧政を解釈しようと試みた。革命時には行動パターンは平時より柔軟ではありえない。政治的抑圧は専制政治であった旧体制の下でも同様に存在した。今やメネシスは歴史的報復を行っている。

無数の苦難と苦痛の光景が繰り広げられている時期に、しかしながら、あらゆる人がこの独自な歴史的視点に立つ能力があるわけでもない。

おそらく、ロシアの非文化性、おそらく、ロシアのインテリ的思考の伝統性にその責任があるが、われわれはナンセン博士がいうような形で具体化されるヒューマニズムの偉大な遺訓を理解する能力はないと、わたしは書いた。

決して彼一人だけの問題ではないが。……

しばしば無辜の民が殺害されているときに、国内でしばしばもっとも勝手気ままに政治的テロルが荒れ狂っているときに、われわれの倫理観は「闘いと苦悶なしに偉大なことは何も成し遂げられない」との主張と相容れない。[フランスの小説家]ヴィクトル・マルグリットがソヴェト権力存続の五年間について、すなわち、人間の生命、社会的良心、言論の自由への弾圧の五年間についてソヴェト権力への祝辞の中でかくも勇壮に触れた、「血まみれの痙攣」に対し、われわれの社会的良心は別の対応を求めている。

「教師」と「生徒」、アナトール・フランスとミシェル・コルデが何世紀か後に不正と抑圧を清算するかのごとき権力に跪くとき、彼らが「新たな世界の人類へ」の予言者としてロシアのコムニスト権力について語るとき、われわれは、これを書く者は、民主主義の名の下にこれを語る者はまず現代のロシアの実情を知るよう要求する権利を持っている。

一度だけボリシェヴィキ・テロルに対する西欧民主主義の抗議の声が挙がったようだが、これはエスエル

［社会主義者＝革命家］党のモスクワ裁判の際に絞首刑が社会主義者におよんだ時期のことであった。ヨーロッパ社会主義は、ボリシェヴィキの圧政問題で今日まで採っていた「中立の立場」から最終的に決別したように思われた。全世界の社会主義者によってロシアが「倫理的に封鎖」されていることをモスクワの権力に警告した、マクシム・ゴーリキー、アナトール・フランス、アンリ・バルビュス＊、ロマン・ローラン、ウェルズの声を、われわれはそのときに聴いた。「一二人の死刑囚」に死の恐怖が差し迫っていたのに！　ゴーリキーは数ヶ月たって、ソヴェト権力は新しい「正しい合理的生き方」に向けて大勢のロシア民衆を奮い立たせることができる唯一の力であると書いた。ほかの人たちは半年後に「新たな世界」に祝辞を送ったとは！……

＊（一八七三〜一九三五）。フランスの小説家、詩人。第一次大戦の経験から作品は次第に社会主義的傾向を帯び、後にコムニストとして反戦や国際文化活動に関わる。

しかし、歴史的時機は訪れる。人間世界でしかありえないもっとも醜悪なことが行われているときに、戦争に反対し、「忌まわしい犠牲」に抗議の声を挙げる者は、良心の声をかき消してならない。意識的にまたは無意識に政治的テロルの恐怖に目を閉じる者は、すでに遺物となった野蛮の時代に文化を投げ捨てる者である。これは人類に対するもっとも大きな犯罪、彼らがいうところの民主主義と社会主義に対する犯罪である。変革された人だけが世界を変革することができる。われわれの苦悩する国を深い霧で覆う暴力、恐怖、流血、社会的退廃の風土の中でそれは育まれない。

われわれの社会的良心は、人間性と博愛精神がロシアで行われている暴力と、戦場でなく拷問部屋で文化的全世界の眼前で流されている人間の血と、どのようにして折り合いをつけることができるのかという問いへの回答を執拗に求めている。どのようにすれば博愛精神と人間性が、もしそのようなものが現実にあるとして、「聖なる暴力」と折り合うことができるのだろうか。

国連高等弁務官は、［大飢饉に陥った］新生活を築きつつある大ロシア民族を援助する機会に巡り合わせたことを誇りに思っている。そのような場合、大国と大民族に振り上げられたメネシスの懲罰の手を止めさせる時機ではなかろうか。

そしてこの手は、もし文化的世界がロシアで起こっていることに対し無条件にしかるべき対応を行う場合にのみ、止めることができる。かつてセシル卿は『タイムズ』編集局への書簡で、「文明化された国民の中で承認されることを狙っている」政府の行状を輿論に知らしめるよう、イギリス・ジャーナリズムに提案した。だが、近著『革命の道徳相』の中でいわゆる左翼国民運動の代表シチェーインベルグ*がこの訴えに応えたように、「卑しいフォルスタッフは予言者ブラントにはなりえない**」。彼は一八年九月に赤色テロルへの西側中立列強の抗議への回答として送られたチチェーリン覚書『暴かれた力』を想起し、次のように述べている。「「彼ら」、この世界の領袖たちは、革命的テロルに対して抗議の声を挙げることができない」

＊（一八八八～一九五七）。左翼エスエル党員。一七年一二月から一八年三月まで司法人民委員。ドイツに亡命した後帰国し、大戦中に反戦、革命運動に従事し何度も逮捕される。十月蜂起を非難し、ウファー県から憲法制定会議に選出される。左翼エスエル中央委員。ブレスト講和に反対し、閣外に去る。二二年に亡命。
＊＊シェークスピアの作品『ヘンリー四世』や『ウインザーの陽気な女房たち』などの登場人物。フォルスタッフは、強欲で大酒飲みで好色だが憎めない肥満の騎士。忠臣ブラントは影武者として勇敢に戦い死地に赴く。このキャラクターはヴェルディ唯一の喜劇オペラ『ファルスタッフ』で再び登場する。

それなら、支配階級の過失に責任がなく、自分の声を挙げることのできる者が、なぜ沈黙しているのか。二年前にコムウチ*協議会執行委はヨーロッパ輿論へのアピールの中で次のように書いた。「われわれは国家の軍事的支援も物質的支援も訴えていないし、組織的暴力に対する国内闘争への介入も要請していない。われわれは文明化された進歩的輿論に訴えている。われわれは、ロシア民衆と革命に対する反革命的行動へのあらゆる支持を非難したその同じ熱意とエネルギーと執拗さで、暗黒の中世の時代に考案されたあらゆる弾圧の方法を乗り越えた人々を精神的に支援するようお願いする」。次のようにアピールは締めくくられた。「毎日ロシアから届く恐ろしいニュースにもう黙っていられない。われわれは、ヒューマニズムを基盤に築かれるよりよき未来の理念が生きているあらゆる人々に呼びかける。この理念の醜悪な歪曲に抗議の声を。苦しむ民衆を助けひどい苦しみを軽減しようと切に願うことだけが、ただ一つの罪とされる犠牲者を擁護せよ」……

それでも出口のない、ほとんど通り抜けられない壁が、われわれを分断し続けているのだ！

一九一三年にオランダでロシアにおける政治犯救済の特別委員会が設置された。ツァーリ監獄で行われている犯罪をヨーロッパに情報提供し、これらの政治犯を擁護する幅広い社会運動を盛り上げるのがその任務であった。そこでのアピールは次のように指摘する。「文明化されたヨーロッパが専制ロシアの監獄と死刑に抗議の声を挙げたのはさほど昔ではない。現在ロシアで行われていることは、旧体制のあらゆる恐怖を何倍も超えている」

なぜ、ロシアで「ある種の日常的現象」となったことを語りたくないという、偽善や冷淡さに突破口を開けるのが今ではこうも難しいのか。

「黙っていられない」というトルストイの言葉を、なぜ、われわれはヨーロッパで聴かれないのか。ごく最近（バルビュスに応えて）革命時には平時以上に倫理的価値を守ることが必要であると見たロマン・ローランは、レフ・トルストイに近いと思われるのに、なぜ、「人間的良心の神聖な要求」の名の下に声を挙げないのか。

「人類の進歩にとって目的より手段がはるかに重要である……」。なぜ、国際連盟は人間と市民の権利に沈黙しているのか。「一七八九年の原理」「フランス革命の際に出された人権宣言」は実際には「礼拝と祝詞の言葉」でしかなかったのか。一八六七年にこれについて語った、わが偉大なるゲルツェンは正しかったのか［原注］。なぜ、「クリスチャン・インターナショナル」反戦会議で（一二三年七月、デンマーク）「戦争の風潮」の根絶、戦争責任者について語られるのに、戦争よりひどいもの、人間の名をも汚す野蛮行為を弾劾する怒りの声が聴かれないのか。

「われわれから数千ヴェルスタ［数千キロ］離れた所で何百万人もが餓死していると考えるのは恐ろしいことだ。このことはわれわれのパン一切れ一切れを苦くする」と、チェコ社民党機関紙『プラヴォ・リドゥ』はロシアにおける飢餓民援助の組織化について書いた。だが、モスクワの拷問部屋の存在はつねにわれわれの意識を苦いものにしないのだろうか。

われわれがその目撃者に運命づけられた二〇世紀の悲惨な中世的状態が根絶されるまで、われわれの良心が安らぐときはなく、安らぐことはありえない。それがわれわれの自意識の中で最終的に根絶されるとき、現実にそれは死滅する。社会主義者を先頭に西欧的民主主義が、反動という妖怪を脇に置き、本当に怖じけづいて血に飢えた「メドゥーサの頭」と縁を切るときに。あらゆる党派の革命家たちが、政府によるテロルは革命を抹殺し、反動を植えつけることであり、ボリシェヴィズムは革命ではなく、それは「プロレタリアートの解放のために闘っているすべての者の呪詛」をともない、「恥辱と不名誉にまみれて」死すべきであると、最終的に理解するときに。これはボリシェヴィキの暴力に対してはっきりと不寛容の立場を採った数少ない一人、ドイツ社民党の長老政治家、カウツキーの言葉である。

人間としての意識を溺れさす血の海という恐怖を世界に分からせ自覚させる必要がある。

［原注］最近の人権擁護国連国際大会で、大会副議長に選出されたΠ・Н・ミリュコーフ**の明らかな影響の下にロシアにおける政治犯の状態に関する決議が採択されたのは、おそらく初めてのことではない。ミリュコーフは大会演説を次の言葉で締めくくった。「われわれは……世界的民主主義の共感が悪人の方に向かわないように望むだけだ。おのれの民衆にも決して認められることのない専制政府を倫理的にも、法的にも承認することがないように。要するに、民衆のもっとも初歩的権利を求める反専制闘争で偉大な国民の側に立つように」

その内容とトーンで採択された決議はなんと控えめなことか！

「人権擁護国連国際大会は、中立委員会から二〇年以後政治犯罪の廉で死刑や監獄、強制収容所での何年かの禁固刑の判決を受けた約一〇〇〇人を含む名簿の提出を受け、死刑判決の破棄とその他の罪による政治犯を釈放する広汎な恩赦をソヴェト権力に対して要求するのを責務と見なしている。大会は、ロシア政府が言論、出版の自由を早急に復活するよう求める。というのは、これらの自由が共和国の発展にとって必要な条件であるので」

＊憲法制定会議メンバー委員会の略。西シベリアで決起したチェコ軍団の占領後に一八年六月にサマラで設置され、憲法制定会議の名の下に暫定政権を名乗る。憲法制定会議メンバー一五人により発足したが、その後

構成員は一〇〇人近くに膨れあがり、その多くがエスエルで、「民主主義的自由の復活」を標榜した。

＊＊（一八五九～一九四三）。ロシアの歴史家、政治家。モスクワ大学のロシア史講師を勤めたが、学生運動に連座して亡命した後、第一次革命の中で立憲民主党を創設し、リベラル派の中心となる。二月革命により外相となるが戦争継続政策を打ち出し早々に辞任。十月革命後はパリに亡命し反ソ活動を行う。

ベルリン　一九二三年一二月一五日、二四年三月一五日

追記（資料について）

ロシアで暮らしていたわたしは、テロルに関する資料を収集するのが評論家であり歴史家である自分の使命であると考えた。わたしはもちろん、いわゆる「革命的司法制度」を実行した組織［つまりチェー・カー］の秘密の場所に入り込む機会はなかった。現代ロシアにおける実情のこの恐ろしいページに関する資料が保存されている限り、将来歴史家はこれを行うことができるであろう。資料は失われつつあり、すでに多くの資料は、急ぎの疎開や蜂起が迫ってきた際に（例えば、アントーノフ蜂起のときにタムボフで）チェー・カーが事務文書を廃棄した内戦期に永遠に失われた。

ここ外国でわたしは抜き書き、新聞の切り抜き、資料の形で集めたり運び出したりしたごくわずかの部分しか利用できなかった。だが、これら資料の価値はそこでボリシェヴィキ自身が自らを語っていることにある。外国でわたしはロシアにいれば入手できなかった出版物を利用することができた。わたしはほとんどすべての亡命者の文献に目を通した。何十もの個々の情報を利用した。現代ロシアの実情の、にわかには信じがたい悪夢のような実像を総合的に示すことができる事実を、このように丹念に収集したことで（現在の資料状況でできるだけ）、本書の表面的構成の多くが説明される。それはもちろん完全な正確さを請け合うことのできないデーターである。それでも、外国出版物の情報は全体として現実に相反するのはごく稀であったと認めざるをえない。さらに、どんな傾向を持つかの問題がある。明証的例を挙げよう。『全般状況』でブルツェーフスキィの情報によれば、ヴラーンゲリ撤退後のクリミアで一万二〇〇〇人が銃殺されたという。当時編集局はこの数字を荒唐無稽とした。だが、われわれは、現実はおそらく実際には信じがたいこの数字を大きく超えていたことを、今では充分な信憑性を持って知っている。

個々の具体的ケースで誤りは避けられなかった。いつものことで証人と目撃者の個人的証言は主観的であったが、本質的には全体的評価として誤っていなかった。一九年のアストラハンの大虐殺のときに四〇〇〇人の労働者が殺された、とのエスエル出版物の報道を批判することは容易であると認めよう。だが、誰が正確な数字を出せるのか。それに、いつか誰かがそれを出せるのか。それを半分にしてもいい。だがそれで事の本質はいささかでも変わるのか。何十という単位でそれを語るには、血に飢えた統計の正確さはもっとも重要な意味を持つ。だが、百や千を扱わなければならないときに、数字の正確さは後景に退くような戦争に近い事態であることを意味する。われわれはこのような場合に事実を確認することだけが重要なのだ。

テキストでは現在までわたしが利用できた外国文献が示されている。テキストで原典からの明白な引用がなければ、これはわたしがしかるべき文書を持っていることを意味する。

一八、一九年のボリシェヴィズムの評価にとってもっとも重要な意味を持ち、この時期の南部におけるテロルを描くための唯一の資料について、わたしは若干触れなければならない。ヂェニーキン将軍政府の下に一八年一二月に設置されたボリシェヴィキの活動の調査に関する特別委の資料がこれである。同特別委指導者の人並みならぬ自己犠牲によって二〇年三月の撤退時に持ち出され、そのようにして後世のために彼らによって収集された資料の多くを保存することができた。第二版を出版する際に、この特別委アーカイヴ資料の多くを利用することができた。読者諸氏はこれら資料の高い歴史的価値に容易に納得していただけるであろう。それでも、本書の書評の一つで（『最新ニュース』のミフ・オス）、わたしには充分な根拠がないと思われるが、話のついでに次のように指摘された。「最終的に、「ヂェニーキン特別委」資料のような根拠薄弱で、偏りがちな調査資料を恣意的に改竄することができた」。当然にも、特別委によって収集された文書資料の信憑性に難癖をつけることはできない。わたしが最初に特別委アーカイヴから受け取った手書きの署名としかるべきスタンプがついたチェー・カーの正真正銘の議事録は、名だたる『チェー・カー週報』のように透明性で議論の余地のない資料である。

証人と目撃者の証言は主観的であると、この言い古された決まり文句を再度繰り返そう。それでも、特別委によって集められた多数の証言、それが議事録で触れているように、「刑事犯罪規程の要件」を遵守しておこなわれた地方での調査を、どのような論拠で前もって根拠薄弱と認める必要があろうか。一般に認められる法的基準に皮肉な対応をすることができるとしても、それらの伝統的保証がなければ失われるであろう、初歩的であるにせよ、その適正さをそれらは担保している。特別委でしばしば優れた法務経験を持つ実績のある社会活動家が活動していた。地方自治体、労組などの代表がそれに参加した。

特別委資料はそれらが全面的評価を受けるときに、ようやく検討され公表されるであろう。ヂェニーキン特別委は「調査任務」よりむしろ、ボリシェヴィキ活動に関する資料収集をみずからの任務とした。それは「国家と民衆の様々な現実的局面におけるボリシェヴィキの方策の調査」を含めて一定のプログラムに沿って活動し、その活動は一八、一九年のボリシェヴィズムの完全で鮮明な状況を描いている。ロシアの現状は依然として、わたしが本書の第二版の出版時に特別委資料を利用した際にも、遺憾ながら、匿名で扱わなければならなかった状況にある。わたしは、ごくわずかな例外を除き、自分が見聞きした事実を特別委に情報提供した人物が当時どこにいるかを知らず、名前を挙げる権利を持たなかった。わたしは、特別委「資料」からという曖昧な引用だけに止めなければならなかったが、そのことでもちろんそれらの例証的価値が減ずるわけではない。名前の特定と結びつく証言の主観性は別の問題である。

本書が依拠する資料を包括して眺めれば、わたしはおそらく次のことを再度強調しなければならない。現在でもそれに厳格な批判的分析を加えることはできない。その信憑性を検証するデーターも可能性もない。当座はいくつかの比較によってのみ真実を確定することができるだけである。わたしは至る所で様々な政治的傾向の資料から同様な情報を得ようと苦労した。資料がそのように多様であることと証言が同一であることは、それ自体で記述の信憑性を証明しているとわたしには思える。読者諸氏にはご自身でこの必要な比較をしていただきたい。

「公正なイデオロギー闘争の機会が個人の自由とされている国では、……闘争手段としての政治的暗殺は専制体制の現れである」

「人民の意志」*執行委員会

わたしはボリシェヴィキ権力の最初の五年間をロシアで生きてきた。一九二二年一〇月にわたしはロシアを去り、まずワルシャワに滞在した。ここでわたしは偶然にも初めて、現代の社会的心理と社会的モラルのもっとも複雑な問題の一つに遭遇しなければならなかった。

ポーランド・インテリ女性グループが共同経営しているあるカフェで、コーヒーを運んできた一人の奥方が突然わたしに尋ねた。

「あなたは最近ロシアからいらしたロシア人ですか」

「ええ」

「お尋ねしますが、なぜ、レーニンやトロツキーを殺害するような人が誰もいないのですか」

予期せぬ率直な質問にわたしはとまどった。この数年間ロシアで自分の考えを公然と表明する機会を失っていたので、それはなおさらであった。わたしはそれでも、個人的には昔からテロ行為に反対で、暗殺は第一に本来の目的をはたさないと思うと彼女に応えた。

「ある一人を殺害することで、現在監獄で刑吏によって不条理に命を落としている何千もの生命が救えるかもしれません。なぜ、ツァーリの下では、社会主義者の中に他人を救うために自己犠牲を行う覚悟があったり、暴力に対する報復のために暗殺に赴く大勢の人がいたりしたのでしょうか。なぜ、現在は辱められた名誉に対する復讐者がいないのでしょう。それぞれに、兄弟、息子、娘、妻がいます。なぜ、彼らの中に暴力に報復する手が挙がらないのでしょう。わたしには分かりません」

わたしは、住民の権利とモラルの問題はさておき、良心にしたがって、彼女に次のように応えなければならなかった。わたしが思うに、基本的な理由は、人間の生命が何ら価値を持たないようなロシアの現状では、思考があらゆるものを制御しなければならないということ、彼らにより行われる政治的行為や個人的復讐が、たとえ祖国の名において行われるとしても、何千もの無垢の犠牲者をともなうということを。またそれに加えて、以前は直接の実行犯、あるいは最悪でも彼に関わるグループが処刑されたが、今は違う。そのような実例をわたしはこの数年間見てきたのだ。

＊一八七九年にナロードニキ革命組織が分裂した際に「総割替派」とともに結成された革命組織。同派は都市でもテロルを中心とする政治闘争を当面の戦術として採用し、八一年三月一日に皇帝アレクサンドル二世を暗殺したが、その後は権力の弾圧により勢力は急減した。

1　人質制度

「テロルは自身に怯える人々によって行われる無益な残虐行為である」

エンゲルス

一九一八年八月一七日にペトログラードで、元大学生で大戦中に士官学校生であった社会主義者カネギッセールによって、北部コミューン人民委員でありペトログラード・チェー・カーの指導者〔議長〕でもあったウリーツキィ*が殺害された。公式文書はこれについて次のように触れている。「尋問の際にレオニード・カネギッセールは、党や何かの組織の指令によってではなく、将校の逮捕と友人ペレリツヴェイグの銃殺に報復しようとして、自発的にウリーツキィを殺害したと供述した」

八月二八日にモスクワで社会主義者カープランはレーニンの殺害を企てた。

これら二つのテロ行為にソヴェト権力はどのように応えたか。

一〇月二〇日づけ『チェー・カー週報』（五号）の公式報道が触れているように、ペトログラード・チェー・カー決議によって五〇〇人の人質が銃殺された。われわれはこれら犠牲者の正確な数を知らないし、おそらく決して知ることはできないであろう。われわれは彼らの名前すら知らないのだ。だが、確信を持って次のようにいうことができる。実数は後に半公式報道で引用された数字を大きく超えている、と（いかなる公式ニュースも発表されなかった）。事実、一九一九年三月二三日にイギリス人従軍牧師ロムバードはカーゾン卿**に次のように通知した。「［一九一八年］八月下旬、将校を満載した二隻の艀が沈没し、彼らの遺体がフィンランド湾にあるわたしの友人の一人の領地に打ち上げられた。その多くが二、三人ずつ有刺鉄線で縛られていた」

＊（一八七三～一九一八）。元メンシェヴィキ国際派。その後ペトログラード軍事革命委員としてペトログラードの軍事蜂起を指導し、全ロシア中央執行委員に選出。ブレスト問題では「左翼コムニスト」の立場を採る。一八年にペトログラード・チェー・カー議長、党中央委員候補となる。

＊＊（一八五九～一九二五）。イギリスの政治家。インド総督として行政改革を断行するが、現地司令官と対立し帰国。保守党議員として要職を占める。この時期は外相。

これは信じ難い情報であろうか。だが、この事実をペトログラードでも、モスクワでも大勢が知っている。われわれは別の資料から、この後もボリシェヴィキ権力は敵を殲滅するために、このような野蛮な手段に頼ったということを知っている（二一年の実例）。

ペトログラード事件の目撃者の一人は次のような詳細を伝えている。

「ペトログラードに関して、概算で処刑者の数は一三〇〇人に達している。ボリシェヴィキは五〇〇人しか認めていないが、中央権力の特別な命令なしで、現地ソヴェトの意志で、クロンシタットとペトログラードのペトロパヴロフスク要塞で銃殺された何百人もの将校、元公僕、私人を彼らは計算に入れていない。クロンシタットだけで一晩で四〇〇人が銃殺された。中庭には三つの大きな穴が掘られ、四〇〇人がその前に立たされ、一人ずつ銃殺された」

一一月の新聞特派員とのインタヴューの中で、ヴェー・チェー・カーの指導者の一人、ペーテルス＊は、ペトログラードのこの時期を「歴史的テロル」と呼び、次のように述べた。「流布されている輿論とは異なり、わたしは思われているほど残忍ではない」。ペトログラードでは、「弱気な革命家は、平静を失い、過度に熱心になってしまった。ペトログラードでは、ウリーツキィの殺害まで銃殺はなかったが、その後、レーニンの暗殺未遂に応えてモスクワでは何人かのツァーリ大臣の銃殺だけで報復を収めたとき、しばしば審理なしであまりにも多くの銃殺が頻繁に行われた」。そしてそれほど残忍でないペーテルスは次のように威嚇した。「再び頭をもたげ頭角を現わそうとするロシア・ブルジョワジーのあらゆる試みに対し、反撃と全員が真っ青になるような懲罰で迎えることを、わたしは宣言し、それは赤色テロルを意味する」

ここでは、ウリーツキィの殺害までペトログラードでは死刑がなかったという、ペーテルスの完全な偽証は措いておく。要するに、女性社会主義者によるレーニン暗殺未遂に対して数人のツァーリ時代の大臣だけが銃殺されたというのだ。何日か経って『チェー・カー週報』（六号）にレーニンの暗殺未遂の罪で銃殺された者の非常に控え目な名簿が公表されたとき、ペーテルスはこのように公言してはばからなかった。九〇人が銃殺されて二ヶ月が過ぎ、彼らの名前が公表された。彼らの中には、大臣、将校、協同組合施設職員、弁護士、学生、僧侶などがいた。われわれは銃殺された人数を知らない。『チェー・カー週報』での唯一の報道以外は何も公表されなかった。それでもわれわれは、モスクワでこの頃あらゆる情報によって三〇〇人以上が銃殺されたことを知っている。

＊（一八八六～一九三八）。ヴェー・チェー・カー議長代理。革命裁判所議長。一八年のモスクワでの左翼エスエル蜂起鎮圧に参加し、その後内戦中はトルケスタンでのヴェー・チェー・カー全権を勤める。

まったく異なる社会層出身の何千人もが逮捕されたときに、ブトゥイルキ監獄［モスクワのチェー・カー監獄］で本当に辛酸の日々を耐えていた人々は、自分の精神的苦痛を決して忘れないだろう。目撃者の一人が「赤色テロルの野蛮な乱痴気騒ぎ」と呼んだ時期のことであった。銃殺に何十人もが引き立てられるのを、夜ごと聞いたり、ときには居合わせたりするのは不安で恐ろしかった。自動車が到着し、犠牲者を運び去ったが、監獄は眠らず、車のクラクションが鳴るたびに震え上がった。監房に入って、「身の回り品」を持たせて誰それを「魂の部屋」［原註］に行かせるのは銃殺を意味した。そこで二人ずつが針金で縛られる。もし読者諸氏にわかってもらえるなら、これはひどい恐怖だ。わたしはこの時期に監獄にいて、自分でこれらすべての恐ろしい悪夢を体験した。目撃談を引用しよう。

「一八年のレーニン［暗殺未遂への報復］の八月の時期に、筆者がいた監房から銃殺に連れて行かれた非常に大勢の名前は記憶に残っていないが、胸が張り裂けるような光景は記憶に刻まれ、死ぬまで忘れないであろう」……。

「「レーニンへの銃撃」から数日が経ち、五人の将校グループが「魂の部屋」に呼び出されることになった。彼らの何人かは、たまたま路上の張り込み中に取り押さえられた。殺されるかもしれないという意識は彼らの頭にはなく、平静に自分の運命を受け入れ、拘留された……。

そして突然、……「身の回り品を持って要塞の魂の部屋に」。亜麻布のように蒼白になって、彼らは身の回り品をまとめる。移送獄吏は一人をどうしても見つけることができない。五人目はまったく応答なしだ。移送獄吏は外に出て、棟長と何人かのチェキストを連れて戻って来る。指名点呼が行われる。これが五人目だと分かる。……彼はハンモックに横になっている。……足から引きずり出される。……彼の狂ったような声が廊下全体に響き渡る。悲鳴を挙げ抵抗する。「どうして。死にたくない」。だが、彼を押え込み、監房から引きずり出す。……彼らは消え、……そして再び中庭に現れる。……悲鳴はもう聞かれない。……口に雑巾が押し込まれる。

若き少尉補セミョーノフは、一八年夏の［モスクワにある］クルスク駅の大火のとき（線路の貨車が焼けた）野次馬の中にいて、ボリシェヴィキが窃盗の痕跡を消すためにおそらく貨車に放火したのだといったという罪で逮捕された。彼は逮捕され、父と兄弟も一緒に家で逮捕された。取調べから三ヶ月後に、予審判事は釈放されるであろうと彼に確約した。突然、……「身の回り品を持って要塞に」。何日か後に彼の名前は銃殺されたリストにあった。一ヶ月後に父親を取り調べた際に予審判事は、銃殺された「大勢の中で」息子は誤って銃殺されたと父親に告白した。

少し前にわれわれの獄舎から連れ去られた一八、九歳の若者が監房に連れ戻された。彼は一八年七月の手入れの際にキリスト救世主寺院辺りの街頭で逮捕された。この若者がわれわれに語ったところによれば、ヴェー・チェー・カーに護送されて数日後の夜中に呼び出され、銃殺場に送られるため自動車に乗せられた（一八年には地下室でなく、郊外で銃殺が行われた）。まったく偶然にも、チェキストの一人が、銃殺すべきは若者でなく、中年男性であると気づいた。多分、名字と名前が同じで処理したのだ。父称［ロシア人のミドル・ネーム］が異なり、銃殺される者は四二歳で、この男は一八歳であった。偶然にも彼の命は助かり、われわれの所に戻された。

赤色テロルは何週間も何ヶ月もの間、幾千人をダモクレスの剣の下に晒した。囚人は、釈放するとの呼び出しは騙して監獄から銃殺に連れていく罠だと恐れ、監獄から釈放されるときも、監房から出るのを拒む場合があった。釈放されるのだとすっかりその気になって監房から出ていく場合もあり、同房の囚人はいつもの挨拶を彼らに送った。だが何日か経ってこれら偽りの釈放者の名前が銃殺名簿に載せられた。公表もされなかった名前はいくつあるだろうか。……」

ペトログラードとモスクワだけが、レーニンの暗殺未遂に何百人の殺害で応えたのではなかった。この波はソヴェト＝ロシア全土を、大、小の都市、大、小の村を駆け巡った。ボリシェヴィキ出版物にこれら殺害の報道が伝えられたのは稀であったが、それでも『週報』によって地方での銃殺について知ることができる。ときにははっきりと、レーニンの暗殺未遂に対して銃殺が行われたと指摘されている。それらのいくつかを引用しよう。

ニジェゴロド・チェー・カーは次のように伝えている。

「わが理想的指導者、同志レーニンの生命に対する殺人未遂は、感傷に耽るのを思い留まらせ、揺るぎなくプロレタリア独裁を実施するよう促している」、「言葉は沢山だ……」、「このため、チェー・カーにより敵対陣営の四一人が銃殺された」。将校、僧侶、官吏、営林署員、新聞編集者、村巡査などを記載した名簿《リスト》がそれに続いた。この日ニジェゴロドで七〇〇人以下の人質が捕らえられた。『労農ニジェゴロド報知』はこのように明言した。「コムニストのそれぞれの殺害または未遂に対し、われわれはブルジョワジーの人質たちの銃殺で応えるであろう。なぜなら、殺害されたり負傷したりするわが同志の血は報復を求めている」

同志ウリーツキィの殺害と同志レーニンの未遂に応えて、……赤色テロルが加えられた。スームィ郡（ハリコフ県）チェー・カー決定により三人のパイロットに。スモレンスク県チェー・カーにより西部州の三八人の地主に。ノヴォルジェフ・チェー・カー［プスコフ県］によりアレクサンドラ、ナタリヤ、エヴドキヤ、パーヴェル、ミハーイル・ロスリャコヴァに。ペシェホンスク・チェー・カー［ヤロスラヴリ県］により三一人に（シャラーエフ一家五人、ヴォルコーフ一家四人全員に）。プスコフ・チェー・カーにより三一人に。ヤロスラヴリ・チェー・カーにより三八人に。アルハンゲリスク・チェー・カーにより九人に。セベジュ・チェー・カー［プスコフ県］により一七人に。ヴォログダ・チェー・カーにより一四人に。ブリャンスク・チェー・カーにより九人の強盗に（!!）、などなど。

ヴェー・チェー・カーにより全世界のプロレタリアの指導者に対する暗殺未遂の廉で、別件で逮捕された者も銃殺された。アルチェリ［協同組合の一種］員のクビーツキィは四〇〇商品ルーブリ［貨幣単位］を強奪した罪で。同じく二人の水兵が。「警官に拳銃を売ろうとした」チェー・カー・コミサールのピスクノーフ。二人の偽金造りなどが。ちなみに、そのような名簿が『ヴェー・チェー・カー週報』三号に公表された。そのように公表された名簿を何十も引用することができるだろうが、公表されないものはどうだろう。「レーニンのため」に銃殺が行われないような所はなかったのだ。

これらの一連の出来事に関して発行された、モルシャンスク市［タムボフ県］のチェー・カー通報の号外は示唆に富む内容である。これは次のように述べている。「同志諸君！　われわれは横面を張られ、われわれは何倍もこれに報い、あらゆる人間に打撃を与えよう。伝染病の予防接種、すなわち、赤色テロルが行われた。……この接種はロシア全土で、特にモルシャンスクでなされ、同志ウリーツキィの殺害と同志レーニンの負傷に対し銃殺で応えた……（四人の名前が列挙された）。わが革命の指導者と、コムニストの責任あるポストに就いている活動家一般への暗殺未遂の試みがまだあるなら、もっとひどい厳しさで行われる。われわれは打撃には……何十倍も強い打撃で応えねばならない」。「ごく些細な反革命的直接行動」の際に、「即座に射殺される」であろう人質についての公式声明がどうやら初めて現れる。「わが指導者の一人の頭と生命に対し、ブルジョワジーとその手先全員の何百の頭を吹っ飛ばさなければならない」と、地方の郡チェー・カーにより出された「トルジョーク市・郡［トヴェリ県］の全市民へ」の中で宣言された。さらに「人質」として逮捕者と収監者の名簿が続いた。技師、商人、そして……右翼エスエルが。全部で二〇人。イヴァノヴォ＝ヴォズネセンスクでは一八四人が人質となった、などなど。ペルミではウリーツキィとレーニンのために五〇人が銃殺された。

公式の報道を覆すには、引用した事実で充分ではなかろうか。ウリーツキィとレーニンのために、この事件に関して何千人もの無実の人々が実際に殺害された。ロシア全土で何千人もが人質となった。彼らの運命はいかばかりであったろう。ピャチゴルスク［北カフカースのテーレク州］での、ルーズスキィ、ラドゥコ＝ドゥミートリエフ将軍、その他の人質の殺害を思い起こそう。彼ら三二人は、公式報道によれば、「内務人民委員同志ペトローフスキィの命令を執行して」エッセントゥーキ［ピャチゴルスク近く］で逮捕された。「反革命的蜂起やプロレタリアの指導者たちの暗殺を試みるなら」彼らを銃殺すると脅して、この報道は締めくくられた。次いで、キスロヴォドスク［テーレク州］で三三人、別の場所でも人質が捕らえられた。ピャチゴルスクにある強制収容所には全部で一六〇人を数えた。一〇月一三日にピャチゴルスクで次の事件が起こった。ボリシェヴィキ派の司令官ソローキンは、「ソヴェト権力からユダヤ人を」粛清する目的でクーデターを試みた。そこでチェキストの何人かが逮捕され、殺された。ここでわれわれが利用しているヂェニーキン特別委員会の資料は次のように述べている。「自分の迫害を正当化するために、ソローキンは、義勇軍*と関係があったとして処刑者を摘発したとする文書を提出し、ネヴィノムィスカヤ村で彼が招集したソヴェト代議員および革命と赤軍の代表者臨時大会から自分の正当性と権力のお墨つきを得ようと望んだ」

だが、ソローキンの敵はすでに彼が大会に到着するまでに、「革命の裏切り者として」急ぎ彼の市民権を奪った。彼はスタヴロポリで逮捕され、そこで殺された。……同時に、強制収容所に人質として収容されている人の大部分の運命が決せられた。

一一月二日に現地の『イズヴェスチヤ』一五七号で、アタルベーコフ**を長とするチェー・カーの命令が公表された。「ピャチゴルスクにおける一八年一〇月二一日のプロレタリアの指導者の暗殺未遂のため、今年一〇月八日の命令三号に基づき、優れた同志、執行委員、その他への悪魔のような殺害に応えて、チェー・カー決定により、以下の人質と反革命組織に属する人々を銃殺する」。それにルーズスキィからはじまる五九人の名簿が続いた。そこには元老院議員、偽金造り、僧侶が交互に含まれた別の四九人の名簿も印刷されていた。人質は「銃殺された」。これは嘘であった。人質は、剣で斬殺された。殺害された人々の身の回り品は、「人民の資産」と宣告された。……

〔原註〕専制時代には新米の監獄囚人はここに入れられて脅された。不吉な響きを持つ「魂の部屋」は一八年には、死地にやられる人々が連れて行かれる場所となった。

＊一七年末に南部でコルニーロフらによって編成された反革命軍。最初は将校、士官候補生らからの志願制によって創設され、一二月二七日にコルニーロフを最高司令官とする軍の創設が公式に宣言された。南部を中心に各地でソヴェト軍と闘い、ノヴォロシスクを経由して協商国から物資の補給を受け、北カフカースを占領した一九年初めには一〇万以上の兵力を持っていた。残虐で知られたが、犠牲も大きく同年秋になると戦闘能力は次第に低下する。

＊＊（一八九二～一九二五）。一八年に北カフカース・チェー・カー議長となり、一九年にアストラハンのチェー・カー議長、南部戦線で革命裁判所議長などを歴任。カフカースで大量の犠牲者を出した大衆的弾圧とコサック迫害の責任者の一人。

これ以後も、人質の同様なシステムは隆盛をきわめた。

チェルニゴフ管区で学生Πはコミッサール H を殺害した。充分信頼できる目撃者はわれわれに次のように語っている。これへの報復として、彼の父親、母親、二人の兄弟（末っ子は一五歳であった）、ドイツ人女性教師と彼女の一八歳の姪が銃殺された。数日後に本人が捕らえられた。

ロシアでテロルが恐ろしい形を採っていた一年が過ぎた。本当のところ、われわれが歴史上知っていること全部が顔色を失うほどだ。アナキストや、初めはボリシェヴィキと手を携えチェー・カー組織にもっとも密接に関わっていた左翼エスエルのグループが企てたテロル未遂事件が起こった。この未遂事件はおもに人質を宣告された多数の党員の殺害への報復として実行された。一九年六月一五日に全ウクライナ・チェー・カー議長ラーチス＊の名の下に以下の宣言が公示された。

「最近一連の上級ソヴェト活動家は左翼エスエル・インターナショナリストの戦闘部隊から、すなわち、活動分子から脅迫状を受け取っている。ソヴェト活動家に白色テロルが宣告された。全ウクライナ・チェー・カーは本状により、ソヴェト活動家へのほんのわずかな襲撃の試みに対して、ここウクライナでもロシアでも勾留されている左翼エスエルの活動分子は銃殺されるであろうことを言明する。プロレタリアートの報復の手はヂェニーキンのお墨つきを持つ白衛軍兵士、ならびにインターナショナリストを僭称する左翼エスエル活動分子に対して同様の厳しさで振り下ろされるであろう。

全ウクライナ・チェー・カー議長　ラーチス」［原註1］

これへの返礼として、一九年九月二五日にモスクワのレオンチエフ小路［後のスタニスラフスキー通り］にあるボリシェヴィキ党の建物であらかじめセットされた爆弾が爆発し、建物の一部を破壊した。爆破によって数人の著名なコムニストが殺傷された。翌日モスクワの新聞にカーメネフの署名で、「忌まわしい犯罪」を実行した「白衛軍兵士は」「恐ろしい懲罰を受けることになる」との脅しが掲載された。ゴイフバールトは『イズヴェスチヤ』の記事で、「死者に対し権力自身が充分な形で報復するであろう」と付言した。

流血テロルの別の波がロシア全土に広がる。権力は爆破に対してこれとまったく無関係な人間に「充分な形で」報復した。アナキストによって行われた行為に対して［原註2］、権力はこのとき収監されていた人物を簡単に銃殺した。

「モスクワで投げられた爆弾への返礼に」、サラトフでチェー・カーは二八人を銃殺したが、その中に数人の立憲民主党員《カデット》の憲法制定会議候補、元人民の意志党員、法律家、地主、司祭などが含まれていた。公式に何人が銃殺されたのか。実際には、それよりもっと多く、モスクワからの電報による「全ロシア的血の義務的割当」のうちサラトフが行うべき数は六〇人とされた。

主要な活動舞台であったモスクワで当時作成された名簿について、われわれはブトゥイルキ監獄の収監者の一人から明白な証言を得ている。

「モスクワ・チェー・カー警備司令官ザハーロフの話によれば、爆発現場から直ちに亜麻布のように蒼白になった人物がモスクワ・チェー・カーに到着し、この苛立つヂェルジーンスキィは次のような命令を発した。モスクワのあらゆる収監場所、監獄、ラーゲリにいるカデット、憲兵、旧体制の代表的人物、伯爵と男爵全員を名簿にしたがって銃殺せよ。そのようにして、一人の人物の一言の命令によって、何千もの人々がたちまち死に追いやられた。

当夜と翌日に何人が急ぎ銃殺されたかを正確に確定することはもちろんできないが、死者の数はもっとも控えめな数字で算出しても数百人になるはずである。翌日この命令は撤回された」……。

また一年が過ぎ、中央権力からの訓令によりすでに公式に人質の特別なシステムが導入された。

二〇年一一月三〇日に、一連の「白衛軍組織が労農革命の指導者たちへのテロ攻撃を思いついた（?!）」ことが、『政府通報』で明らかにされた。そのため、様々な政治グループの収監者に人質が宣告された。

〔原註1〕『キエフ・イズヴェスチャ』。ヂェルジーンスキィの署名になる同様な声明はすでに三月一日の『イズヴェスチャ』で公表された。「勾留されている左翼エスエルとメンシェヴィキは人質となり、彼らの運命は両党の行動にかかっている」

〔原註2〕一二年にベルリンで出版された小冊子『ソヴェト＝ロシアにおけるアナキストの迫害』で、レオンチエフ小路での暗殺未遂はアナキストによって実行されたと明記されている。その発案者は労働者のカジミール・コヴァリョーフであった〔このことについて「あとがきに替えて」を参照〕。

＊（一八八八〜一九三八）。第一次ロシア革命にも参加した古参ボリシェヴィキ。十月蜂起後は内務人民委員部参与、ヴェー・チェー・カー参与、南部戦線チェー・カー議長などを歴任。一九年に全ウクライナ・チェー・カー議長を務める。

老アナキストのクロポートキンはこの報道にレーニンへの書簡で応えるのを義務と感じた。クロポートキンは次のように書いている。「もしわれわれの中で、そのような措置は中世と宗教戦争のひどい時代への回帰を意味するのだということを思い起こさないとすれば、共産主義原理で新しい社会を創り出すのにたずさわる人にふさわしくない。……まさか、われわれの誰もが人質はそのようなものであると考えつかないとは。これは次のことを意味する。人間が何らかの罪のために投獄されるのではなく、敵対者を死によって怯えさせるために収監するということである。「われわれの一人でも殺してみよ、われわれは諸君の何人かを殺害する」ということなのだ。だがこれは、「少し待て」、「今日ではない」といいながら、毎朝人間を処刑に連れ出し監獄に引き戻すにも等しい。まさか、同志諸君は、これは収監者と彼らの肉親にとって拷問の復活にも等しいということに思い至らないのか……」

すでに死の床にあった高齢で病に伏せっていたクロポートキンは、ボリシェヴィキ的暴力論の実際の具体化を充分に明らかにしなかった。人質！ はたして、彼らはテロルの開始から事実上囚われていなかったか。はたして、彼らは内戦期に至る所で囚われていなかったか。南部で彼らは囚われ、東部で彼らは囚われ、北部で彼らは囚われていた。……

ハリコフにおける多数の人質について報告した現地執行委議長コーンはハリコフ・ソヴェトで、「ブルジョワの悪党が頭をもたげるなら、まず人質の頭が切り落とされる」と演説した。そして実際に切り落とされた。エリザヴェトグラードで二一年に三六人の人質が現地チェキスト一人の殺害のために殺された。ブルツェーフスキィの『全般状況』で伝えられたこの事実は、それに続く一連の同様な確実な情報で確認される。「血には血を」の掟はもっとも広く実行に移された。

ロッカート［イギリス領事］は一八年一一月一〇日に次のように書いた。「ボリシェヴィキは人質を取るという忌まわしい慣例を復活させた。さらにひどいことに、彼らは政敵を撃ち殺し、彼らの妻に復讐した。最近ペトログラードで多数の人質名簿が公表されたとき、ボリシェヴィキはまだ逮捕されていない者の妻を捕らえ、夫が出頭するまで彼女らを監獄に勾留した」。妻も子供も、しばしば親戚までも逮捕された。赤軍から白軍に寝返った将校のために人質となった妻が一八年に銃殺されたと、キエフ赤十字の活動家が語っている。一九年三月にペテルブルグで、白軍に寝返った第八六歩兵連隊の将校たちの親戚が銃殺された。一九年にクロンシタットで「白軍に寝返った嫌疑のある将校たちの親戚」が人質として銃殺されたことについて、有名な左翼エスエルのズベレーヴィッチが全ロシア中央執行委に提出した覚書が触れている［原註］。人質を反革命家グループに移し替えるのは容易であった。『コムニスト』に次の文書が公表された。「八月一三日に第一四軍軍事革命裁判所は人質として捕らえたアレクサンドリヤ市の一〇人の市民（ブレディート、マーリスキィら）の事件を審理し、上記の者を人質ではなく反革命家と認め、全員を銃殺すると決定した」。判決は翌日執行された。

何百人もの人質が捕らえられた。タムボフ県における農民蜂起の際に、子供と一緒に農民の妻が捕らえられ、彼女らは二年間近くもモスクワとペテルブルグを含む様々な監獄に収監された。例えば、タムボフ・チェー・カー作戦参謀部指令は二〇年九月一日に［正確には八月三一日五時二〇分に発令された］次のように宣告した。「蜂起した農民の家族に容赦ない赤色テロルを加える。……両性の区別なく一八歳以上のそのような家族全員を逮捕し、もし匪賊が直接行動を続けるなら、彼らを銃殺せよ。村には特別コントリビューツィア［専断的懲罰的課税］を課し、その不履行に対してすべての土地と資産が没収されるであろう」*

この指令が効力を持ち続けたことは『タムボフ・イズヴェスチヤ』で報じられた公式情報が証明している。九月五日に五ヶ所の村が焼き討ちされた。九月七日に農民二五〇人以上が銃殺された。……モスクワ近郊のコジュホヴォ強制収容所だけで（二一、二二年に）一ヶ月から一六歳までの子供を含めて人質として三一三人のタムボフ農民が収監されていた。襤褸をまとい（防寒用なしで）ほとんど飢餓に近い人質の中で、二一年秋には発疹チフスが流行した。

われわれは脱走兵**に対して、例えば、新聞『赤色戦争』に公表された男女の人質の延々と続く名簿を見ることができる。ここでは若干の人質用に特別な項目が立てられている。「条件つき銃殺の判決」

［原註］ソヴェト権力の観点から見て不穏当な提言のため、ズベレーヴィッチはオレンブルグに流刑された。

＊これは八月下旬にはじまったアントーノフ蜂起に対してタンボフ県チェー・カーの下に設置された鎮圧部隊本部であり、この蜂起の鎮圧手段として当初から「赤色テロル」が行使された（「あとがきに替えて」を参照のこと）。

＊＊内戦の拡大にともない赤軍への徴兵が増加するにつれ、特に脱走兵行為が頻出し、トロツキーが一八年末に、ある部隊で兵士の八〇％が脱走したと言及したように、これはきわめて深刻な問題であった。脱走兵行

為とは、徴兵拒否と部隊からの脱走を含むが、彼らは武器を持ち、反ボリシェヴィキ蜂起の際に彼らは時には中心的役割を果たした。

子供も親も銃殺された。ここでもわれわれは裏づけのあるそれらの事実を知っている。親が見守る前で子供が、子供が見守る前で親が銃殺された。この点で狂人と紙一重のケードロフ*〔原註〕が管轄するヴェー・チェー・カー特別部が特に激しかった。彼は「前線」からブトゥイルキに、八歳から一四歳までの幼い「スパイ」を次々に送り込んだ。彼はこれらの中学生の幼いスパイを即座に銃殺した。

わたしは個人的にモスクワでのそのような一連のケースを知っている。

クロポートキンが書簡で触れようとした精神的拷問とは、誰にどのようにどの程度であったか。地方だけでなく両首都〔ペトログラードとモスクワ〕のチェー・カーにおいても正真正銘の虐待と拷問が実行された。当然にも、クロポートキンの書簡は虚しい訴えとなった。もし当時人質を宣告された者が銃殺されなかったなら、それはおそらく暗殺未遂がなかったからである。

〔原註〕ケードロフは現在いくつかの情報によれば不治の病により精神病院に入院している。

＊（一八九八〜一九四一）。モスクワ大学を中退し入党の古参ボリシェヴィキ。十月後は軍事人民委員部参与、北東軍司令官などを勤める。一九年からヴェー・チェー・カー特別部、同参与、ヴォログダ、後に南部、西部戦線ヴェー・チェー・カー特別全権などを歴任。彼はチェー・カー内部でも残忍さで名が知れわたっていた。

さらに一年が過ぎた。そこでクロンシタット反乱のときに数千人が人質として捕まった。次いで、左翼エスエルの有名な裁判で審理を受けた死刑囚として新たな人質が現れた。彼らは条件つき銃殺という恐怖の下に最後の日まで生きのびたのだ！

そこでおそらく、全世界にあまねく知れ渡ったスウェーデン領で起こったヴォローフスキィ*の殺害に対してだけ、ロシアには大量銃殺がなかったと解釈されている。すなわち、そのことについて公表されなかったし、公然と声明されなかったという。［二二年二月に］チェー・カーから改称された国家政治管理局《ゲー・ペー・ウー》の秘密の場所で何が行われているか、われわれはすべてを知ることはない。銃殺は続いているが、それらは公表されず、公表されたとしてもそれは稀で少なめである。真実をわれわれは知らない。

だがわれわれは、ローザンヌでの無罪判決の後、ボリシェヴィキは人質とされる者に対してテロルを復活させると、はっきりと脅しをかけていることを完全に知っている。例えば、スターリンは、最近『ドゥニ』と『フォルヴェルツ』紙が報じたように、党モスクワ委員会で次のように言明した。

「すべての勤労者の声は、この残虐な殺人の煽動者への報復をわれわれに求めている。実際、同志ヴォローフスキィの殺害犯、撲滅されない走狗コンラーディとポルーニンは、民衆の怒りの手の届かぬ所に隠れ、ロシアのプロレタリアートの指導者に対する攻撃のための基盤を用意し続けている社会的裏切り者である。彼らは、二二年八月にわれわれがすべての勤労者大衆の執拗な願いにもかかわらず、最高裁判決を停止したときに見られたわれわれの先見の明を忘れてしまった。今やわれわれは彼らに、決定はまだその効力を失わず、同志ヴォローフスキィの死に対しわれわれはその裁量下にある彼らの友人に責任を求めることができるのだということを、彼らに想起させることができる」……［原註］。

［原註］ごく最近グルジア・チェー・カーは、三七人の人質となった社民党員［メンシェヴィキ］に、名簿で頭から一〇人がグルジアでのテロ行為の最初の試みに対して銃殺されると警告した。『社会主義通報』二四年二月一一日（三号）の報道によれば、この決議はモスクワからの要請により破棄された（これはソヴェト権力承認の問題が決定される時期のことであったことを忘れてはならない）。その際に廃止の理由づけは独特な論拠である。メンシェヴィキは「匪賊の取るに足らないグループ」に変わり、権力組織はその機能を遂行するに充分強力なので、「メンシェヴィキ党の個々の目立った活動家に人質を宣告するような、抑圧の非常措置に頼る必要はない」

＊（一八七一～一九二三）。古参党員。十月政変後はスウェーデン、ノルウェー、イタリアなどのロシア共和国全権代表を務める。ジェノア、ローザンヌ国際会議のソヴェト代表団主席。ローザンヌで暗殺される。一五ページ以下の［補註］を参照のこと。

「人質は交換のための資本である」……。チェキスト・ラーチスのこの有名な言葉は、おそらくロシア＝ポーランド戦争の際に外国人市民に対してある意味を持っていた。ロシア人人質とは、心理的効果の一つの表現でしかなく、あらゆる国内政策、ボリシェヴィキの権力システムの基盤となっている恐怖支配の一つの表現でしかない。

一八八一年にもっとも反動的な陣営にとっても不可能と思われたことが、ボリシェヴィキによって実現されたことは特筆すべきである。一八八一年三月五日にカマローフスキィ伯はポベドノスツェーフへの書簡の中で初めて集団責任の考えを表明し、次のように述べた。「……摘発された革命政党の陰謀のすべての参加者に、前代未聞の犯罪を実行した罪で法の保護外に置き、ロシアにおいて定められた法秩序に対する新たなごくささいな未遂または実行の廉で一人残らず肉体的に自分の命で責任を取らす、と宣告することが有益であるとお考えにならないでしょうか」*

それは歴史の歪みか現実か……。

老いたロシアの革命家Ｈ・Ｂ・チャイコーフスキィは今の時代の人質制度に関して次のように書いた。「人質制度以上に野蛮さの明白な表現、より正確には、基本的人間社会に対する暴力支配の明白な表現が実際にあろうか。その現実的な適用だけでなく、公然とした宣言に至るにも、何世紀にもわたって培われた人間らしい文化遺産から完全に解放され、戦争や破壊や邪悪の大きな犠牲に心ひそかに屈服することが現実に必要である」

「人類はあらゆる法意識の最初の真理を……得るために多大な尽力をした。すなわち、「罪がなければ、罰はない」」ことを、この問題について発せられた「パリ在住ロシア人文人、ジャーナリスト同盟」のアピールは思い起こさせる。

「われわれは、現代ロシアにおいて恐ろしい火炎で燃えさかっている党内、政治闘争の激情がどれだけ白熱したとしても、文明のこの基本的で最初の戒律はいかなる状況にあっても蹂躙することはできない、と考えている。

罪がなければ、罰はない。

われわれは、無辜の民へのあらゆる殺害に対して抗議する。

われわれは恐怖の拷問に抗議する。われわれは、子供を人質に取られたロシアの母親とロシアの父親がどれだけ苦悶の夜を過ごしているかを知っている。われわれはまた、人質自身がやってもいない他人の罪のために迫り来る死に耐えているのを知っている。

そこでわれわれは次のようにいう。

それは正当性のない残虐さだ。

それは人間社会にあってはならない野蛮さだ……

「あってはならない」……。誰がこれに耳を傾けるのだ。

＊前者（一八四六〜一九一二）はモスクワ大学の国際法学者、後者（一八二七〜一九〇七）は元老院議員などを経て当時はロシア正教会聖務院院長。両者とも保守反動的思想家として影響力を持っていた。

2 「テロルが絡み合う」

「銃殺からはじまるあらゆる形態のプロレタリア的強制は、……資本主義時代の人材から共産主義的人間に改造する方法である」

ブハーリン

ボリシェヴィキ活動家によってテロルはしばしば人民大衆の憤りの結果として描かれる。ボリシェヴィキは労働者階級の圧力によってテロルに訴えることを余儀なくされた。そのほか、国家的テロルは一定の法的規範に不可避な自己制裁《サモスード》を導入したにすぎない、という。これ以上の偽善的視点を想像するのは難しいが、このような言明がどれほど現実とかけ離れているかを事実で証明するのは難しくない。

内務人民委員であると同時に「赤色テロル」の真の創造主で指導者でもあったヂェルジーンスキィは、二二年二月一七日に人民委員会議〔閣僚会議〕に提出した覚書で次のように述べた。「抑圧者に対する革命的プロレタリアートの昔からの何世紀にもわたる憎悪は、心ならずも無秩序な一連の血のエピソードとして具体化されている。そこでは人民の憤りで興奮した分子が、敵だけでなく友人も、敵対的で有害な分子だけでなく優秀で有益な分子も一掃している。わたしは革命権力の懲罰機関のシステム化を導入することを目指した。この間ずっと、チェー・カーは革命的プロレタリアートが行う懲罰行為の理性的指針以外の何物でもなかった」〔原註〕

われわれは以下で、国家権力の懲罰機関のこの「理性的」システム化がどのようなものであったかを示すであろう。「これまでの革命時代の歴史的研究」に基づいて、すでに一七年一二月七日〔旧暦〕にヂェルジーンスキィにより作成されたヴェー・チェー・カーの組織化についての草案は、ボリシェヴィキ・イデオロギーを発展させた理論と完全に符合していた。レーニンは一七年の春にも、社会主義革命を実現するのは非常に簡単なことだ、二、三〇〇人のブルジョワジーを根絶するだけでよい、と確信していた。周知のように、トロッキーはカウツキーの著書『テロリズムとコミュニズム』に応えて「テロルの理念的根拠」を与えたが、その趣旨は「敵を無害にしなければならない、戦時下においてこれは敵を根絶することを意味する」、「脅しは政治の強力な手段であり、このことを理解しないようになるには、偽善的偽聖人にならねばならない」という非常に単純な真理に帰結する。トロッキーの著作を＊「非人間性を讃える素晴らしい賛美歌」と呼ぶのは誇張ではない、と喝破したカウツキーは正しかった。これら血の呼びかけは実に、カウツキーの表現によれば「革命の忌まわしい出来事の頂点」をなしている。「計画的に導入され、すべて考え抜かれたテロルを、興奮した群衆の過激行為と混同することはできない。これら過激行為は住民のもっとも非文化的で粗野な層から出るが、テロルは高度に文化的でヒューマニズム溢れた人々により実行された」。ドイツ社会民主党のイデオローグのこれら言葉は、フランス革命の時代に関するものである。それを二〇世紀にも繰り返すことができる。共産主義のイデオロギーは、旧弊な過去をもっとも悪質に蘇らせた。「高度に文化的」で、あたかも「ヒューマニズム」に溢れたような人々のデマ宣伝は、血まみれの大義を厚顔にも創り出した。

〔原註〕ボリシェヴィキの下で最初の司法人民委員であった〔左翼〕エスエルのシチェーインベルグは、最近テロルに反対する著書『革命の道徳相』を出して、全力を尽くして血まみれのテロル活動に対する自分の党の無実を主張しているが、チェー・カーは「十月革命の最初の激しい日々のカオス的状態」から生まれたことを勘案すれば彼の主張が正しくないことは明らかである〔チェー・カー創立当時、人民委員会議はボリシェヴィキと左翼エスエルの連立であり、この時の司法人民委員がシチェーインベルクであった。彼はブレスト講和の批准に反対し、ほかの同志とともに人民委員会議から脱退する〕。

＊二〇年に「カウツキーの衒学的誹謗文書」に反論するため執筆され出版された『テロリズムと共産主義』を指す。七〇年に出された根岸隆夫訳、現代思潮社発行の邦訳がある。

厳然たる事実を顧みることなく、ボリシェヴィキは、ロシアにおいてテロルはプロレタリアートのいわゆる領袖への最初のテロリズム的暗殺未遂の後にようやく採用されたのだと主張した。ラトヴィア人であり、もっとも残忍なチェキストの一人であるラーチスは、ソヴェト権力の特別なヒューマニズムについて一八年八月に臆面もなく語った。「われわれは何千人も（!!）殺されているが、われわれは逮捕に留めている」（!!）。ペーテルスはすでにわれわれが見たように、あの独特な皮肉を込めて、たとえばウリーツキィの殺害までペトログラードには死刑はなかったと、公言した。

死刑廃止を含めた一連のデマで政府活動を開始したボリシェヴィキは、直ちにそれを復活した［原註］。すでに一八年一月八日に人民委員会議宣言の中で、「赤衛軍兵士の監視の下に、男女のブルジョワ階級からなる塹壕堀のための大隊の創設」が述べられた。「抵抗するものを銃殺する」。さらに、反革命的アジテーターを「犯罪現場で銃殺する」と続く。

言葉を換えれば、裁判と審理なしで現場での死刑が復活した。一ヶ月経って、後に知られるようになるヴェー・チェー・カーの宣言が現れる。「……反革命的アジテーター、……反革命軍に加入するためドンへ逃亡した全員が……犯罪地のチェー・カー部隊により容赦なく銃殺されるであろう」。威嚇は豊饒の角から降り注がれるようになった。「担ぎ屋は現場で射殺される」（抵抗の場合には）。告示を剥すものは「即座に射殺される」、などなど。以前、人民委員会議は総司令部参謀本部からペトログラードに向かう特別列車に関する至急公用便を鉄道で送った。「もしペテルブルグまでの途上で列車に遅延が生ずるなら、その責任者は銃殺されるであろう」。「全財産の没収と銃殺」がソヴェト権力によって施行され発布され、交換と売買に関する法令の目をくぐろうとする者を待ちうける。銃殺の脅しは様々である。特徴的なのは、銃殺に関する命令が、中央組織だけでなく、あらゆる革命委員会により出されていることである。カルーガ県では、金持ちに課せられているコントリビューツィアの未納に対して銃殺が行われるであろうと宣告される。ヴャトカでは、「［夜］八時以後の外出に対して」、ブリャンスクでは、大酒呑みに対して、ルィビンスクでは、通りに群がることに対して、おまけに「警告なしに」。銃殺で脅しただけではなかった。ズミヨフ市［ハリコフ県］コミサールは、市にコントリビューツィアを課し、未納者を「首に石をつけてドニエストロ河に沈める」と脅した。まだ意味深長なのがある。最高司令官で、後の最高革命裁判所主席検事にしてソヴェト＝ロシアの遵法の守護神、クルィレーンコは一月二二日にこう宣言した。「モギリョフ県の農民に、暴力行為者をおのおの判断で処罰するよう命ずる」。今度は、北部地区・西シベリア・コミサールは、「罪人が引き渡されないなら、罪人であるか否かを詮索せず一人につき一〇人ずつが銃殺される」と公示した。

そのようなものが死刑についての命令、アピール、宣言である……。

それらを引用し、ロシアで昔から死刑反対の闘志の一人であるジバーンコフ博士は『公共の医者』に書いた。「彼らのほとんど全員が、個々人や激怒して何も判断できない群衆に勝手気ままな判断でやり放題をさせている」、つまり、リンチ《サモスード》が合法化されている。

〔原註〕〔一七年〕一〇月二八日づけ『臨時労農政府新聞』一号に、「全ロシア・ソヴェト大会はケレンスキーによって復活された前線での死刑を廃止するよう命じた」と公表された。

一八年になると死刑はツァーリ体制でも達しなかったような範囲にまで復活した。そのようなものが「革命権力」の懲罰機関システム化の最初の成果であった。基本的人権とモラルの軽視に沿って中央は前進し、その実例を示した。二月二一日に、ドイツ軍の侵攻に関連し、特別声明によって「社会主義の祖国」が危機に瀕していると宣告され、同時にもっとも広汎な規模で死刑が実際に導入された。「敵側エージェント、投機人、押し込み強盗、無頼の徒、反革命アジテーター、ドイツのスパイを犯罪現場で銃殺する」

一八年五月にモスクワのいわゆる最高革命裁判所で裁かれたシチャスヌィ艦長事件ほど、言語道断なものは稀である。シチャスヌィ艦長はバルト海でロシア艦隊の遺棄船をドイツ分艦隊へ引き渡すのを救い、クロンシタットに曳航した。それにもかかわらず、彼は反逆罪で告発された。告発は次のように申し立てられた。「英雄的偉業をなしたシチャスヌィは、それによって名声を作り上げ、以後反ソヴェト権力にそれを利用しようと企てた」という。シチャスヌィを非難して、主要証人としてただ一人トロツキーが立った。五月二二日に「バルト艦隊救助の罪で」シチャスヌィは銃殺された。この判決により、司法による死刑も確立された。この「冷血な殺人という血まみれの茶番」は、社会民主党＝メンシェヴィキのリーダーであるマールトフ*から、労働者階級に訴えるはっきりとした抗議を引き出した。だが当時はそれに大きな反響はなかった。というのは、マールトフと彼の同志の政治的立場は、今後発生する反革命に抵抗するためボリシェヴィキと共同行動を訴えるのが、その時の最終目的であったので。

＊（一八七三～一九二三）。メンシェヴィキの指導者。〇三年の事実上のロシア社会民主労働党の創立大会で党員資格を巡ってレーニンと対立。これ以後ボリシェヴィキとメンシェヴィキに分裂。一七年には亡命先から帰国して左派として十月政変に協力するが内戦に関しては反対の立場を採る。彼は比較的寛容な処遇を受け、メンシェヴィキの大量逮捕にもかかわらず自宅監禁以上の拘束を受けなかった。

ソヴェト＝ロシア領内で一八年九月まで、つまり「赤色テロル」の公式の声明まで、司法やチェー・カーが実行していたような行政手続きによる死刑を、個別的事例の表出と決して見なすことはできない。何十でなく、何百のケースがあった。われわれは、判決による死刑を視野に入れているだけである。一八年に非常に多かったあらゆる暴動の鎮圧にともなう銃殺について、デモ行進への射殺についてなど、すなわち、権力の過剰行為について、フィンランドとセヴァストポリの将校への一〇月以後の（すでに一七年の）懲罰について今はまったく触れていない。われわれは、死刑に関する上述の決定、宣言、命令が完全に復活した内戦期に銃殺された数千人に触れていない。

その後一九年にチェー・カー活動の歴史についての著述者ラーチスは一連の論文の中で（初めはキエフとモスクワの『イズヴェスチヤ』で、後には独立した著作『国内戦線での闘争の二年間』で）、銃殺に関する公式の報道を総括し、悪びれることなく次のように書いた。当時のソヴェト＝ロシア内で（すなわち、二〇の中央諸県で）、一八年前半に、すなわち、チェー・カーが存在した半年間に全部で二二人が銃殺された。「もし、反革命的ブルジョワジーからの陰謀の波とまったく抑えがたい白色テロル（?!）があったなら、これはもっと長く続いたであろう」と、彼は明言した。

社会的に情報を完全に秘匿する状況の下でのみ、そのように書くことができた。死刑が二二件とは。わたしはそのとき、一八年のボリシェヴィキ権力による銃殺を計算しようと試み、その際にソヴェト新聞で公表された資料をもっぱら利用することができた。中央で発行された機関紙に現れたものを抜き書きし、わたしは、地方紙からの比較的アトランダムな情報と、稀にはほかの情報源から検証済みの情報だけを利用した。わたしは、すでに西欧の社会主義機関紙数紙に掲載された拙稿「メドゥーサの頭」で指摘したように、そのようなアトランダムなわたしのカードの資料に基づけば、二二ではなく八八四枚のカードになった！　ラーチスの声明に関してベルリンの『ロシアの声』（二二年二月二二日）は、「われわれの中に、チェー・カーの御用歴史家［ラーチス］が関与する事件と時代の多くの証人と参加者がいる」と書いた。「われわれは、おそらくラーチスと同様にはっきりと、公式のヴェー・チェー・カーは一七年一二月七日の決議によって創設されたことを覚えている。だがわれわれは、ボリシェヴィキの「非常」活動はもっと以前からはじまったことを、それ以上鮮明に覚えている。冬宮の奪取後、陸軍大臣次官トゥマーノフ公をネヴァ川に投げ込んだのは、ボリシェヴィキでなかったか。ボリシェヴィキ戦線総司令官ムラヴィヨーフは、ガッチナを奪取した翌日に反抗した将校を「現場のリンチで」懲罰するよう公的な命令を出さなかったか。ドゥホーニン、シンガリョーフ、ココーシキンの殺害にボリシェヴィキは責任を負わないのか。レーニンの個人的認可により、肩に肩章が縫いつけられていたとの理由だけで、ペトログラードでガングレス修道会の学生たちが銃殺されなかったか。それに、ヴェー・チェー・カー以前に、非常手段でボリシェヴィキの敵を殲滅した軍事革命委員会がボリシェヴィキによって設置されなかったか。

「彼ら全員は多くが刑事犯である」とラーチスがいうのを、誰が信じるだろうか。「二二人……」しかいなかったことを誰が信じるだろうか」

ラーチスの公式統計は、ヴェー・チェー・カー機関誌に自身で公表した情報さえ算入しなかった。例えば、『チェー・カー週報』で、ウラル州チェー・カーにより一八年前半に三五人が銃殺されたと宣告された。これは当時それ以上の銃殺は行われなかったことを意味するのか。ゴーリキーが主宰する『ノーヴァヤ・ジーズニ（新生活）』紙一八年六月八日号に掲載されたヴェー・チェー・カー指導者ヂェルジーンスキィとザークス（左翼エスエル）の次のようなソヴェト的ヒューマニズムのインタヴューとどのように両立させるのか。敵を「われわれは容赦しない」。そしてさらにチェー・カー全員の満場一致の決議により行われたかのような銃殺への言及があった。『イズヴェスチヤ』（八月二八日号）に六県市における四三人の銃殺についての公式報道が掲載された。北部コミューン・チェー・カー一〇月協議会におけるペトログラード・チェキストにしてウリーツキィの副官ボーキィの報告の中で、ヴェー・チェー・カーの［ペトログラードから］モスクワへの移転後、つまり三月一二日以後ペテルブルグでの銃殺者［正しくは収監者、すなわち人質の数］の総数は八〇〇人を数え、その九月の人質の数は五〇〇人であった。すなわち、当月間でペトログラード・チェー・カーの公式代表の計算によれば三〇〇人が銃殺された。したがって、「デンマーク大使館秘書官ペーテルスは……ウリーツキィが一日に二三人の死刑判決に署名したと豪語している、と語った」という、マルグーリエスの日記の記述をなぜ信用できないか。ウリーツキィはテロルを「整備すること」を目指した人物の一人だったではないか……。

一八年後半は、このときからテロルの血に飢えたプロパガンダが公然と行われたことだけがおそらくこれまでと異なっている。レーニンの暗殺未遂後に、いわゆる「赤色テロル」の時期の到来が宣告される。一七年一二月二日にモスクワの労働者代表ソヴェトでルナチャールスキィがこれに触れた。「われわれは当面テロルを望んでいない、われわれは死刑と絞首台に反対する」。絞首台には反対だが、秘密の場所での死刑に反対しなかった！　多分、一人、ラデック*だけが銃殺の公開性に賛成していた。彼は論文「赤色テロル」で次のように書いている。「……地方ソヴェト総会のおおやけの判決に基づき、そしてこの行為を承認する何千の労働者が臨席して銃殺されるブルジョワジーの五人の人質は、労働者大衆が参加せずにチェー・カーの決定によって五〇〇人を銃殺するより偉大な大衆テロルの行為である」。「十月革命の当初に」法廷で支配的であった「寛大さ」を思い起こして、シチェーインベルグは、「一八年の三月から八月末までの時期は、公式ではないにせよ事実上テロルの時期であった」ことは「疑いない」、と認めなければならなかった。

＊（一八八五〜?）。リボフ生まれの革命家。ドイツ社会民主党で活躍。十月政変後は外務人民委員部で活動。一八年のドイツ革命の時にはドイツ共産党の創設にも参画。左派・トロツキー派に属しスターリンによって粛清される。

テロルは抑えようのない血まみれの戦争に転化し、それに対して最初の頃はコムニストの中でも憤慨が湧き上がった。艦長シチャスヌィ事件に、かなり知られた水兵のドゥイベーンコが最初の抗議の声を挙げ、七月三〇日づけで非常に個性の強い以下の内容の書簡を新聞『アナーキー』に掲載した。「死刑の復活に公然と抗議を申し出る良心的ボリシェヴィキが本当に一人もいないのか。情けない腰抜けだ！　彼らはおおやけに自分の声を、抗議の声を出すのを恐れている。だがもし、まだ一人でも良心的社会主義者がいるなら、全世界のプロレタリアートに向かって抗議の声を挙げる義務がある。……われわれは、死刑復活というこの恥ずべき行為に責任はなく、抗議の証しに一連の政権与党から脱退する。政府コムニストはわれわれの抗議声明の後に、われわれ、死刑反対に闘ってきたし今も闘かう者に、絞首台をあてがうもよし、ギロチンでも、死刑執行人に委ねるもよし」。公平を期すために、次のことをいう必要がある。ドゥイベーンコはまもなく、ルナチャールスキィの表現によれば、この「感傷主義」を捨て、三年後に二一年のクロンシタット反乱を鎮圧する際に、水兵の銃殺にもっとも積極的に荷担した。「こんな人でなしを甘やかしてはならない」。そして最初の日に三〇〇人が銃殺された。この後には別の声が響いたが、彼らも沈黙してしまった。テロルの創造主は倫理的弁論に屈従しないものに理論的根拠を与えはじめた……。

二二年にソヴェト司法機関によって作成された新刑法典に公式に死刑制度を導入することに反対した唯一の著名なボリシェヴィキ活動家リャザーノフは、レーニン時代にブトゥイルキ監獄にやってきて、社会主義者に次のように語った。レーニンの暗殺未遂以後「裏切り者社会主義者」に報復し、懲らしめようと監獄に押し入ろうとしている労働者を抑えるのに、プロレタリアートの「領袖たち」は苦労しているのだ、と。わたしは、九月の尋問の際にヂェルジーンスキィ自身とほかの多くの者からも同じことを聞いた。外見を偽装するマニアと達人は、様々なグループがテロルを求める声明を出しているといった印象を作り上げようと躍起になっていた。だがこの普通の偽装では何者も欺くことはできない。なぜなら、これは一種の宣伝方法、長い間ボリシェヴィキ権力がそこで育まれ、すがってきたデマゴギーでしかないからだ。指揮棒が振られ、これら偽りの、しかし手遅れの決定が取り入れられる。手遅れというのは、「赤色テロル」が宣言されると、会合、新聞、ポスター、決議であらゆるスローガンが出され、地方はただそれを繰り返すだけになっているのだから。懲罰を行なうスローガンは、あまりにも大ざっぱでありきたりだ。「資本家に死を」、「ブルジョワジーに死を」。ウリーツキの葬儀にはもっと具体的でタイミングのよいスローガンがあった。「一人の指導者に何千ものお前たちの首を」、「労働者階級のあらゆる敵の胸に銃弾を」、「英仏資本の走狗に死を」。実際、当時のボリシェヴィキの新聞のページ毎に血の臭いがする。例えば、ウリーツキィの死に関してペトログラードの『赤色新聞』は八月三一日にこう書いている。「われわれ戦士の死に対して何千の敵を殲滅しなければならない。甘やかすだけでいいのか。……ブルジョワジーに血の教訓を与えよう。……生身へのテロルを……ブルジョワジーに死を、これを今日のスローガンにしよう」。この『赤色新聞』はレーニンの暗殺未遂に関して九月一日に書いた。「何百人もわれわれは敵を殺すであろう。これが何千人になってもよい。彼らが自分の血で溺れてもよい。レーニンとウリーツキィの血に対して血の雨が降ってもよい。できるだけ多くの血を」。「プロレタリアートは、レーニンの負傷に全ブルジョワジーが恐怖で身震いするように応えよう」と、『イズヴェスチヤ』は書いた。赤色テロルに言及した『イズヴェスチヤ』(一九〇号)の特別論文の中で、白色テロルにより引き起こされた赤色テロルが議事日程となっていると、おそらく優れた評論家のラデックと思われるが、次のように断言した。「ブルジョワジーの個々人の撲滅は、彼らが白軍運動に直接荷担していなくとも、直接的武力衝突が起こった際の暗殺未遂への彼らへの見せしめの手段でしかない。反革命エージェントの手にかかるあらゆるソヴェト活動家、労働者革命のあらゆる指導者に報いて、労働者革命が何十もの首で仕返しをするのは当然である」。「もしわれわれが、ロシア民衆の九〇パーセントが滅んでも、一〇パーセントは世界革命まで生き続けるであろう」との、レーニンの流布された文句を思い起こすなら、コムニスト的想像力がこの「赤い復讐」をどのような形で描いていたかが分かるであろう。「労働者の賛美歌は今から憎悪と復讐の賛美歌となるであろう」と、『プラヴダ』

は書いた。

「ソヴェト＝ロシアの労働者階級は立ち上がった」と、九月三日にモスクワ県軍事コミサールのアピールは宣言し、そして「プロレタリアートの血の一滴に対し……革命に逆らい、ソヴェトとプロレタリアートの領袖に逆らう者の血の雨が降る。プロレタリアートの一人の生命に対し、白軍兵士の何百のブルジョワジーの息子が撲滅されるであろう。……今日から労働者階級（つまりモスクワ県軍事コミサール）は、ただ一つの白軍のテロルに対し大量の、容赦の無い、プロレタリア的テロルで応えると、敵に断固宣言する」と、声を轟かせた。九月二日の会議で次の決議を採択して、全ロシア・ソヴェト中央執行委員会はさらに前進した。「中央執行委員会は、ソヴェト権力の活動家と社会主義革命理念の担い手への暗殺未遂に対し、すべての反革命家と彼らの教唆者に報復することを予告し、ロシアと同盟国のブルジョワジーのすべての走狗に厳重な警告を与える」。労農権力の敵による白色テロルに、労働者（?）と農民（?）が、「ブルジョワジーとそのエージェントに対して大量の赤色テロルで」報復するというのだ。

この立法組織の政令に完全に呼応して九月五日に、チェー・カー活動を特別に承認するという形で、人民委員会議決議が出される。これによれば、「白軍組織、陰謀、一揆に関わる全員が銃殺される」。同時に、内務人民委員ペトローフスキィ*により電信命令が全ソヴェトに送られた。歴史的にも、用語によっても、やりたい放題をできるだけ認めるために生まれる運命にあったそれは、「人質に関する命令」のタイトルで『週報』一号に掲載され、次のように唱っている。

「ヴォロダールスキィ**の殺害、ウリーツキィの殺害、人民委員会議議長ヴラジーミル・イリッチ・レーニンの暗殺未遂と負傷、フィンランド、ウクライナ、最後にドンとチェコスロヴァキヤでのわれわれ同志の大量の何十万の銃殺、徐々に明らかになるわが軍後方の陰謀、これら陰謀についての右翼エスエルとその他の反革命的無頼漢の公然たる告白（?）、それと同時に、その一方で、ソヴェトの側から白軍兵士とブルジョワジーへの厳しい弾圧と大量銃殺が非常にわずかしかないという事実によって、エスエル、白軍兵士、ブルジョワジーへの大量テロルという常套句にもかかわらず、このテロルは実際には存在しないことは明白である。

そのような状態を断固終わらさなければならない。厳しさの欠如と甘やかしに終止符を打たなければならない。地方ソヴェトに知られている全右翼エスエルを即座に逮捕しなければならない。ブルジョワジーと将校たちから多数の人質を取らなければならない。白軍の中でのごく些細な抵抗の試み、またはごくわずかな蠢動にも、無条件に大量銃殺が適用されなければならない（？）。地方の県執行委員会はここで特別なイニシアチヴを発揮しなければならない。

民警を通して管理部とチェー・カーは、他人名義で隠れている全員の解明と逮捕に向けてあらゆる措置を採らなければならず、それには白軍活動に紛れ込んでいる全員の無条件の銃殺が含まれる。

上記のすべての措置は直ちに施行されなければならない。

地方ソヴェト組織のこの方面でのあらゆる優柔不断な活動について、管理部部長は内務人民委員部に直ちに通報するのを義務とする。最後に、わが軍の後方で、あらゆる白軍兵士、労働者階級と貧農の権力に対するあらゆる下劣な陰謀家を最終的に一掃しなければならない。大量テロルの適用には、いささかの動揺も、いささかの優柔不断もあってはならない。

本電報の受取りを郡ソヴェトに伝達することを確認せよ」

チェー・カーの闘争の理念と方法の指導と伝道を担うべきヴェー・チェー・カー中央機関誌『週報』は、同じ号で「死刑問題に寄せて」の中でこのように書いた。「赤色テロルに関するあらゆる冗漫で実りのない下らない話を拒否しよう……。言葉でなく実行で、もっとも容赦のない、厳格に組織されたテロルを実施するのに遅くない」

ペトローフスキィの有名な命令の後には、自分の領袖への復讐者として立ち現れた「労働者階級」とか、いわゆるチェー・カーを組織する際にヂェルジーンスキィなどが持ち出した目的の人間性とかのテーマは、おそらく語るに値しない。ボリシェヴィキ評論家たちの完全な無責任さだけが、例えば、ラデックに九月六日の『イズヴェスチヤ』で次のように主張させている。「労働者権力がこの打撃に応えることができると労働者大衆が確信しなければ、ブルジョワジーへの大量ポグロム［集団虐殺］が存在したであろう」。ソヴェト活動家一人につき一〇〇〇人の犠牲者を要求したヴィテブスク県のコムニストたちの声明、または犠牲者一人につき一〇〇人の人質、赤軍兵士一人につき一〇〇〇人の白軍兵士を銃殺せよとのトレーラー・コムニスト細胞の要望、または九月一三日に「忌まわしい殺人者をこの世から消す」よう求めた西部州チェー・カー・コムニスト細胞の声明、または「わがコムニスト一人に対して一〇〇人ずつを、領袖の暗殺未遂に対して何千と何万の（?）これら寄生虫を撲滅するであろう」とのオストロゴジスク［ヴォロネジ県］・チェー・カー赤軍警備隊の決議（九月二三日）は、いかなる意味を持つのか。われわれは中央から離れるにつれてチェー・カーの血の残忍さが増すのを知っている。犠牲者は一〇〇からはじまり、万にまで達した。どこかでいわれた言葉だけが繰り返される。だが、それらが公的に表明された以上、本質的にはもっぱらチェキスト自身から発せられたことが繰り返されているのだ。一年後に、抑えの効かない勇ましい言葉遣い《ジャルゴン》で同じ議論が、ボリシェヴィキに占領された別のロシア領で、全ウクライナ・チェー・カーの長となったラーチスの帝国で繰り返される。キエフで『ヴェー・チェー・カー週報』と目的を同じにする全ウクライナ・チェー・カーの機関誌『赤い剣』が発行される。この第一号でわれわれは次のような編集者リフ・クラーイニィの論文を読む。「ブルジョワ蛇から毒牙を根っこから抜かねばならないが、必要ならどん欲な顎を引き裂き、どん欲な胃袋を切開しなければならない。サボタージュする、嘘をつく、背信的に振舞う階級外のホワイトカラー《インテリ》的投機人と投機人的ホワイトカラーに近づく同調者（?!）から仮面をはぎ取らなければならない。下級階級の抑圧と搾取のためにブルジョワジーによって考え出されたモラルと人間性の古い土台はわれわれには存在しないし、しようもない」

シヴァルツ何某も同じことを繰り返す。「宣告された赤色テロルはプロレタリア的に実行する必要がある」……「もし世界全体でプロレタリア独裁が承認されるために、ツァーリズムと資本のすべての奉仕者を根絶することがわれわれに必要なら、われわれは躊躇せず、わが革命に課せられた任務を遂行する」

「われわれはテロルを余儀なくされた。これはチェー・カーからではなく、労働者階級からのテロルである」と、一九年一二月三一日にカーメネフは再び繰り返した。「テロルは協商国により押しつけられた」と同年の第七回ソヴェト大会でレーニンは宣言した。そうではない。これは正にチェー・カーのテロルであった。ロシア全土が反革命、サボタージュ、投機との闘争のためにチェー・カーのネットワークに覆われた。無敵のヴェー・チェー・カー支部が設置されなかった都市も、郷もなかった。以来、それは国家行政の中枢に留まり、権利の最後の一滴まで吸い尽くしている。モスクワの共産党中央委員会の公式機関紙『プラヴダ』自身、一〇月一八日に次のことを認めざるをえなかった。「あらゆる権力をソヴェトに」とのスローガンは「あらゆる権力をチェー・カーに」に替わっている。

郡、県、市（最初は郷、村、工場にさえも）チェー・カー、そして鉄道、運輸、前線などのチェー・カー、または「特別部」は実践活動で軍隊と結びついた。最後に、あらゆる「野戦」、「軍事革命」裁判所と、「非常」参謀本部、「懲罰遠征隊」、そのほか。これら全部が赤色テロルを実現するために統合されている。『ボリシェヴィズムの血の陶酔』（ベルリンで発行）〔独語〕の筆者ニロストンスキーは、キエフだけでそれぞれが独自に死刑判決を下す一六の様々な非常委員会を数えた。大量銃殺の日々に、単なる番号でチェー・カーの内規に記載されたこれら「大量虐殺」はそれらの間で割り振られた。

＊（一八七八～一九五八）。古参ボリシェヴィキ。エカチェリノスラフで第一次ロシア革命に参加。二月革命後流刑されていたシベリアからペトログラードに帰還し、革命運動家としてウクライナに派遣される。一九年まで内務人民委員を勤めた後、全ウクライナ中央執行委議長となる。

＊＊（一八九一～一九一八）。一九〇五年にブント（「在リトアニア・ポーランド・ロシア・ユダヤ人労働者総同盟」）に加盟後、ウクライナ社会民主党組織で活動。革命運動で逮捕され恩赦で釈放され、その後アメリカに亡命し、第一次大戦中はトロツキーやブハーリンとともに活動する。二月革命後に帰国し、共産党に入り、ペトログラード組織を中心に活動。一八年六月二〇日に暗殺された。彼が貴重品を横流ししたために粛清され、その罪をエスエルに着せたともいわれている。

3　血まみれの統計

「旧いものを破壊した上に、新しいものを打ち立てよう」
「剣に剣でなく、平和をわれわれは対置する」

チェー・カーは共産党中央委の用語では、司法組織でなく、「容赦のない懲罰」組織である。チェー・カー、「これは犯罪調査特別委員会でなく、法廷でも裁判所でもない」とチェー・カー自らがその任務を規定している。「これは国内戦線で活動する軍事組織である。それは敵を裁くのではなく粉砕する。それは敵陣にある全員を容赦せず焼き尽くす」

「死の法令集」に替わり「革命的経験」と「良心」だけが機能するなら、この「容赦のない懲罰」が実際にどのように創り出されたのかを思い描くのは困難ではない。そして経験が専横に替わるのは避けがたく、後者は執行人の構成に応じて目に余るようになる。

ラーチスは一八年一一月一日に「赤色テロル」の中で書いている。「われわれは階級としてのブルジョワジーを根絶している。被告が行動によって反ソ行動を行ったのか、言葉によって行ったのかについての資料と証拠を捜査で求めてならない。貴下がまず彼になすべき質問は、彼がいかなる階級に属し、いかなる出自で、いかなる教育を受け職業に就いているかである。これらの質問すべてが被告人の運命を決定しなければならない。ここに赤色テロルの意味と本質がある」。ラーチスは決してこの発案者ではなく、大衆テロルに関するプレリアル法*についての国民公会におけるロベスピエールの言葉を繰り返したにすぎない。「祖国の敵を処刑するのに、彼らの個性を明らかにすれば充分である。彼らを処罰するのではなく抹殺することが求められている」

＊フランス革命ジャコバン時代の一七九四年六月一〇日（革命暦でプレリアル二二日）に出された法令により、被告の弁護と審問は廃止され、陪審員は心証によって決定を下し、革命の敵という定義は著しく拡大され、恐怖政治《テルール》が昂進された。

法廷への同様な指示がすべての実情を物語っていないだろうか。

しかしながら、衰えることのないエネルギーで続く赤色テロルが実際にいかなるものかを理解するために、われわれはまず犠牲者の数の問題を解明しなければならない。われわれがロシアで見る支配者による殺害の未曾有の規模が、「赤色テロル」を適用するシステムの全貌をわれわれに提示している。

血まみれの統計は本質的に当面は算出されず、おそらく将来も算出されることはないであろう。おそらく銃殺された数の一〇分の一だけが公表され、死刑が監獄の秘密の場所で執行され、しばしば人の死の痕跡もなくなり、歴史家にとっても将来現実の真の光景を甦らせる可能性はない。

一九一八年

上記の論文でラーチスは、「わが検事や同志の仲間さえも、チェー・カーは何十、何百の死をもたらすと確信している」と書いている。これは実際次のようなことだ。世間ではヴェー・チェー・カーの頭文字は、「あらゆる《フシャコム・》人間《チェロヴェク・》を始末《カプート》する」と訳ありで読まれている。ラーチスは、われわれがすでに触れた二二人という架空の数字を挙げて、一八年後半に銃殺された者を四五〇〇人と算出している。ラーチスはいう。「これはロシア全土」、すなわち、中央二〇県の範囲のことである。「何かの廉でチェー・カーを非難することはできるが、それは銃殺への過度の熱心さでなく、極刑を適用するのが不徹底なことで」。「厳しい鉄の手は常に犠牲者の数を減らしている。この真実は必ずしもチェー・カーに考慮されなかった。だが、これはチェー・カーというより、むしろソヴェト権力の政策全体の責任である。われわれは屈服した敵に対して過度に軟弱で寛大であった！」

　ラーチスには四五〇〇人は少ないというのだ！　彼は自分の公的統計が異常に少ないことを容易に確信することができる。例えば、サーヴィンコフ*によって七月に組織された蜂起**の後に、ヤロスラヴリでの銃殺にラーチスがどのような表題をつけたのかを知るのは興味深い。幹部コムニストだけで回覧された『ヴェー・チェー・カーの赤色本』初版で（そのようなものは存在する［同書はラーチスの編集による二巻本で、第一巻が二〇年に、第二巻が二一年にモスクワで発行された］）、実際に「前例のない」歴史的文書が載せられた。ドイツ人特別委員会（ブレスト条約に基づき活動した）議長バールクは一八年七月二一日の命令四号で、ヤロスラヴリ市民に北部義勇軍ヤロスラヴリ部隊は上記のドイツ人特別委に降伏したと宣言した。降伏した者はボリシェヴィキ権力に引き渡され、まず彼らのうち四二八人が銃殺された。わたしのカードによれば、この同じ時期にこの地域で銃殺された者のカードは五〇〇四枚を数えた。すでに述べたように、わたしのデーターはアトランダムで不完全である。これはもっぱら、新聞で公表され、それもわたしが入手できた新聞だけの分である。

＊（一八七九～一九二五）。文筆家。エスエルの指導者であり、テロリスト。二月革命後亡命先のフランスから帰国し、臨時政府の参謀本部つきコミッサールなど陸軍の要職に就き、コルニーロフ反乱時の陸軍大臣次官。十月政変後は反ボリシェヴィキの軍事行動を指揮し、ドンで義勇軍を創設し、一八年七月のヤロスラヴリ蜂起を組織し、反ボリシェヴィキ軍事組織「祖国と自由の防衛同盟」を設置する。二四年以後は亡命先で反ボリシェヴィキ活動を行うが、二四年に逮捕され、獄中死する。

＊＊一八年七月六日から二一日にモスクワの北東に位置するヤロスラヴリで様々な反ボリシェヴィキ勢力がフランス軍事使節の支持を得て起こした軍事蜂起。このときはすでに最初の貧農委が設置され、私的商業が禁止され、大規模工業の国有化が宣言され、戦時共産主義が胎動していた時期であり、軍事的には西シベリアではじまったチェコ軍団の反乱軍がモスクワに向けて西進し、七月にはアルハンゲリスクに上陸しヴォログダとヴャトカへと進撃するフランス陸戦隊が合流する場所としてヤロスラヴリは重要な意味を持った。この蜂起の鎮圧に装甲列車と航空機までが投入され、義勇軍は「戦争は望ましい結果をもたらさず、都市は破壊

され、住民に災難が降りかかる」との理由で降伏を申し入れたが、鎮圧軍によって市内の中心街も歴史的建造物も徹底的に破壊された。

簡単な公式記録ではときには数の問題を解決するのは難しいことを、考慮する必要がある。例えば、クリン郡（モスクワ県）チェー・カーは、若干の反革命家を銃殺したと報道した。ヴォロネジ・チェー・カーは、逮捕者のうちから「大勢が銃殺された」と報じた。セストロレック（ペトログラード県）・チェー・カーにより、「それぞれのケースで慎重な審理の後に銃殺が」行われた。そのような控えめな報道が新聞で目につく。われわれはそのような場合に一から三の係数を掛けた、すなわち、数字はあまりにも少ないのだ。

この血まみれの統計から、あらゆる農民、その他の蜂起の鎮圧にともなう大量虐殺に関する情報を完全に省いた。内戦期のこれら「過剰行為」の犠牲者は、もうまったく数えることができない。

ラーチスが引用する公式統計が限りなく過小評価されていることを明らかにすること以外に、わたしが提示する数字に意味はない。

ソヴェト＝ロシアの領域が徐々に拡大し、チェー・カーの「人道的」活動範囲も拡大する。二〇年にラーチスは追加の統計を出し、それによれば一八年に銃殺された者の数は六一八五人に達した。それにラーチスは、例えば、イギリス報告書がその多くを断定した、北東ロシア（ペルミ県など）で銃殺された数千人を算入したであろうか。

「イギリス領事館には、ボリシェヴィキによる肉親、その他の住民への凶暴な殺害を証言するため、あらゆる階級の人々、おもに農民が次々と訪れている」……（エリオットからカーゾンへ、一九年三月二一日）。一八年のキエフにおける「将校」虐殺の犠牲者はそれに算入されているだろうか。彼らは二〇〇〇人を数えるのだ！「身分証点検」のために呼び集められた劇場で軍人が射殺され斬殺された。オーストリア軍の到着までにオデッサで虐殺された海軍将校の犠牲者は算入されているだろうか。「後にオーストリア軍参謀の一人がわたしに、オデッサ管区で殺害された四〇〇人以上の将校の名簿が届けられたと語った」とイギリス人司祭の一人は明かした。それにはセヴァストポリ虐殺における将校の犠牲者が算入されているだろうか。ヂェニーキン将軍の命令で組織されたボリシェヴィキの行動調査に関する特別委が明らかにしたように、一八年一二月にアルマヴィール［クバニ州］で殺害された一三四二人が算入されているだろうか。最後に、B・M・クラースノフが回想録の中で触れている、セヴァストポリの六七人、九六人などの大虐殺は。裁判なしに、またはチェー・カーや同様の臨時「革命」裁判所の判決によって銃殺された何十、何百人の犠牲者なしにボリシェヴィキが登場した地方はどこにもなかった［原註］。われわれはこの虐殺に特別に章を充てるだろう。これを「内戦」の過剰行為でしかないと思う者には思わせよう。

［原註］ボリシェヴィキの撤退後に直接情報を収集しようと試みても、犠牲者の数を検証するのは不可能であった。例えば、市ドゥーマ［旧市議会］、労組評議会、勤労女性組合の代表が参加して調査したヂェニーキン特別委ハリコフ支部は一一ヶ所の監獄を調査し、二八〇体の屍体を暴いたが、それは実際の犠牲者数は少なくともその三倍以上と見た。それは公園内外に埋められた死体の全部を発見することはできなかった。

一九一九年

血まみれの統計を続けてラーチスは、一九年にチェー・カーの決定によって三四五六人が、すなわち、二年間に全部で九六四一人が銃殺され、そのうち七〇六八人が反革命家であったと断言する。ラーチス自身が認めているように、二五〇〇人以上が「ブルジョワ性」のためでなく、「反革命」のためですらなく、通常の犯罪により銃殺された（汚職が六三二人、投機が二一七人、刑事犯罪で一二〇四人）。このことによって、ボリシェヴィキは一定の階級としてのブルジョワジーとの闘争としてでなく、文化の程度が低い国家でさえもそのような場合に決して適用されることのない一般的刑罰として死刑を導入したことが認められる。

だがこのことは措くとしよう。ヴェー・チェー・カーによって、ラーチスの資料によれば、一九年九月に一四〇人が銃殺されたこの時期に、著名な社会活動家H・H・シチェープキンの名に関連した反革命事件がモスクワで清算された。新聞に銃殺された六六人の名前が公表されたが、ボリシェヴィキ自身が認めているように、この事件で一五〇人以上が銃殺された。信頼すべき証言によれば、クロンシタットで一九年七月に一〇〇人から一五〇人が銃殺され、一九人だけが公表された。ラーチス自身が権勢をふるったウクライナでは数千人が銃殺された。イギリスで公表されたジュネーヴにある国際赤十字に提出されたロシア赤十字看護婦の報告書では、キエフだけで三〇〇〇件の銃殺を数える。

上記の『ボリシェヴィズムの血の陶酔』の著者ニロストンスキーは、キエフでの銃殺のおびただしい数を出した。著者は全部で一六あるキエフ・チェー・カーの活動に関する包括的で深い知見を披瀝し、その知見は詳細な地形描写の正確な記録にも表れていることを指摘しなければならない。著者は直接的見聞のほかに、おそらくリョールベルグ将軍によるボリシェヴィキの活動調査に関する特別委が入手した資料を利用している。同特別委の一部は法律家と医者から構成された。それは墓から暴いた屍体の写真を撮った（写真の一部はニロストンスキーの著書に掲載され、残りは著者の説明によればベルリンにある）。リョールベルグ特別委の資料によれば、四八〇〇人が銃殺され、彼らの名前を確認することができたと、彼は主張する。ボリシェヴィキ統治下のキエフで殺害された者の総数は、ニロストンスキーの意見によれば一万二〇〇〇人を下らない。これらの数字は不正確でもかまわない、全体としての導きの糸を提示しているのだから。

テロルで具体化される異常な形態のために、マヌイーリスキィとフェリクス・コーンを長として中央から任命されたウクライナ・チェー・カー調査特別委の活動がはじまった。ヂェニーキン特別委における証言で、すべての囚人はこの特別委に好意的意見を述べている。テロルの展開はキエフからの撤収時に停止したが、そのとき七、八月に大量銃殺の場面が再び繰り返された。八月一六日に『イズヴェスチャ』で一二七人の銃殺された者の名簿が公表されたが、これは公式に言及される最後の犠牲者となった。

サラトフの郊外には恐ろしい渓谷があり、ここで人々が銃殺されている。われわれが何度か引用し、これからも典拠とする瞠目すべき書物からの目撃談で、このことについて触れよう。

論集『チェー・カー』、チェー・カーの活動資料は、エスエル党［中央ビューロー］によりベルリンで出版された（一九二二年）。本書の特別な価値は、ときには直接に、ときには監獄で犠牲者から、目撃者から、証人から資料を集めたことにある。それは語るべきことを直截に知っている人々により書かれた。これらの生々しい印象は無味乾燥な文書より雄弁である。これらの人々の多くをわたしは個人的に知っているし、彼らがどれだけ細心に資料を集めたかも知っている。『チェー・カー』はわれわれの時代を特徴づけるための歴史的文献として、傑出した文書として、永遠に残るであろう。サラトフ住人の一人も［サラトフ郊外の］モナストゥイリ労働者村近くの渓谷、そのうちおそらく革命の犠牲者記念碑が建立されるであろう渓谷について述べている。

「雪が止むや、不安げに辺りを見回し、群れをなしてあるいは独りで犠牲者たちの肉親と友人が歩き出す。初めの頃には聖地詣での罪で逮捕されていたほど大勢が到来した。……そして逮捕にもかかわらず、それでも彼らは歩み続けた。春の水は大地を洗い流し、コムニストの暴虐の犠牲者を白日に晒した。渓谷に架かる長さ四、五〇サージェン［約一〇〇メートル］の橋から下に渓谷に沿って、屍体が山なりに積み上げられている。いくつあるのか。誰も答えられないだろう。チェー・カーすら知らない。一八年と一九年に約一五〇〇人が名簿によって、または名簿もなしに銃殺された。だが、夏と秋だけ渓谷に連れ込まれ、冬にはどこか別の場所で銃殺された。一番上には、前年の晩秋に銃殺された者がほとんどそのままになっていた。下着一枚で後ろ手に縄で縛られ、ときには袋を被せられるか丸裸で。……

恐ろしい谷底を眺めるのはなんと不気味でおぞましいことか！　だが身寄りの屍体が特定できるかもしれない何らかの目印を探しながら、到来者は目をこらし、一生懸命目をこらしている……」

「……そしてこの谷はサラトフ住人には次第に恐ろしいものになる。それはますます犠牲者を飲み込んで行く。銃殺の後に川岸は険しい流れで崩れ落ち、死体を隠す。渓谷は滔々と流れる。だが春が来るたびに雪解け水は銃殺の最後の犠牲者を顕わにする」……

はたしてこれは嘘なのか。

二〇年にキシニョーフで出版されたこれに劣らぬ恐ろしい本『オデッサ・チェー・カー』でアヴェルブーフ

は、オデッサで一九年の三ヶ月間に「赤色テロル」の犠牲者二二〇〇人を数えている（義勇軍がハリコフを占領した一九年七月にボリシェヴィキによって「赤色テロル」が宣告された）。銃殺はいわゆる「赤色テロル」が公式に宣告されるはるか以前に、ボリシェヴィキによるオデッサの二度目の占領後の一、二週間にはじまった。ヂェニーキン特別委で証言したあらゆる証人が断言しているように、四月半ばから大量銃殺がはじまった。二六人、一六人、一二人などと銃殺が公表される。

いつもの厚顔さで、『オデッサ・イズヴェスチヤ』は一九年四月に次のように述べている。「鮒はサワー・クリームの中で焼かれるのを好む。ブルジョワジーは凶暴で殺戮的権力を好む。よかろう。……いやらしく（?!）われわれは強力な効果をもたらす手段でブルジョワジーを正気に戻すよう密かに取りかかろう。もしわれわれがこれらのろくでなしと愚か者を何十人と銃殺すれば、われわれが彼らに街路を清掃させ、彼らの妻に赤軍兵舎を洗わせるよう強いれば（彼女たちへの少なからぬ誠意である）、そのとき彼らは、われわれの権力は不抜であり、イギリス人とホッテントットに何も期待できないと悟るであろう」

六月に義勇軍が接近すると、銃殺は次第に頻繁になる。現地機関紙『オデッサ・イズヴェスチヤ』はこのときすでに公式テロルについて触れた。「赤色テロルが始動した。それはブルジョワ住宅街を歩き回り、ブルジョワジーを痛めつけ、赤色テロルの血まみれの打撃で反革命を威嚇する。……焼けた鉄で彼らを放逐する。……最大の流血で彼らを懲らしめる」。実際、執行委によって公式に宣告されたこの「容赦のない懲罰」には、銃殺された者の長い名簿がつけられた。しばしば、罪名なしに。それらの多くはマルグーリエスの著書『灼熱の年』に引用された。

目撃者が主張するように、二、三〇人のこれら名簿はほとんどいつも少なすぎた。証人の一人はいくつか観察する機会を持った自分の立場から、次のように述べている。『イズヴェスチヤ』で一八人の名前が公表されたときに、彼女は銃殺された者を五〇人まで数えた。二七人のときには彼女は七〇人を数えた（その中には七人の女性の屍体があったが、公式報道では女性について触れなかった）。逮捕されたチェー・カー予審判事の一人は、「赤色テロル」の時期に毎晩六八人までが銃殺されたと証言している。ヂェニーキン特別委の公式な計算によれば、四月一日から七月三一日までに一三〇〇人が銃殺された。ドイツ人A・ニーマンは回顧録の中で、南部におけるボリシェヴィキの犠牲者数を一万三〇〇〇から一万四〇〇〇人と計算しなければならないと述べている。

三月にアストラハンで労働者のストが行われる。* 目撃者は、このストは労働者の流血の中で鎮圧されたと証言する。

＊一九年の冬にヴォルガ河口にあるアストラハンの食糧事情は急激に悪化し、それにともない市内の労働者の不満は高まったが、当局はいたずらに弾圧を強化し事態の収拾を図った。二月末に労働者はストを宣言した。三月になるとほとんどの工場が操業を停止し、至る所でパンの自由買付の一時的認可が要求された。それに地方権力は応えることなく、奇しくも二月革命二周年記念日、三月一〇日に弾圧がはじまった。この事件についてはほとんど知られていない。

「労働者の苦しい物質的状態を穏やかに議論していた一万人集会は、機関銃兵、水兵、榴弾兵によって包囲された。労働者が解散を拒否した後、ライフル銃からの一斉射撃を受けた。次いで、集会参加者の密集した群衆に向けて機関銃が鳴り響いた。耳を聾する大音響とともに榴弾が炸裂した。集会は混乱に陥り、身を伏せ、不気味に静まりかえった。機関銃の銃声の後、負傷者の呻き声も、死者の断末魔の叫びも聞かれなかった。……

街には人が絶えた。静まりかえった。ある者は逃亡し、ある者は身を潜めた。

二〇〇〇人以上の犠牲者が労働者の隊列からもぎ取られた。

恐るべきアストラハンの悲劇の第一幕はこれで終わった。

さらに恐ろしい第二幕は三月一二日にはじまった。労働者の一部は「勝利者によって」捕獲され、艀と汽船により六ヶ所の警備司令部に収監された。汽船《ゴーゴリ》はその中でも恐怖で抜きんでていた。中央に「蜂起」に関する電報が送られた。

共和国軍事革命［評議会］議長トロツキーは簡潔な電報で応えた。「容赦なく懲らしめよ」。それで不幸な囚われの労働者の運命は決せられた。血に飢えた狂気が陸でも水でも荒れ狂った。

非常警備司令部の地下室で、単に中庭で銃殺が行われた。汽船と艀からそのままヴォルガ河に投げ込まれた。幾人かの不幸な者には首に石が巻きつけられた。何人かは手足を縛られ、舷側から投げ込まれた。機関室付近のどこかの監禁所で見逃され生き長らえた労働者の一人は、一晩で汽船《ゴーゴリ》から約一八〇人が投げ込まれたと語った。市内の非常警備司令部であまりにも大勢が銃殺されたので、彼らをかろうじて墓場に運ぶことができただけで、そこでは「チフス患者」のように積み重ねられた。

非常警備司令官チュグノーフは、銃殺すると脅して墓場への道すがら屍体の紛失を厳禁する命令を出した。ほとんど毎朝起き出したアストラハン住民は通りに半裸で血まみれの銃殺された労働者を見ることになった。吐き気を催す朝の光の中で生存者は屍体から屍体へと愛しい死者を探し求めた。

三月一三日と一四日は依然として労働者だけが銃殺された。だがそこで権力は気づかなければならなかった。立ち上がる「ブルジョワジー」に責任を転嫁することはできないだろうか。そして権力は「遅くともしないよりましだ」と決意した。アストラハン・プロレタリアートへの赤裸々な懲罰を何とか糊塗するため、手近な手にかかった「ブルジョワジー」を捕らえて非常に単純化して懲罰しようと決意した。それぞれの家主、漁業事業主、小商業施設の所有者を捕獲し銃殺する……」

「三月一五日までに、父、兄弟、夫の死を悼まなかった家は一軒もないであろう。いくつかの家では数人を失った。

銃殺された者の正確な数字を、アストラハン市民全員を尋問すれば復元できるかもしれない。最初その数字は二〇〇〇人といわれた。次いで、三〇〇〇人と。……その後、権力は銃殺された「ブルジョワジー」数百人の名簿を公表した。四月初めまでに犠牲者は四〇〇〇人を数えた。弾圧はそれでも収まらなかった。トゥーラ、ブリャンスク、ペトログラードに続いて一九年三月に津波のように広まったあらゆるストに対して、権力はアストラハン労働者に報復しようと決意したのは明白である。ようやく四月末に銃殺は収まりはじめた。

この時アストラハンは不気味な光景となった。通りから完全に人影が消えた。家では涙がかれた。政府施設の塀、ショーウィンドー、窓には命令書、命令書、命令書が貼りだされた。……」

中央から離れたトルケスタンを例に採ろう。ここでは一月にボリシェヴィキにより確立された専制体制に対してロシア住民の蜂起が起こった。蜂起は鎮圧された。目撃者は次のように語った。「大量のシラミつぶしの捜索がはじまった。全兵舎、鉄道修理工場は逮捕者で溢れた。一月二〇日から二一日にかけての夜に大量銃殺が行われた。屍体の山が鉄道の路盤に山積みにされた。この恐ろしい夜に二五〇〇人以上が殺害された。……一月二三日に野戦軍法会議が組織され、そこで一月蜂起の審理が行われ、一九年はずっと逮捕と銃殺が続いた」なぜ、ラーチスはこれら犠牲者を自分の公式統計に算入しなかったのだ。少なくとも最初の頃はここでもチェキストが、それにチェー・カーと構成が同じ「野戦軍法会議」が活動したではないか。

『プラヴダ』もほかのボリシェヴィキ公式機関紙も、左翼エスエル非合法ビュレチン（四号）に掲載された情報に基づき、アナキスト機関紙『勤労と自由』が一九年五月二〇日に出した以下の質問にまったく回答しなかった。「この数ヶ月で総計は分からぬとしても毎日一二人、一五人、二〇人、三一人、三六人がヴェー・チェー・カーによって殺されているというのは真実か」。これには誰も決して回答しないであろう。なぜなら、これは正真正銘の真実だから。この時期に公式には革命裁判所にのみ死刑の権利を移管することが決定されたのだから、なおさら目障りな真実である。この布告直前の二月下旬にヴェー・チェー・カーとペトログラード・チェー・カーは銃殺された者の新たな名簿を公表したが、布告によれば蜂起の場合にのみチェー・カーに銃殺の権利が残された。だがこの時期、モスクワにもペトログラードにも蜂起はまったくなかった。

どのような根拠でエスエル新聞『ロシアの意志』は、三ヶ月間でチェー・カーにより一万三八五〇人が銃殺されたと算出したかは知らない。これは疑わしいだろうか。これはラーチスが示した公式の数字三四五六人とそれほど食い違いはないだろう。少ないほど現実の数字より信憑性が失われると思われる。

共産党中央委モスクワ機関紙『プラヴダ』は、銃殺された数は一三万八〇〇〇人に達すると主張するイギリスで公表された資料に関して、一九年三月二〇日に「もしこれが真実なら、本当に恐ろしいことだ」と書いた。

だがこのようにボリシェヴィキ評論家にとって絵空事と思われた数字は、ロシアで起こっていることを実際に冷徹に提示したにすぎない。

一九二〇年

ラーチスは二〇年以後の統計を公表しなかった。わたしも自分のカードに記入しなかった。というのは、わたし自身が長い間ボリシェヴィキ監獄に下獄し、ボリシェヴィキ司法機関の剣がわたしにも振り下ろされたので。

二〇年二月に死刑は再び廃止された。そこでドイツのハレで二〇年一〇月に演説したジノーヴィエフは、チェニーキンに対する勝利の後にロシアで死刑は停止されたと発言することに決めた。一〇月一五日のドイツ独立［社会民主党］大会で演説したマールトフはそのときすでに訂正を行っている。ジノーヴィエフは、最短期間で死刑は廃止されたが（実際に停止されたのか、メリグーノフ）、現在は再び「恐るべき規模で」適用されていると述べるのを忘れた、と。われわれはチェー・カーで支配的であった慣行を知っているので、死刑が停止されたことについて疑念を表明する完全な根拠を持っている。恩赦の事案を知ればもっとも明白な実例となろう。

ときには死刑囚を銃殺時にその前に立たせた、モスクワにあるヴェー・チェー・カー特別部の壁に彫られたおぞましい文字の中に、「（死刑が）廃止された夜は、夜半には血が滴った」と書かれているのを見ることができる。監獄にとって恩赦は大量銃殺を意味した。チェー・カー代表はできるだけ速やかに犠牲者を始末しようとした。まさに印刷所で翌日の朝刊に掲載されるはずの恩赦の声明が植字されているときに、監獄で大量銃殺が行われたことがあった。ソヴェト権力によってしばしば恩赦が出されたと指摘する者には、このことを銘記させなければならない。恩赦が予想される夜がどんなに騒然としているかを、この時期に監獄で過ごさなければならなかったあらゆる人が語るであろう。わたしは、十月革命記念日［一一月七日］に出される恩赦を目前にしたブトゥイルキ監獄での夜を覚えている。当時は後頭部を撃ち抜かれた裸の屍体をカリトニコフ墓地に運ぶ暇がなかった。モスクワでもそのようなことがあったし、地方でもあった。論集『チェー・カー』でエカチェリノダール監獄を素描した筆者は次のように書いている。「十月革命三周年記念の恩赦の後、エカチェリノダール・チェー・カーと特別部で銃殺はいつも通り行われ、このようなことがあってもボリシェヴィキ御用評論家は地方紙『赤旗』に、恩赦を出したソヴェト権力の御慈悲とヒューマニズムについて、ときにはあたかも敵のすべてに適用したかのような厚顔な嘘をついた一連の論文を掲載したのだった」。そのようなことが後にもあった。二一年の第三回コミンテルン大会の開催直前に、ブトゥイルキ監獄で一晩に約七〇人が処刑された。すべてがまったく驚くような事案であった。贈賄、食糧配給券の職権濫用、倉庫からの窃盗、などなどの罪で。政治犯は、これはコミンテルンの敵への人身御供であると語った。能なし男と犯罪者は喜んだ。恩赦があるのだ。なぜなら、急ぎ銃殺する者は必要だが、残りはコミンテルンを祝して恩赦を受けるのだ。

「(死刑が)廃止された夜は、夜半には血が滴った」……これがまさに現実であると指摘する充分な証言をわれわれは持っている。死刑を定期的に破棄したり減刑したりする時期に、何ら表向きの口実もなく死刑を強化する時期が先行したのはほぼ確実である。

二〇年一月一五日に『イズヴェスチャ』でヴェー・チェー・カー議長フェリクス・ヂェルジーンスキィの署名をつけて、「すべての県チェー・カー」宛てへの次の決議が公表された。「ユデーニチ、コルチャーク、ヂェニーキンの崩壊、ロストフ、ノヴォチェルカースク、クラスノヤルスクの奪取、「最高統治者〔コルチャークのこと〕」の捕獲により、反革命との闘争で新たな状況が創り出された。

組織的反革命軍の崩壊は、陰謀、一揆、テロ活動によって労働者と農民の権力を転覆させようとするソヴェト=ロシア内部の反革命グループの期待と目論見を根本から打ち砕いている。協商国によりそそのかされた反革命勢力に対するソヴェト共和国の自衛という状況下で、労農政府は協商国エージェントとそれに仕えるツァーリ時代の将軍による赤軍の後方におけるスパイ、組織破壊、一揆の行為を鎮圧するため、もっとも断固とした措置に訴えるのを余儀なくされた。

内外の反革命の崩壊、反革命家と匪賊の最大の秘密組織の根絶、これによって達成されたソヴェト権力の強化により、ソヴェト権力の敵に対する極刑（すなわち、銃殺）の適用を放棄する可能性がわれわれに訪れた。ソヴェト＝ロシアの革命的プロレタリアートと革命政府は、ロストフの奪取とコルチャークの捕獲によってテロルという武器を行使しない可能性が生じていることを、喜んで断言する。

武力干渉またはクーデターを行うツァーリ時代の将軍への物質的援助によって、ソヴェト権力の安定した状態と社会主義経済建設への労働者と農民の平和的勤労を再び損なおうとの試みを協商国側が復活させることだけが、テロルの方法に逆戻りさせるかもしれない。

そのように、赤色テロルという恐ろしい方法をソヴェト権力が将来復活させることへの責任は、協商国政府と支配階級、それらに友好的なロシア資本家全体がもっぱら負うものである。

同時にチェー・カーは、当面われわれにとっての主要な国内の敵、経済的崩壊、投機、汚職との闘争に大きく配慮する可能性と義務を持ち、経済生活の構築をあらゆる手段で促し、サボタージュ、無規律、悪巧みによって創り出されるあらゆる障碍を排除する。

上記のことに鑑み、チェー・カーは決議する。

一、本決議の公表時からヴェー・チェー・カーとそのすべての地方組織の判決による極刑（銃殺）の適用を停止する。

二、同志ヂェルジーンスキィに、チェー・カーだけでなく全ロシア・ソヴェト中央執行委の下にある市、県、最高裁判所の判決による極刑適用の完全な廃止の提案を人民委員会議と全ロシア・ソヴェト中央執行委に出すよう委ねる。

三、この決議を電報により施行する」……

われわれはモスクワで喜ばなかった。なぜなら、われわれはたった一年前にテロルの終焉を謳った論文を読んだのをよく覚えていたのだ。例えば、モスクワの『夕刊イズヴェスチャ』に掲載されたノーロフ何某の論文の抜粋がある。新聞は独自の銃殺権の剥奪（?!）についてこのように書いた。「ロシアのプロレタリアートは勝利した。それにはもうテロルは必要ない。これは研ぎ澄まされているが、危険な武器でもある。まさかのときの武器である。それはプロレタリアートに有害でさえある。というのは、革命に向かったかもしれない分子を脅しはねつけた。そのため現在、プロレタリアートはテロルという武器を放棄し、合法性と権利を自分の武器にしている（強調は原文）」……われわれはすでに一九年一月にキエフ・ソヴェトが「その権力の範囲内で死刑は廃止される」と厳かに宣言したのを覚えている。

二〇年一月一五日に、チェー・カー自身が死刑廃止の発意者であるかのように登場した。チェー・カーは発意者ではなく、それはことあるごとに抵抗し、それでも問題が前向きに解決されたとき、ヂェルジーンスキィは彼の指揮下にあるチェー・カーによって公式にこの原則が確立されたように主張したことを、われわれはよく知っている。チェー・カーが指名された犠牲者を急ぎ処刑したのがその頃である。われわれの情報によれば、三〇〇人以上がモスクワで銃殺された。

当時下獄していた左翼エスエルの有名な女性活動家イズマイローヴィッチは次のように語っている。「チェー・カー判決による死刑廃止の布告が出される前の晩……一二〇人がブトゥイルキから連れ出され銃殺された。……死刑囚はどうにかして布告を知り、獄内をかけずり、布告を引き合いにして赦免を祈った。抵抗する者も従順な者も全員が家畜のように殺された。……この追悼も歴史に刻まれるのだ！」

当時モスクワ・チェー・カーに収監されていた論集『チェー・カー』の筆者の一人［Φ・ネジダーノフ］はこのように語っている。

「すでにヴェー・チェー・カーの決議が採択され、新年の（旧暦で）新聞に掲載されたが、モスクワ・チェー・カーの中庭で、参与会の判断によれば生かしておけない者のうち、様々な地下室、監獄、収容所に残っていた一六〇人が急ぎ銃殺された。そこで、ほかの裁判所で有罪判決を受けた者、半分の刑期を収容所で服役した者が殺された。その中に例えば、ロッカート事件に対しこの厳しい裁判でラーゲリ五年の判決しか受けなかったフバルィンスキーがいた。［禁固］一三年と一四年が銃殺された。朝顎に銃創を受けて舌を負傷した人が、モスクワ・チェー・カーから監獄病院に運び込まれた。彼は、自分は射撃されたが、仕留められなかったと何とか身振り手振りで説明し、そして息の根を止めず病院の外科に運ばれたのだから、自分は助かったと考えた。彼は幸運に酔い、目は輝き、自分の好運がまったく信じられないのが分かった。彼の名前も事件も確認することはできなかったが、夜に彼の顔から包帯が剥ぎ取られ、息の根を止められた……」

ペトログラードでは死刑廃止の前夜とその次の夜にも四〇〇人が銃殺された。サラトフではある私信の証言によれば五二人が、などなど。

死刑廃止後も本質的にはチェー・カーにこの血の権利が残された。巧妙な口実が与えられた。例えば、『イズヴェスチヤ』は二月五日に次のように報じた。「キエフ県チェー・カーは、死刑廃止に関する中央執行委の決議は前線に属する地域にはおよばないとするヴェー・チェー・カー議長の電報説明を受け取った。これらの地域では革命裁判所に極刑を適用する権限が保持される。キエフとキエフ県は前線に属する地域となる」。異常なまでに露骨な厚顔さでヴェー・チェー・カー特別部は、四月一五日に地方チェー・カー特別部部長宛てに以下の内容の回状を送った。「死刑廃止に鑑み、列挙された犯罪により極刑を必要とする全員を、死刑廃止の布告がおよばない所として軍事活動地帯に送ること」。反革命の罪で二〇年に逮捕されたわれわれの一人に予審判事が、「ここでわれわれは全員を銃殺することはできないが、前線に送ることはできる」と豪語したのをわたしは覚えている。その際、実際に内戦が行われているどの地域が前線地帯であるか、まったく規定されなかった。

早晩、チェー・カーはこのような姑息なやり方に頼らなくなった（それでもわたしはチェー・カーがこのようなやり方に頼ったかは疑問に思っている。なぜなら、すべてが秘密裡に行われたのなら、おそらくこれに頼る必要もあるまい。もし頼ったとしても、わずかであろう）。死刑廃止を忘れたかのように、あるとき『イズヴェスチヤ』自身が、一月から五月までに五二一人が銃殺され、そのうち裁判所管轄で一七六人、モスクワ・チェー・カー管轄で一三一人であると、報じた。

ロシア＝ポーランド戦争に関連し、死刑はすでに公式に五月二四日に復活した。その後ではもう廃止されなかった。二〇年六月一六日づけのトロツキーの命令書は、一七年のボリシェヴィキの政治宣伝的アピールと比較するなら示唆的である。

「一、退却を迫るあらゆる悪党、軍事命令を遂行しなかった脱走兵は銃殺されるであろう。

二、戦闘部署を勝手に離れたあらゆる兵士は銃殺されるであろう。

三、ライフル銃を投げ捨てたり軍装備の一部でも販売したりするあらゆる者は銃殺されるであろう」

……全ロシア・ソヴェト大会は「ケレンスキーによって復活された前線での死刑は廃止される」と決議したのではなかったか。……[原註]

［原註］当然にも内戦期に前線での銃殺は、トロツキーの命令までに徐々に事実上行われていた。「普通の赤軍兵士が犬のように銃殺された」と、ラリサ・レイスネール女史は一八年八月のスヴィヤジスク［カザン県］での事件に関する陳述の中で赤軍兵士自身の意見を伝えて、断言した。スヴィヤジスクで「白軍」の攻勢の際に市から逃亡した二七人の幹部コムニストが銃殺された。残りの大衆に心理的効果を及ぼす目的で銃殺が行われた。

前線付近地帯での銃殺という狂宴がはじまったが、そこだけではなかった。スモレンスクにおける赤軍守備隊の九月クーデターはもっとも激しく鎮圧された。騒擾に参加したその他の分子を計算に入れずに、一二〇〇人の兵士が銃殺されたと推定される。

中央紙はチェー・カーによる銃殺については沈黙したが、特別革命軍事法廷による銃殺に関する情報を公開した。これらの公式の数字でさえ寒気を催す。五月二二日から六月二二日までに六〇〇人が、六月から七月までに八九八人が、七月から八月までに一一八三人が、八月から九月までに一二〇六人が。ほぼ一ヶ月ごとに情報は公開された。一〇月一七日づけ『イズヴェスチヤ』は九月に銃殺された一二〇六人について報道し、これら死者の罪状も列挙した。「赤色テロル」の根拠という観点から、それらは示唆に富む。スパイの廉で三人、反逆の廉で一八五人、軍事命令不履行の廉で一四人、蜂起で六五人、反革命で五九人、兵役忌避行為で四六七人、掠奪と匪賊行為で一六〇人、武器の保持と引渡し拒否で二三人、狼藉とアル中で二〇人、汚職で一八一人。

ボリシェヴィキ司法機関が極刑以外で裁くのはときには非常に難しくなっている。例えば、『イズヴェスチヤ』に、二〇年二月から九月までにヴォフラ（国内保安軍、すなわち、本質的にチェー・カー軍）の革命裁判所で二八三人が銃殺されたとの報道が掲載された。一一月一八日づけモスクワ『イズヴェスチャ』で公表された、そのような判決の一つの写しをわれわれは持っている。国内保安軍革命裁判所本部は、技師トルーノフ、モスクワ管区管理部部長C・C・ミフノー、兵站部長H・C・ミフノーに職権濫用の廉で銃殺の判決を下した。「最終的判決は控訴手続きでも上告手続きでも抗告を要しない」

この血の滴る統計に当惑するかもしれない。というのは、ソヴェト＝ロシアで実際に何か厄介ごとが起こるとき、血は滴るのではなく、奔流となって川に注がれるのだから。二〇年夏にモスクワで、軍役免除を幇助した罪で二〇人の医者が銃殺された。それと同時に医者に賄賂を贈ったとして五〇〇人が逮捕され、ソヴェトの新聞は銃殺された医者の名前を公表し、依頼人も同じ運命が待ちかまえているとつけ加えた。その頃ブトゥイルキにいた目撃者は、「最期の瞬間まで多くは自分たちが銃殺されるとは信じていなかったし、認めることもできなかった」と語っている。公式資料によれば、一二〇人が銃殺され、非公式にははるかに多い。二〇年秋にモスクワで現地部隊の騒擾が起こっている。われわれモスクワ住民にチェー・カーでの大量銃殺の風聞が聞かれる。国外のエスエル新聞でわたしは二〇〇人から三〇〇人の処刑の報道を読んだ。『最新ニュース』は一〇月に九〇〇人、一二月に一一八人の銃殺を報じた。『ロシアの意志』特派員は、ペトログラードだけで二〇年に銃殺された者五〇〇〇人を数えた（二〇年秋はユデーニチ将軍の進軍に関連する蜂起と「陰謀」の撲滅期であった）。『最新ニュース』に掲載されたЯ・Kの論文「モスクワにおいて」で、ロシアから訪れた人の話として、売春との闘争の目的で張り込み、逮捕し、梅毒検査の後に銃殺したというまったく驚くべき事実を伝えている。わたし自身も同じようなことを聞いた。わたしはモスクワで流布している鼻疽患者の銃殺についての報道を信じることができなかった。多くの信じがたく驚くべきことは、世界でも異常なこの体制下の作り話ではまったくなかった。

北部で

北部で「内戦」がどのようにして清算されたのかを、われわれは非常に多くの資料から知っている。ヴォログダとそのほかの地方におけるケードロフを長とするヴェー・チェー・カー特別部の懲罰遠征隊について、身の毛のよだつ報道はモスクワのわれわれにも届いた。懲罰遠征隊、これはヴェー・チェー・カー特別部巡回法廷のようなさらに新しい形態であった〔原註〕。現在は精神病棟に入院しているケードロフは特別な残虐さで悪名を轟かせた。地方紙に時々これら懲罰列車についての報告が掲載されたが、当然にもそれらがその本質を提示するのはごくわずかしかなかった。それらの報告の中で、「行政作戦行動的」、「軍事革命的」監査時の何百人の逮捕、何十人の銃殺などが言及された。ときに情報は非常に曖昧模糊としていた。例えば、ケードロフを長とするヴェー・チェー・カー特別部のヴォロネジ遠征の際に、数日間で一〇〇〇人の将校が再審を受け、「多くの人質」が捕らえられ、中央に送られた。

〔原註〕А・П・アクセリロードは自著の中で、一九年にヴォログダとチェレポヴェツ間を鉄道で往復していた懲罰列車のことを目撃者として語っている。懲罰部隊はもっぱらラトヴィア人と水兵から構成された。「列車」はどこの駅にも停車し、独自の判断や密告により捜索、徴発、逮捕、銃殺を行った。

ケードロフは極北でも同様な活動を行い、彼の後を継ぎ自ら将校を銃殺して名を挙げたエイデュークは「人道的」人物となった。『アルハンゲリスク・イズヴェスチヤ』には、ケードロフ特別委が極刑を適用した人物の名簿が次々と現れるようになった。例えば、一一月二日に三六人の名簿が。その中には農民も、協同組合活動家も、元国会議員ヴィボルグのイスポーフもいた。われわれはこれとは別に「チャイコーフスキィ時代《チャイコフシチーナ*》と」ミーレル時代《ミーレロフシチーナ**》の積極的反革命運動」の罪で銃殺された三四人の名簿がある。最後に、三番目の二二人の犠牲者の名簿があり、これはアルハンゲリスク市長アレクサーンドロフ、『北部の朝』紙編集者レオーノフ、郵便局長、劇場興業主、番頭などが含まれた。『最新ニュース』特派員は「一二歳から一六歳までの少年少女が銃殺されたケースもあった」と証言する。

＊協商国側の支持を得て一八年八月にアルハンゲリスクで、エスエル、エヌエス（人民社会党）、カデット（立憲民主党）代表からなる反ソ政府「北部州最高行政府」が設置され、ソヴェト布告を破棄して革命以前の制度が導入された。それは九月末にエヌエスのH・B・チャイコーフスキィを首班とする「北部州臨時政府」を名乗った。

＊＊（一八六九～一九三九）。ツァーリ時代の中将。十月政変後はパリに亡命しロシアへの軍事侵攻を画策し、一八年一一月から「北部州臨時政府」に請われ総督に就き、一九年五月以降は北部軍総司令官を兼務。イギリス軍の支援に頼り反ソ行動を起こすが、イギリス軍の撤退後、二〇年二月に亡命を余儀なくされた。

アルハンゲリスク［皮肉なことに、この都市名は大天使《アルハンゲル》に由来する］は「死者の都市」と呼ばれている。二〇年四月にここにいた事情通の『ロシアの声』女性特派員は、「イギリス軍の市内からの撤収後まもなく」と、次のように書いている。「赤旗で覆われた棺の荘厳な埋葬の後に懲罰がはじまった。……夏の間中市内はテロルの圧政に置かれた。わたしは何人が殺されたかの数字を持っていないが、ミーレル政府が、彼自身は砕氷船で出国したが、ムルマンスク鉄道でロンドンに行かせようとした八〇〇人の将校全員が真っ先に殺された」。最大の銃殺がホルモゴールィ付近で行われた。『革命ロシア』特派員は次のように伝えている。「九月はホルモゴールィでの赤色懲罰の日々であった。二〇〇人以上が銃殺された。多くが南部からの農民とコサックであった。ホワイトカラーはほとんど銃殺されず、彼らは少なかった」（七号）。「南部からの農民とコサック」は何を意味するのか。これは南部から連れてこられ、北部の強制収容所に投獄された人々を意味する。チェー・カーは特別の嗜好と非道さでアルハンゲリスク県の強制収容所送りを判決として出し、「これは、囚人をどこかの恐怖の館に殺害するために送り込んだことを意味する」。われわれは、本質的にそれが強制収容所であることも知っている。そこに下獄した者はそこから戻ることはない。というのは、圧倒的ケースで彼らは銃殺されるので。これはしばしば秘匿された死刑の一形態でしかない。

「ドン、クバニ、クリミア、トルケスタンで、同じやり方が繰り返された。元将校または「白軍」に何らかの形で勤務した人物に、登録または再登録が宣告される。何も悪いことはないのだと考えて、忠誠心を発揮した人々は登録に赴くが、出頭したところで捕らえられ、直ちに貨車に追い立てられ、アルハンゲリスク強制収容所に運ばれる。クバニやクリミアから夏の服装のまま、タオルも一切れの石鹸も持たずに、下着の替えもなく、汚れてシラミだらけになった彼らを、下着や防寒用衣服を受け取ることも、身寄りに自分の所在地を知らせる期待もまったくおぼつかない状態で、アルハンゲリスクの天候が待ち受ける。

同様なやり方がバルト艦隊士官にも適用された。これは、亡命もせず、ユデーニチやコルチャークやヂェニーキンにもなびかなかった人々の話である。彼らはずっとソヴェト権力に仕え、明らかに忠誠心を発揮していた。というのは、彼らの多くはボリシェヴィキのこの四年間に一度も逮捕された経験がなかったのだから。二一年八月二一日に何らかの再登録が宣告され、これはまったくいつもながら再三繰り返された茶番であった。おのおのが再登録にふと立ち寄った。三〇〇人以上が勾留された。各人がどこかの部屋に呼び出され、しばらく待つようにいわれた。彼らは二昼夜この部屋で待ち、その後連れ出され、多数の警備兵に護送され、駅に連行され、暖房列車［ストーブのついた貨車］に乗せられ、様々な方面、いうまでもなく、オリョール、ヴォログダ、ヤロスラヴリ、そのほかの都市の監獄に運ばれた。……」

北部に送られた将校の公式情報による長い名簿の中に、到着地を見いだすことは決してできなかった。私的な会見でチェー・カーの代表は公然と、彼らはもう生きてはいないと言い放った。

北部におけるケードロフの処罰のうちで、『ロシアの意志』に掲載された一つの光景がある。アルハンゲリスクでケードロフは、一二〇〇人の将校を集め、ホルモゴールィ付近で彼らを艀に乗せ、その後彼らに向けて機関銃が火を噴く。「六〇〇人まで殺せ！」。読者諸氏はこれを信じるだろうか。これは信じがたく恥知らずで馬鹿げたことだと思うだろうか。だが、そのような運命はホルモゴールィ強制収容所に送られた人たちにとって、まったく日常茶飯事であった。この収容所は二一年五月までまったく存在しなかった。ホルモゴールィから約一〇ヴェルスタ［一〇キロ余り］の場所で、運び込まれた集団は何十人、何百人と銃殺された。北部における囚人の状態に関する非公式調査のために訪れたラーチスに、近隣の農村住民は死者の数八〇〇〇人というとてつもない数字を挙げた。おそらくこの残虐行為もこの場合は実際人道的であった。というのは、その後に開設され「死の収容所」の異名を持つホルモゴールィ収容所は、囚人にとって完全な屈辱と抑圧という環境の中で緩慢な死を意味したので。

フランス革命期のよく知られたケースを二〇世紀に復活させた艀での溺死を、人間的良心はそれでもどうしても信じることができない。だが、現代のこれら艀について、雄弁な風聞がわれわれの耳に届いている。われわれが確認すべき第二のケースがこれである。いくらか後の第三の情報もあるが、実情はまったく同じである。ヴラヂーミル・ヴォイチーンスキィは著書『一二人の死刑囚』(モスクワのエスエル裁判)への序文に充てた論考で次のように伝えている。「一二一年にボリシェヴィキは艀で六〇〇人の囚人を様々なペトログラード監獄からクロンシタット［そこはペトログラードの沖合にある］に送った。ペトログラードとクロンシタットとの水深の深い場所で艀は海底に沈められた。フィンランド湾岸にたどり着けた一人を除き、逮捕者全員が溺死した。……」

チェーニーキン以後

これらの惨劇も少なくとも犠牲者の数では、内戦終了後に南部で起こったことに比べると見劣りする。ヂェーニーキン権力は崩壊した。新権力が樹立され、それとともに復讐によるテロルで血の川ができた、単に復讐のために。これはもう内戦ではなく、積年の敵の殲滅であった。これは未来に向けて怯えさせる行為であった。ボリシェヴィキはオデッサで二〇年に三度登場する。毎日一〇〇人か、それ以上の銃殺が行われた。死体がトラックで運ばれる。『最新ニュース』編集局が受け取った私信は次のように伝えている。「われわれは火山の上で生きているようだ。毎日市内のあらゆる地区で反革命家の張り込み、捜索、逮捕が行われている。家族を破滅させるには、義勇軍に入ったことのある肉親が家族にいることを誰かに通報すればよかった。そこで家族全員が逮捕された。昔と違い、ボリシェヴィキは銃殺した者の名前を公表することもなく、犠牲者を速やかに処刑している」。オデッサの実情に非常に精通した『全般状況』のコンスタンチノープル特派員Л・レオニードフは、一連のルポルタージュ、「何がオデッサで起こっているか」の中で、それにわれわれは再び触れることになるが、この頃のオデッサでの激動する実態を描いている。彼の言葉によれば、銃殺された者の数は、公式資料によれば七〇〇〇人に達する［原註］。一晩に三、四〇人が、ときには二、三〇〇人が銃殺されている。個々に銃殺するにはあまりにも犠牲者が多いため、このとき機関銃が活躍する。監房全部から引き立てられて一人残らず銃殺されたために、当時は銃殺された者の名前も公表されていない。これは誇張されているだろうか。その可能性もあるが、ドニエプルを渡河するのをルーマニアに認められず、ブレードフ将軍の軍にも参加できず、ルーマニア国境で捕らえられた将校全員が銃殺されたように、これもまったくありそうである。その数は一二〇〇人を数えた。彼らは強制収容所に収監され、次々と銃殺された。［二一年］五月五日にこれら将校の大量銃殺が行われた。『イズヴェスチャ』にも宣告された、間近に迫る銃殺についての報道をどうしても信じたくない。夜に教会で「弔いの」音が響いた。この報道の記者によれば、一連の僧侶がこの罪を問われ革命裁判所に呼び出され、五年から一〇年の強制労働の判決を受けた*。

　ボリシェヴィキを裏切ったガリチ［ドニエストロ河畔の都市］住人への懲罰がそのときに行われた。チラスポリ守備隊は全員が銃殺された。すべてのガリチ住人が裏切ることを考え、オデッサから後送する命令が出されたが、彼らが荷物を持って妻や子供を連れて貨物駅に集まったとき、機関銃が彼らを銃撃した。『イズヴェスチヤ』には、プロレタリアートを裏切ったガリチ住人は怒り狂った群衆の犠牲となったとの報道が載せられた。

［原註］「住民は犠牲者を一万から一万五〇〇〇人と見ている」と、特派員はつけ加える。もちろんこれは日常的噂であり、この世上の風聞は殺害された実数を確定するには役立たない。同じ『全般状況』の別の特派員P・スロヴツォーフは銃殺された数を著しく少なく見積もっている（二一年五月三日）。コムソモール協議会で行った県チェー・カー議長チェイチの報告資料を引用し、筆者は二〇〇〇人の数字を挙げる。彼は、「多分この数字は実際より少ないであろうが、闇の部分を推定することはでき、殺された数はほぼこのようであろう」

と、指摘する。まず問題は県チェー・カーの資料の日付にある。例えば、ヂェイチは二一年七月から活動を開始した。オデッサ・チェー・カーの報告書だけでも二月までに銃殺された者は実際に一四一八人を数えた。＊一八年七月三〇日づけ布告により、教会の鐘を鳴らしたりして人を集めるのは処罰された。

銃殺はクリミア占領後もまだ続く。「わたしの取材相手は異口同音に一一九人の銃殺された者の名簿が公表されたのは［二〇年］一二月二四日以後ではなかったと断言している」と、特派員は伝えている。実際この日に三〇〇人以上が銃殺されたと、風聞はいつものように根拠がないわけでもなく執拗に囁かれる。これは反革命的ポーランド組織に荷担した罪による銃殺であった。「ポーランドの陰謀は」「失業していた」チェキスト自身によって煽られたと、一般に認められている。さらに「ヴラーンゲリの」陰謀が続く（スパイの罪で「三一人」、貿易汽船会社職員六〇人が銃殺された）。

ボリシェヴィキはエカチェリノダールにいた。監獄は超満員であった。逮捕者の大部分は銃殺された。エカチェリノダール住人は、二〇年八月から二一年二月までにエカチェリノダール監獄だけで約三〇〇〇人が銃殺されたと、確信している。

「銃殺がもっとも頻繁であったのはヴラーンゲリ陸戦隊がクバニに上陸した九月である。＊このときチェー・カー議長は、「チェー・カーの監房［の囚人］を射殺せよ」と命じた。尋問前の収監者が大勢いて、彼らの多くは夜八時以降の外出禁止令に違反した罪でたまたま拘束されただけであると、チェキストの一人、コソラポーフは反対意見を述べ、「彼らを選別し、残り全員を始末せよ」と回答があった。

命令は正確に遂行された。銃殺から九死に一生を得た市民ラキチャーンスキィはその遂行のおぞましい光景を描いている。

「逮捕者が一〇人ずつ監房から連れ出された。最初の一〇人が引き出されたとき、彼らを尋問に連れて行くのだと聞かされ、われわれは安心した。だが次の一〇人が連れ出されるときには、銃殺に連れ出されることがはっきりと分かった。屠場で家畜を殺すように殺された」と、ラキチャーンスキィは述べている。撤収の準備でチェー・カー書類が荷造りされ、銃殺は所定の手続きなしで行われていたので、ラキチャーンスキィは助かることができた。「殺害に連れ出された者は何の罪かと質問されたが、外出禁止の八時以後にエカチェリノダールの通りにいてたまたま捕らえられた者はほかの者と区別されることを思いついて、将校として告発されたラキチャーンスキィは、自分もたまたま遅くに通りに出て捕まったのだと申告して、難を逃れた。トップに立つチェー・カー議長を含めてチェキストのほとんど全員が銃殺に携わった。獄舎ではアタルベーコフ［チェー・カー特別全権］が銃殺した。銃殺は幾晩も続き、監獄周辺の住民を恐怖に陥れた。この日に全部で約二〇〇〇人が銃殺された。

誰が何の罪で銃殺されたかは、秘匿された。チェキスト自身がおそらくこの報告書を出すまい。というのは、仕事として、サディズムとしての銃殺は、彼らにとって特別な手続きなしに行われる日常茶飯事であったので。……」

さらに銃殺が行われた。一〇月三〇日に八四人、一一月に一〇〇人、一二月二二日に一八四人、一月二四日に二一〇人、二月五日に九四人と。これらの事実を確認する文書もある。エカチェリノダール・チェー・カーは監査を目前にしてそれらを破棄した。「『銃殺せよ』と明記された判決が束になっているのを、われわれは便所で見つけた」と、同じ目撃者は証言する。さらにこの時期のエカチェリノダールの日常的光景を引用しよう。「八月一七日から二〇日のエカチェリノダールにおける日常生活は、コサック村付近に上陸したヴラーンゲリの黒海沿岸陸戦隊の市内への接近によって破られた。パニックの中で特別全権アタルベーコフの命令により、県チェー・カーと特別部の全逮捕者、および監獄の全収監者が銃殺された。その数は一六〇〇人を超えた。県チェー・カーと特別部から、虐殺の運命にある者が一〇〇人ずつかたまって橋を通ってクバニに連行され、そこで息の根を完全に止めるまで機関銃で銃撃された。監獄においてもその壁の前で同じことが実行された。このことは公表もされた。「報復」と見出しをつけ、殺害された者の名簿が公表された。実際よりもいくらか少ない数が名簿に記載された。潰走の中で征服者［ボリシェヴィキ］は労働者に、自分たちとともに撤退する義務を宣告した。そうしなければ、戻ってきたなら残留者全員を電柱に吊すと脅した」

＊九月二九日に、ヴラーンゲリ陸戦隊の上陸によって北カフカースの匪賊運動は活発になり、割当徴発は停止したとの現地からの電報を受け取った食糧人民委員部全権により、この電報は食糧人民委員代理を通じてレーニンに届けられ、狼狽したレーニンは彼に、「密かに」この電報をトロツキーに回覧するよう指示した。

同様なことがヴラーンゲリの脅威に晒されたエカチェリノスラフからの撤退の際にも生じている。本質的にこれと同じことが常に起こっている。ヴィンニツァとカメネツ＝ポドリスクからソヴェト軍が撤退し、ウクライナ執行委の『ハリコフ・イズヴェスチヤ』に二一七人の銃殺された人質名簿が公表され、その中には農民、一三人の国民教育教師、医者、技師、ラヴィ、地主、将校が含まれる。ほかに誰がいるだろう。もちろん、侵略軍も同様なことを行っている。後日赤軍がカメネツ＝ポドリスクを占領した際に、八〇人のウクライナ人が銃殺された。一六四人の人質が捕らえられ、地の果てに送られた。

同じく『革命ロシア』特派員は、ロストフ＝ナ＝ドヌにおける新権力の最初の数ヶ月間の活動を描いている。「ブルジョワジーを、商店とおもに協同組合倉庫を、……公然と容赦なく掠奪している。街路で、将校の家で、殺害し斬り殺した。……タガンローグ大路とテメリツカ通りで重傷患者と肉体的に動く力もない重篤の将校がいる陸軍病院が放火され、そこで四〇人が焼き殺された。……全部で何人が殺され、斬殺されたかは知るよしもないが、それでもこの数字は少なくない。ドンでソヴェト権力が強化されるにつれ、次第にその活動の方法が見えはじめた。まず怪しいコサック全員が捕らえられた。ペーテルスに鼓舞され、チェー・カーが活動を開始した。銃撃音が聞こえないように、二機の発動機が絶え間なく動いていた。……まったく頻繁に自身（ペーテルス）がコサックの処刑に立ち会っている。……束になって銃殺された。一晩で銃殺された者が九〇人になったこともあった。八、九歳の彼の息子は彼にまとわりついて、いつも「パパ、ぼくにもやらせて」とせがんでいると、赤軍兵士たちは語っている。……」

チェー・カーとならんで、革命裁判所と革命軍事評議会が活動し、それらは被告を「戦争捕虜」としてではなく、「煽動者と匪賊」として審理し、何十人と銃殺している（例えば、ロストフでのスーハレフスキィ陸軍大佐、エカチェリンブルグのコサック、スネギレーフ、トゥアプセ［スタヴロポリ県］での学生ステパーノフ事件など）。

そして、再び不幸なスタヴロポリ県で、逃亡した夫を密告しなかった罪で妻が銃殺され、一五、六歳の子供と六〇歳代の老人たちが処刑されている。……機関銃で銃殺され、ときには軍刀で斬り殺されている。ピャチゴルスク、キスロヴォドスク、エッセントゥーキ［いずれも北カフカース］で毎晩銃殺が行われている。「血には血を」の見出しの下に名簿が掲載され、その犠牲者はすでに二四〇人を超えているが、その下に「名簿は続く」と書かれている。これらの殺害は、ピャチゴルスク・チェー・カー議長ゼンツォーフと軍事コミッサール・ラーピンの暗殺に対する報復として行われる（彼らは「自動車に乗車中に」騎馬兵のグループに殺害された）。

ヴラーンゲリ以後のクリミア

ヂェニーキン権力の崩壊後の数ヶ月はこのように過ぎた。ヂェニーキンの後にヴラーンゲリが続いた。ここでは犠牲者数はすでに数万を数える。クリミアは「全ロシアの墓場」と呼ばれた。われわれはクリミアからモスクワに到着した大勢から、何千もの犠牲者について聴いた。五万人が銃殺された、と『人民のために』（一号）は伝えている。犠牲者のほかの数字は一〇から一二万、さらには一五万を数える。どの数字が現実と合致しているのかをわれわれはもちろん知らないが、それは指摘されているよりはるかに少なくともよいではないか［原註］。そのことが、総司令官フルーンゼ*により「恩赦」を与えられた人々への処罰の残虐さと恐怖を本質的に減ずることになろうか。ここで有名なコムニストでありジャーナリストのクーン・ベラ**が活躍し、彼は次のように声明するのをいとわなかった。「一人の反革命家もいなくなるようなクリミアにしなければならないと、同志トロツキーは語った。クリミアは一人の反革命家も飛び出せないような瓶である。クリミアは三年間革命運動で後れを取ったので、それを速やかにロシアの全体的革命水準に引き上げよう。……」

［原註］И・С・シメリョーフはローザンヌ裁判で、一二万人の老若男女が銃殺されたと証言している。シーピン博士の証拠に基づき、彼は当時の公式ボリシェヴィキ報道は銃殺された数を五万六〇〇〇人と確定したと断言している。

＊（一八八五〜一九二五）。古参ボリシェヴィキの軍人。内戦期はおもに東部戦線トルケスタン軍の指揮を執る。二〇年九月に南部戦線司令官、二一〜二四年にウクライナ・クリミア軍司令官、ウクライナ人民委員会議議長代理を勤める。

＊＊（一八八六〜一九三六）。ハンガリーの革命家。自国で革命運動に身を投じ、第一次大戦でロシア軍の捕虜となりロシア共産党に入党。一八年の帰国後ハンガリー共産党を創設。ハンガリー革命の失敗後ロシアに亡命し、最終的にスターリンにより粛清される。

そして未曾有の大量銃殺によって「引き上げた」。銃殺されただけでなく、何十人となって軍刀で斬殺された。両親の見守る前で殺されたケースもあった。

「クリミアにたとえ一人でも白軍将軍が残っている限り、内戦は続く」と、革命軍事評議会でトロツキーの代理を勤めるスクリャーンスキィは電報で宣言する。

二〇年から二一年のクリミアの大量虐殺は、全ロシア・ソヴェト中央執行委の特別監査さえ招いた。都市の守備隊司令が尋問され、『ルーリ』特派員の証言によれば、登録された将校と軍人官僚全員を直ちに銃殺せよとの命令が記されたクーン・ベラと彼の女性秘書官「ゼムリャーチカ」（「特別の功労」に対して赤旗勲章を二一年三月に受勲したサモイローヴァ）の電報を、彼ら全員が釈明のため提出した。

こんなわけで、初期には銃殺は登録名簿にしたがって行われた。ローザンヌ裁判に自分の証言を送付した目撃者А・В・オソーキンは、登録の際の順番は「何千番台」であったと述べている。「それぞれは……墓場へ……真っ先に行こうと急いでいた……」

「何ヶ月も大量虐殺が行われた。死を知らせる機関銃の銃声が朝から晩まで聞かれた。……最初の晩で銃殺の犠牲者は数千人であった。シムフェロポリで一八〇〇人、フェオドシヤで四二〇人、ケルチで一三〇〇人、などなど。

そのように次々と送り込まれる隊列を処理する不都合は直ちに現れた。意識がどんなに朦朧としても、若干の者には逃げようとする意志がまだ残されていた。そこでそれ以後、より少人数のグループが一晩二交替で指名された。フェオドシヤでは六〇人が、晩には一二〇人が。銃殺現場付近の住民は引っ越した。苦痛の恐怖に耐えきれなかった。確かに危険なことであった。とどめを刺されていない者が家まで這い寄って助けを請うた。匿った報いは慈悲深き者の非業の死であった。

銃殺された者は古いジェノアの井戸に投げ込まれた。それらが一杯になったとき、受刑者の一群を、昼間にまるで採鉱場に送り込むように連れて行き、明るいうちに共同墓場を掘らせ、二時間ほど納屋に閉じこめ、裸にして十字架まで取り上げ、闇の訪れとともに銃殺した。

整列させられた。銃殺された者の上に一分後には「整列した」生きたままの新たな列が載せられ、穴が丸々一杯になるまでそれが続いた。朝になると何人かは頭部を石で砕かれとどめを刺された。

何人が息も絶え絶えのまま葬られたことか！

ケルチでは「クバニ陸戦隊」が始末された。海に連行され、溺死させられた。

気も狂わんばかりの妻と母は革鞭で追い立てられ、ときには銃殺された。シムフェロポリの「ユダヤ人墓地」の裏で、乳飲み子とともに銃殺された女性を見ることができた。

ヤルタ、セヴァストポリでは、病院から担架で連れ出され、銃殺された。将校だけでなく、兵士、医者、看護婦、教師、技師、僧侶、農民などが。

命運尽きた者の最初の貯蔵が底をついたとき、農村からの、そこではしばしば懲罰は現地で実行されたとしても、補充がはじまった。都市では手入れが組織された。例えば、シムフェロポリでは一二月一九、二〇日の手入れの結果、一万二〇〇〇人が勾留された。

熱病のように、アンケートによる捕獲がはじまった。職員だけでなく、一六歳以上の全住民は月に何十もアンケートに記入しなければならなかった。しばしばアンケートには五、六〇の質問項目があった。毎年のあなたの生活が詳細な質問項目によって明るみに出された。回答者だけでなく、その父、祖父、叔父、叔母の出自（以前の身分）、資産状態に関心が向けられた。赤色テロル、同盟国、ポーランド、ポーランドとの講和に関して、あなたはヴラーンゲリに共鳴するか、なぜ彼から逃げたのかなど、すべてに回答しなければならなかった。

各人は二週間後にチェー・カーへの出頭が義務づけられ、そこで突拍子もない馬鹿げた質問で本音を引き出そうとする予審判事に尋問され、審問に耐えた後でアンケート確認済みの写しを受け取った。

情報の正確さをそれぞれが首を賭けて請け負った」

命をながらえた者はその後北部の強制収容所に送られ、そこで多くは自分の墓場を見ることになった。逃亡すれば、残された者が報復を受けた。例えば、収容所から六人の将校が脱走した報いに、ヴラヂスラヴレヴォ駅で三八人の受刑者が銃殺された。

ケルチでは全住民がアンケートの登録に関わった。市内はパトロール隊に完全に包囲された。チェー・カーは全住民に、三日分の食糧を買いだめしてこの間住居を離れないよう、死刑を脅しに使って命じた。実施されたアンケートに基づき住民は三つのカテゴリーに分けられ、このやり方と「積極的に闘い」、そのために銃殺された数は、『ケルチ・イズヴェスチャ』の報道によれば八六〇人であった。だが市民はこの数は半分でしかないと確信している。最大の銃殺はセヴァストポリとバラクラヴァで行われ、目撃談を信ずるなら、チェー・カーは二万九〇〇〇人を銃殺した。セヴァストポリでボリシェヴィキは、ヴラーンゲリ将軍の軍艦への積荷に協力した五〇〇〇人以上の港湾労働者を銃殺した。『臨時セヴァストポリ革命委イズヴェスチャ』は、一一月二八日に銃殺された者の最初の名簿を掲載した。一六三四人で、そのうち女性は二七八人。一一月三〇日に一二〇二人の二回目の名簿が公表され、そのうち女性は八八人。セヴァストポリだけで最初の一週間にボリシェヴィキは八〇〇〇人以上を銃殺した。

セヴァストポリでは銃殺だけでなく絞首刑も行われた。数十人でなく、数百人が吊された。クリミアから脱出した人、たまたま居合わせた外国人女性など、『最新ニュース』、『全般状況』、『ルーリ』の記事が残虐行為の身の毛のよだつ情景を描いている。目撃者の証言がいかに主観的であろうと、われわれはそれを信じざるをえない。ナヒーモフ大通りに死体がやたら吊り下げられていたと、『ルーリ』特派員は語っている。「ナヒーモフ大通りには将校、兵士、通りで逮捕され裁判なしで急ぎ処刑された市民の死体が大勢吊り下げられていた。市内は死に絶え、住民は穴蔵や屋根裏に隠れている」。「塀、家の壁、電柱、商店のショーウィンドー、看板すべてに「裏切り者に死を」のポスターが貼られた」と、『全般状況』は記している。「将校はご丁寧にも肩章つきの正装で吊された。ほとんどが非戦闘員である彼らは半裸で揺れていた」と、別の目撃者はつけ加える。「教訓のため」通りに吊された。「あらゆる柱、木材、記念碑さえもが利用された。……歴史的並木道全部が風に揺れる死体で飾られた。ナヒーモフ大通り、エカチェリーナ通り、大海通り、沿岸並木道がこの運命に見舞われた」。守備隊司令ベーメル（クリミアが占領された時のドイツ人中尉）の命令により、市民はソヴェト権力の執行者に訴える権利が剥奪された。「なぜなら、彼らは白軍を幇助したので」。実際に「野蛮な懲罰」もあった。病院で病人と負傷者（例えば、アループカのゼムストヴォ療養所で二七二人）が、赤十字の医者と職員が、看護婦が（一度に一七人が銃殺された事実が記録された）、ゼムストヴォ活動家、ジャーナリストなどが銃殺された。このときに例えば、社会主義者A・П・ルーリエと、彼は『南部通報』の編集者であったという理由だけで、プレハーノフの秘書である社民党員のリュビーモフが銃殺された。積極的な闘志に関わらなかった人々がどれほどいたろうか。

本当に、これらの過去帳を雷帝［残虐非道で有名なイヴァン四世］に倣って補充しなければならないだろう。「おまえたちのたくさんの名前は神のみぞ知る……」。「犠牲者の数は一晩で数千に達した」と、エスエルの『ロシアの意志』特派員は証言している。

一九二一年

クリミアでのテロルは続く。

コンラーディ事件に関する証言でA・B・オソーキンは書いている。「一九二一年七月までにクリミアの監獄に「緑軍*」に連座して五〇〇人以上の人質が捕らわれていた。多くは銃殺され、その中に一二、三人の女性が含まれていた（エヴパトリヤで四月三日に、シムフェロポリで旧暦三月二五日の晩に、カラスバザラで四月一日に、セヴァストポリで四月の三日または四日に）。彼らのおもな罪は、彼らが山岳地帯に親戚を持っていたか、逃亡者とは思わずに赤軍兵士と勘違いして森を訪れた者にパンを提供したことにあった。

挙げ句の果てに一連の村に最後通牒が出された。「山に逃れた者を連れ戻さなければ、焼き払う」（デメルジ、シュームィ、コルベク、サブルィ、そのほかの村）。だが最後通牒は執行されなかった。なぜなら今度は緑軍が、脅しが執行されたなら、村だけでなくアルシュタ、シメイズ、スダク市の全コムニストを皆殺しにすると宣告したからだ。

人質システムは、いわゆる「農村の武装解除」の時期に、タヴリーダとエカチェリノスラフ地区の北部郡で二一／二二年の冬に流血の結果をもたらした。村に（例えば、トロイツコエ、ボグダノフカ、メリトポリ）一昼夜で彼らが引き渡すべき一定数の武器が課せられた。その数は現有数をはるかに超えていた。一〇人から一五人の人質が捕らえられた。もちろん村は遂行できず、人質は銃殺された」

フェオドシヤでは「緑軍」の基地が摘発され、一五、六歳の三人の女子中学生と四人の男子中学生が銃殺された。「緑軍」のほかの事案でも、シムフェロポリで二二人が銃殺された（プシュカリョーフ助教授、ボジェーンコ、そのほか）。

＊一九二〇年五月にトルコのアンカラで結成された政治組織。元来は軍事組織ではなく小ブル的革命組織であった。しかしコミンテルンへの加盟を申請したように社会主義的要素も含まれ、消費的特権社会＝西欧に対し東方の勤労者の利益を擁護しようとする理念に基づき、内戦期に「ヨーロッパ帝国主義」とゲリラ戦を展開する。

緑軍と関係があるなしに関わらず、徐々に新たな「陰謀」が摘発され、血のエピローグをともなった。これについて『クリミアロスタ』は伝えている。テロルは広くタタール住民にもおよび、例えば、八月に「回教寺院で反革命集会を挙行」した罪で数十人のイスラム教徒が銃殺された。

九月には「恩赦」に応じて、タタール人マラムブトフを首領とする緑軍の二派が山から降りてくる。彼の運命は示唆的であり、それについては『最新ニュース』に掲載された日記の筆者が語っている。

「チェキストはマラムブトフを捕らえて、まだ山に残っている緑軍に彼の署名をつけてアピールを出した。そこには自らの平和愛好と「すべてのわが同志の緑軍兵士には一つの敵がいる、……この敵は資本である」といったようなことが述べられる。敵の手に落ちたマラムブトフは自分の参謀をともない、チェキストの大部隊を連れだって、山に出発し、緑軍のすべての人目に隠された区域と聖地を引き渡すのを余儀なくされた。周辺村の農民は大変な銃声がもう二晩も続いていると話している。これは赤軍が不実なマラムブトフに裏切られた最後の緑軍をいぶり出しているのである。今日、マラムブトフは彼の同志とともに、スパイの罪で卑劣にも銃殺された。

市の通りごとに置かれた掲示板に(六四人の名簿に)、忌まわしいタイトル、「なぜ、ソヴェト権力は懲らしめるのか」がつけられ、そこにはスパイの罪でと書かれていた。怯えた住民は、チェキストはマラムブトフと一緒に下山した緑軍全員を罠にかけることができなかった、彼らの大部分は仕掛けられた挑発を嗅ぎつけて、戦闘しながら山に逃れた(取り決めによって武器は遺棄した)と口伝えで語っている……」

特派員はさらに付け加える。「マラムブトフの処刑の腹いせに、緑軍は残忍に狂暴に報復している。彼らの手にかかったコムニストは中世の拷問を受けている」

南部の至るところで謀反人、いわゆる「緑軍」がまだ活動し、至るところで「赤色テロル」が猛威をふるっている。九月二七、二八日にエカチェリノダールで「蜂起」が鎮圧され、現地『イズヴェスチヤ』に銃殺された一〇四人の名簿が掲載され、その中に辺境ギリシャ正教主教、僧侶、教授、将校、コサックがいた。ノヴォロシスク[黒海沿岸]周辺では、プルジェヴァーリスキィの指揮下に謀反人が活動し、黒海艦隊チェー・カーは何百人もの捕らえた謀反人といわゆる人質を銃殺した。毎日処刑が続く。ハリコフ軍管区の「一二の白軍組織」、ロストフのウフトームスキィ将軍とナザーロフ大佐の「陰謀」、ほか多数が清算された。三月の終わりにピャチゴルスクの県チェー・カーは陰謀を摘発し、この組織の首魁五〇人が銃殺される。テーレク州チェー・カーは明らかに煽動的事件で、ソヴェトの現状の恐怖からバトゥーミへ逃げようと試みただけの罪で六二人をアナパで銃殺する。

ドン軍管区、クバニ州で起こったことは、北カフカース特別全権K・ラーンデルの署名をつけた二〇年一〇月のクバニ州と黒海沿岸の住民へのヴェー・チェー・カーの次のアピールが明らかにするだろう。

「一、白軍と緑軍を匿うコサック村と村落は根絶され、すべての成人住民は銃殺され、すべての財産は没収される。

二、叛徒を幇助する全員が即座に銃殺されるであろう。

三、山にいる緑軍の多数に肉親が残された。彼ら全員が登録され、匪賊が攻撃する際に、われわれに刃向かう者のすべての成人肉親は銃殺され、未成年者は中央ロシアに追放されるであろう。

四、個々の村、コサック村、都市で大衆的直接行動が起こる場合には、われわれはこれらの地方に大衆テロルを適用するのを余儀なくされるであろう。ソヴェト活動家一人の殺害に対し、これら村とコサック村の住人一〇〇人が失われるであろう……」

「ソヴェト権力の懲らしめの手は容赦なくその敵全部を一掃している」とアピールは締めくくられた*。

＊現在の研究者によれば、ここに挙げられたラーンデル［正しくはパーンデル］のアピールはソチ市国家アーカイヴに存在する。

ウクライナの反乱運動も鎮圧される。ここでは絞首刑はなかった。二〇年と二一年の区別はないだろう。この反乱運動は多様である。どこでこの運動がマフノー*運動の性格を帯びているのか、またはウクライナ独立運動の性格を帯びているのか、どこでそれがいわゆる「白軍」と関係を持っているのか、どこでそれが隠れた「緑軍」と絡み合っているのか、どこでそれが食糧税の徴収**などに由来する純農民的なのか、どこでそれが「白衛軍的」や別の陰謀と無縁なのかを区別するのは、ときには難しい。キエフ管区に関する命令六九号は二〇年に見てのとおり、「一人残らず」の撲滅に至る富裕農への大量テロルの適用を定めた。命令は、武器引渡し期限後、たとえ一個の薬包が見つかった場合にも全員の銃殺などを宣告した。積極的な抵抗があれば、いつものようにテロルは血に飢えた虐殺に変わる。プロスクロフで犠牲者は二〇〇〇人を数えている。キエフ近くにコサックの頭目、チュチュニクが進撃し、キエフでは毎日数十人が銃殺される。二一年一一月二一日づけ特別チェー・カーの議事録を再録した公式文書に、粉砕され捕獲されたチュチュニク匪賊の審理に関する五ページの綴りがある。それは戦闘で四〇〇人以上が殺害され、五三七人が捕獲されたことを確認している。「戦闘中に、最高軍幹部クラスの何人かは、窮状を見て、自分自身に弾を撃ち込み、自爆した」、「統率者として破廉恥に下劣にチュチュニクは振舞った」。彼は数人の側近とともに戦闘がはじまると逃げだした。チェー・カーは四四三人を裁判にかけ、ほかは裁判までに死亡した。そのうち、「悪質な積極的な謀反人」として三六〇人は即銃殺の判決が下された。残りは追加尋問のため、司法当局に送られる。……キエフで「全ウクライナ反乱委員会」が指導する陰謀が摘発されている、ペトリューラ***とチュチュニク軍の将校一八〇人が逮捕されたということを、われわれがペテルブルグ『プラヴダ』で読むとき、この報道は銃殺報道と同じであると、われわれは確信している。

*（一八八九～一九三四）。ウクライナ農民運動の指導者。第一次大戦からアナキストとして活動し、内戦期には占領ドイツ軍に対してウクライナで農民パルチザンを組織し卓越した指導力を発揮する。白軍に対してはボリシェヴィキと共同行動をとったが次第にその政策に関して対立が深まり、白軍がほぼ一掃される二〇年秋以後ボリシェヴィキはマフノー軍を「革命の敵」と宣告し徹底的な掃討に乗り出す。

**ロシアでは一九年一月から導入された割当徴発がウクライナでは同年夏以後実施された。これは農民の生産・消費量とは無関係に国家が必要とする穀物を徴発する調達方法で、武力により農民の消費を無視して徴収され、農民の不満をかき立てた。二一年の現物税徴収の際にも、この方法に基本的変化がなく、ロシアと同様に大飢饉の下でのこの徴収はさらに過酷であった。

***（一八七九～一九二六）。ウクライナ社会民主労働者党の指導者の一人。内戦期にウクライナの反ボリシェヴィキ・ブルジョワ民族運動を指導する。スコロパーツキィ逃亡後のウクライナに民族国家を打ち立てよ

うとしてマフノー、ボリシェヴィキ軍と闘う。一九年末に軍の崩壊と共にポーランドに逃亡。

ポーランドに到着したキエフ中等技術学校教授コヴァーリは、キエフにおける「例の陰謀の」摘発に関連したテロルの強化を伝えている。毎晩一〇から一五人が銃殺されている。「教育博物館で地方執行委員会の博覧会が催され、そこでチェー・カーによる銃殺のグラフも出展された。銃殺の最低の数字は月に四三二件」と、このインタヴューで報じられた。

「ペトリューラ」組織の陰謀は無数にある。九月二八日にオデッサでエヴティヒーエフ大佐を筆頭に六三人が銃殺、チラスポリで一四人、同地で六六人、キエフで三九人（ほとんどがインテリの代表）、ハリコフで謀反人によるソヴェト代表の殺害に対する報復として「ウクライナ人人質」二一五人、などなど。『ジトミールヴォルイニ県』・イズヴェスチヤ』は、陰謀への関与の廉で二九人の銃殺を伝えているが、それでもこれら協同組合活動家、教師、農業技師はペトリューラと個々の関係すら持っていなかったであろう。

そのような報道でボリシェヴィキ御用新聞は埋め尽くされた。ポドリヤ県で全県に展開する五つの反革命組織が摘発された。チェルニゴフでは一六人が銃殺された、など。この「など」は言葉の飾りではない。これは実体なのだ。というのは、これらについて個々の情報が山のようにかき集められるので。

ベロルシアもウクライナに匹敵する。二一年は反乱運動とソヴェト懲罰部隊の活動についての報道で溢れている。それらの部隊は、蜂起の実際の参加者とでっち上げの参加者を判決の有無を問わず銃殺した。「毎日数十人が銃殺されている」と、『全般状況』特派員は伝えている。「ベロルシア人活動家の銃殺が特に多い」、「ミンスクではサーヴィンコフ派の裁判が結審した。……七人が死刑判決を受けた」。九月中に四五人が銃殺されたと、『デイリー・メイル』のレーヴェリ特派員はつけ加える。

ポドリヤやヴォルイニのような地方チェー・カーには特別任務、つまりポーランド軍がこの地に駐屯した際にポーランドに共鳴した人物を県から「浄化する」ことがある。この浄化は、大量逮捕、中央諸県への追放、銃殺の形を採る。

左翼エスエルとアナキストの大量銃殺を反乱運動と直接関連づける必要がある。すでにわれわれが知っているように、「ロシア人アナキスト・グループ」は、ベルリンでロシアにおけるアナキストの迫害に関する分厚いパンフレットを出した。

その筆者たちは序文で次のように書いた。「われわれは、本パンフレットの実際の資料は現実の一部、きわめて取るに足らない部分しか描いていないことをあらかじめお断りしなければならない。われわれアナキストの、共産党権力による犠牲者の「悼むべきリスト」は、もちろん完全とはほど遠い。直接われわれの身近で起こったこと、当面われわれが個人的に知っていることだけを集めた。だがこれは、アナキズムとアナキストへの共産党権力による迫害の小さな断章でしかない。ロシアの一〇分の九をなす大きな地域、カフカース、ヴォルガ流域、ウラル、シベリア、そのほかは、われわれの視野に入っていない。ロシアの中央で行われたことも、われわれは完全に描くことはできなかった。そのような例を挙げよう。二〇年秋にソヴェト権力がマフノーと協定を結んだとき、このときまでにソヴェト権力によりシベリアなどのロシアの個々の地方に追放された人の送還されるべき人数を、協定にある政治条項に基づきマフノー代表団によって公式に二〇万余人（おもに農民）と定めた。われわれはどれだけがまだ地方の監獄に投獄され、銃殺されたのかを知らない。二一年夏にソヴェト出版物によって、ジュミリンカ地区［ヴィンニツァ近く］でロシア南部の一連の都市に支部を持つ三〇人から四〇人のアナキスト組織が摘発され根絶された（銃殺された）と報道された。われわれはこの組織で殺害された同志の名前を確定することはできなかったが、そこにわれわれの優れたアナキストの青年がいたことを知っている。同じく二一年夏に、オデッサ市のソヴェト施設で、ソヴェト代議員自身の中に、それに共産党の中にさえも宣伝活動を行っていた大きなアナキスト・グループが、「国家的背信」の罪を着せられ、一部は銃殺され、一部は投獄された。われわれはいくつかの生々しい実例を無作為に取り上げた。この頃続くロシア周辺地域全体におけるアナキストの粉砕、逮捕、追放、銃殺全部を列挙すれば一巻では収まらないであろう。それでも、ソヴェト権力からの厳しい追求を、トルストイ主義者、つまり周知のようにもっとも平和的なアナキストさえも蒙ったことは示唆的である。彼らの何百人もが今でも下獄している。彼らのコミューンは解散させられた。しばしば武力によって（例えば、スモレンスク県）。正確な資料によれば、九二人のトルストイ主義者の銃殺に関する（おもに、軍役拒否の廉で）二一年末までの情報がある。いつか緻密な歴史家に暴露されるような資料に比べて、本書に収められた事実はもちろん大海の一滴であることを示すため、われわれは同様な実例を限りなく引用することができる」

ロシア・アナキズムの評価、ましてや、しばしば故П・А・クロポートキンが断固としてそれと峻別したような、独自でときにはリアルなその表現形態の評価はわたしの任ではない。……ボリシェヴィキは必要なところではアナキストを利用し、自ら力を自覚するところでは国賊として厳罰に処した。懲罰に非政治的性格が加えられた。いわゆる「匪賊」の中で、掠奪的襲撃に関わらなかった者も多数殺害されたことは疑いない。前述のアナキストのパンフレットは、ウクライナのアナキスト組織の粉砕に先立ち、ウクライナ人民委員会議議長ラコーフスキィの名で出されたハリコフ中央権力の示唆的秘密電報を引用している。「一、ウクライナの、特にマフノー地区の全アナキストを登録すること、二、アナキストへの監視を強化し、責任を問うことができるようにできるだけ刑事犯的性格の資料を整えること、資料と訓令は秘密にしておく。必要な訓令を至るところに送付すること。……三、アナキスト全員を収監し有罪を宣告すること」。『全般状況』は『ハリコフ・イズヴェスチヤ』を引用して、「赤色テロルのやり方」で二一年一一月にキエフ、オデッサ、エカチェリノスラフ、ハリコフ、そのほかの都市で五〇〇〇人以上の人質が銃殺されたと伝えている。上に挙げた事実を見て、われわれはこの数字に疑念を挟むであろうか。

クリミアの後にシベリアが、シベリアの後にグルジアが続く。そこでも同じ光景が。外カフカース［グルジアを含むカフカース山脈以南］・チェー・カーにより、数千人が逮捕され、数百人が銃殺された。バトゥーミからコンスタンチノープルに到着した亡命者は、チフリス［グルジアの首都］のボリシェヴィキ占領時についての印象を『ルーリ』特派員に伝えている。最初の日、街は「掠奪される」がままであった。

「われわれの会見者は同夜、累々と横たわる三〇〇人の死体からなる大量殺戮の大惨劇を寺院広場で見た。そこで処刑されたのは明らかで、回りの壁一面に血が飛んでいた。そこには老若男女が、文官も将校も、グルジア人もロシア人も、労働者も金持ちもいた」
著名なペーテルス、北カフカースの鎮圧者アタルベーコフ、劣らず著名な水兵パンクラートフがここで活躍する。彼はアストラハンの鎮圧者の一人で、バクーに転出し、そこのナルゲン島で「バクー労働者とホワイトカラー一〇〇人以上」を撲滅した。……

＊　＊　＊

すでに内戦が終了して久しいロシア内部のどこかで、反響はなかっただろうか。一九二一年も同じであった。ここでも依然として何百人が銃殺されている。銃殺が行われたのは、実際の陰謀の事実に対してだけでなく、局地的蜂起や抑圧体制に対する抗議に対してだけでなく、もっぱら事後の報復行為または微罪に対する処罰となる。例えば、革命裁判所における酒精販売の罪による薬剤師のプスコフ裁判は八人の極刑手続きで結審し、またモスクワ国家警備隊《オフラーナ》の一〇月裁判は一〇人ないし一二人の銃殺となった。モスクワにおける財務、保健人民委員部内の職権濫用事件で大勢のグループに死刑判決が下る。ヴィシニャークは自著『四年目』の中で、六月中の裁判所だけの銃殺に関する実証的資料を引用している。モスクワで七四八人、ペトログラードで二一六人、ハリコフで四一八人、エカチェリノダールで三一五人、などなど。

『最新ニュース』は、この年の最初の三ヶ月間のヴェー・チェー・カーの活動に関する数字を挙げた。新聞は公式報告書からそれを転載したと書いている。四三〇〇人が銃殺され一一四件の蜂起が鎮圧されたというのは、中央一二県の話である。大量銃殺はヤロスラヴリ、サラトフ、サマラ、カザン、クルスクで見られる。モスクワだけで一月に銃殺は三四七件を数えた。交通人民委員部統計部から転用した『ロシアの声』の報道によれば、二一年に鉄道裁判所の決定で一七五九人の乗客と職員が銃殺された(!!)。

倫理感を憤慨させるどころではない銃殺もあった。例えば、オリョールで二七人の中学生が裁判によって銃殺され、本当の子供(五人)も銃殺された[原註]。オデッサでは[二二年九月の]全ロシア飢餓民援助委員会の解散後、『オデッサ・イズヴェスチヤ』の言葉によればこの組織に加わっていた一二人が銃殺された。
［原註］そのような銃殺は以前にもあった。例えば、モスクワで一九年に「ボーイスカウト」の少なからぬ子供が、二〇年にテニスプレーヤーがスパイの罪で銃殺された、など。

エカチェリンブルグの強制収容所から六人が脱走した。強制労働管理部部長ヴラーノフが到着し、収容所に収監されている将校を整列させ、銃殺のため二五人を「選別する」。残りに教訓を。

秋にペトログラードでタガンツェーフ「陰謀」事件で六一人が銃殺された。ボリシェヴィキにとって脅威であったクロンシタットでの水兵の反乱*の時期に、何千人もが銃殺された。『フランクフルト・ツァイトゥング』の報道によれば、ペトログラード守備隊の部隊だけで二月二八日から三月六日までに二万五〇〇〇人が殺された。クロンシタットからフィンランドに逃れた水兵たちの言葉によれば、要塞前の氷塊で銃殺が行われた。オラニエンバウム［クロンシタット島の対岸の都市］で銃殺されたものは一四〇〇人を数える。この反乱に連座して六人の僧侶の銃殺についての情報がある。

*ペトログラード沖にあるバルト艦隊の基地クロンシタット要塞は十月蜂起以来ボリシェヴィキの保塁であった。二一年二月下旬に、ソヴェトの民主化、言論、出版の自由などを要求して水兵たちが決起したこの反乱はボリシェヴィキに大きな衝撃を与えた。ボリシェヴィキはこれを反革命蜂起と見なし、このとき開かれていた第一〇回共産党大会からの代議員も参加して徹底的弾圧を加えた。その際に、反乱者の家族が人質に取られ、要塞に勾留されているコムニストの髪の毛一本が抜けたとしても、人質の銃殺で応えると宣告されたように、文字通り「赤色テロル」による弾圧が適用された。

三月のサラトフにおける「エスエル＝メンシェヴィキ陰謀」、正確には割当徴発的穀物税に関連する「一揆」は、大量逮捕と大量銃殺を引き起こす。公式の報道では二七件の銃殺が公表されているが、実際は……。われわれはこの数字を知らない。だが農民蜂起を待ち受けて監獄では教師、技師、将校、ツァーリ時代の官吏などへの参加の罪によりサラトフで五八人の左翼エスエルが銃殺される。あれこれの「陰謀」などに連座し、「匪賊行為」、つまり現在の用法では反乱運動への「人質」が銃殺される。

エカチェリノスラフにおける鉄道従業員の「暴動」は五一人の人的犠牲者をもたらす。おそらくはそれ以上であろう。3・Ю・アルバートフは回想記『一九一七～二二年のエカチェリノスラフ』の中で、逮捕された労働者数は二〇〇人に達したと証言している。彼らのうち五一人は即銃殺の判決を受けた。「六月二日の晩に、二台のトラックに乗せられた囚人はドニエプルの切り立った岸に連れて行かれ、彼らの背後に機関銃が据えつけられた。なぎ倒されるように、撃たれたものは川に落ちた。……川の流れが死体を運んで行った。……何人かの死体は川岸に残された」。「残りの労働者は懲罰のためハリコフにある全ウクライナ・チェー・カーに引き渡された。……ボリシェヴィキの見解では、「小さなクロンシタット」はこのように鎮圧された」

ビイスク［アルタイ県］での「陰謀」は三〇〇人以上の逮捕と一八人の銃殺を招く。セミレチエ州［トルケスタン自治共和国内にあり、おもにキルギス人コサックからなる］での「陰謀」は「将校」と「クラーク」の間で四八人の銃殺。エリザヴェトグラートでの「陰謀」（一二月）は逮捕者八五人のうち銃殺されたもの五五人、など。

＊　＊　＊

祖国から逃げていたコサックが戻ってくる。彼らを恩赦ではなく、処刑が待ち受ける。再度エイスク［北カフカース］から逃げてきたコサックのチュヴィロは外国のロシア語新聞に、三五〇〇人の仲間のうち八九四人が銃殺されたと、伝えている。ここでもわたしは、このアトランダムな報道の中に多くの誇張があるかもしれないということに、あらかじめ同意する。それでも、合法的にそして非合法的に祖国に帰還した多数の将校と兵士が銃殺されたという事実に疑う余地はなく、この年にもそのようなケースが記録されている。ロシア国民委員会の特派員は「祖国への帰還」と題するルポルタージュで、同様な事実を多数収録した。「オデッサのソヴェト新聞を含む様々な資料からの情報によれば、二一年四月に汽船《ラシッド・パシャ》でコンスタンチノープルからノヴォロシスクに到着した者のうち三〇パーセントが銃殺された」。汽船には祖国への引揚者二五〇〇人がいた。最初の航海で汽船は一五〇〇人を運んだ。「通常全将校と軍官吏はノヴォロシスクで即座に銃殺された」と、筆者は断言する。この仲間のうち約五〇〇人が銃殺された。残りは強制収容所に、多くが北部に、つまり本物の処刑に送られた。この場の処刑から逃れたことは、その後の安全を必ずしも保証しなかった。『コサック議会』（一六号）に掲載された二三年一一月と一二月に関わる書簡に、われわれはその確証を見出す。ノヴォロシスクに到着した各人は約束事を聞くことができる。「モギリョフ県［西部国境にある］で勤務につくこと」。いわゆる復員者の追放についてはいうまでもない。バルカンにいるコサックの復員について、「ソヴェト政府は負わされた義務を忠実に遂行している」と二三年四月二一日に報告したナンセン博士の言明は、まだ権利というものを過信している外国人の無邪気さでしか説明できない。とはいえ、これら義務の中には周知のように二つの事項があった。ソヴェト政府は、二一年一一月三日と一〇日の恩赦を［国連］高等弁務官の仲介で復員が行われるロシア避難民全員に拡大する義務があり、第二に、ソヴェト政府は、これら避難民全員にこの恩赦がいかなる制限もなしに適用されることを監視する目的で、ジョン・ゴーヴィンとナンセン博士らの公式代表団に、帰還した避難民とロシア領内で自由に（?!）接触する機会を与える義務がある。報告書によれば、ナンセン博士は次のように言及する。「実際、何か些細な犯罪のために二人の復員した避難民が逮捕されたケース（?）があったが、わが代表団は逮捕者の運命についてソヴェト政府と交渉している」。このように公言するには、ロシアの実情を本質的に何ら反映していない「公文書」に、大きな信頼を置かなければならない。国際連盟下のロシア難民事務高等弁務官の代表である私人たちは、どのようにソヴェト権力の活動を統制することができるのだろうか。おそらく、彼らはこの目的で国家の中に独立した国家を創るか、あるいはいずれにせよ秘密警察を制定しなければならないだろう。だがボリシェヴィキの日常となった戦術を失念してはならない。復讐はうんと遅れてやって来る。人々が「消息」を断ち、追放され、公式の保証を受け取ってから何日も経って、遠い監獄に投獄される。これを証明する必要があろうか。それはおそらく本書のページをめくるごとに見つかるだろう。つい最近モスクワ軍事裁判所でもっとも暗示的事件が審理された。一九年に赤軍から脱走し二三年に自発的に帰国して、「心底からの悔悟」を上申した将校チュグノーフが審問された。被告は難民事務ロシア・ウクライナ代表団の認可書を持ってポーランドからロシアに復員した。全ロシア中央執行委への請願によって、彼は市民権を回復した。五月一八日に彼は逮捕され責任を問われた。「心底からの悔悟」、「自発的帰還」、「階級的出自」（農民の息子）を配慮し、法廷はチュグノーフに「厳格な隔離」を伴う禁固一〇年の判決を下した。

一九二二～二三年

最近ロシアを訪問して国内事情をただ表面的に知っただけの外国人から、ロシアであたかもテロルが過去のものであるかのように主張された（例えば、エリオ）。このような主張は真実とほとんど合致していない。もしロシアで生活し、あれこれの情報を信用したり、正確な数字を得たりする機会がときにはまったく不可能であったなら、わたしが今この作業を行うのはさらに難しかったであろう。外国出版物で見られる数字が非常に誇張されているとしよう。例えば、二二年五月中に二三七二人が銃殺されたとの内部人民委員部報告書からの情報が、あらゆる新聞を駆け巡った。そのような情報が現われると、ひどい絶望に陥るかもしれない。本当にロシアで政治生活はまったくないのだ。これは白骨だけが散らばる荒野である。抗議も怒りもない。すべての人々が疲れ、卑屈になり、押しつぶされている。わたしは引用した数字に何か誤りがあると信じたい。自由な外国出版物に紛れ込む個々の情報が誇張されていてもよいではないか。例えば、一、二月中に、国家政治管理局、すなわち、ヴェー・チェー・カーの情報によれば、二六二人が銃殺され、モスクワで四月に三四八人が、五月七日から八日にかけての晩にモスクワで一六四人が（そのうち一七人が聖職者）、ハリコフで五月に一八七人、ハリコフ県の一連の都市で二〇九人、ペトログラード革命裁判所によって殺人と強盗の罪で二〇〇人以上が銃殺された。

これらすべてが誇張でもよいではないか。ましてや、スターリンがど厚かましくも、テロルを復活させるとの脅しで、共産党モスクワ組織集会に八月声明を出したのだから。『ロシアの声』特派員の言葉によれば、スターリンは最近のインテリの大量逮捕を正当化して次のように宣告した。

「われわれが再び赤色テロルに頼り一八、一九年に実行されたような措置で彼らの直接行動に応えるのを、われわれの敵は期待して待っている。彼らにはわれわれが自分の約束を履行するのだと思わせておこう。われわれがどのようにこの警告を履行するかは、これまでの経験によって彼らに知らしめなければならない。そして、われわれの政治的敵対者のすべての同調者が許容範囲を超えて政府のすべての施策に公然と反旗を翻し、特に無謀に振る舞う友人に警告する義務がある。そうでなければ、彼らはわれわれがこの間放置し、当分は頼りたくないと思っていた武器をわれわれに取らせることになる。だがわれわれは、この警告が無駄に終わるなら、直ちにそれを行使するであろう。密かな攻撃にわれわれは積極的または同調的敵対者全員に公然とした厳しい攻撃で応えるであろう」

脅す必要はなかった。*というのは、教会財産の収用に抵抗した事案で、最近聖職者が銃殺されたことはすべての人々が知っているので。これ以上に言語道断な判決を想像するのは難しい。なぜなら、本質的に抵抗は実際には取るに足らないものであったので。七月五日にペトログラード革命裁判所はペトログラード教会団体の八六人の事件に対して一一人に死刑判決を下した。銃殺された者の中に、ペトログラード府主教ヴェニアミンら四人がいた。**モスクワでの五四人のロシア正教会の事件で一二人の死刑判決があった。このような事件で地方ではどれだけの銃殺があったのだろうか。チェルニゴフ、ポルタヴァ、スモレンスク、アルハンゲリスク、スターラヤ＝ルーシ、ノヴォチェルカースク、ヴィテブスクで、一人から四人の聖職者が単に聖品の収用に反対の説教をしただけで銃殺される。

＊二一年に全土で猖獗する大飢饉への義捐金徴募の名目で、二二年初頭に教会財産の収用が決定された。三月にイヴァノヴォ＝ヴォズネセンスク県シュヤ市で、これに反対する聖職者と民衆が寺院広場に集まり軍隊に

抵抗したが、死者四人と負傷者多数を出してこれは速やかに鎮圧され、多数の教会貴重品がその後に徴収された。レーニンは「実際には取るに足らない」この事件の報告を聴き、三月一九日づけ政治局員への秘密書簡の中で、「まさに現在、飢饉地域で人が食べられ、通りで何千でないとしても何百の屍体が横たわっている現在だからこそ、犯罪的抵抗を弾圧するのに躊躇することなく、もっとも苛烈で容赦のないエネルギーでわれわれは教会貴重品の収用を行うことができる（そのため、そうしなければならない）」と命じ、こうして、この事件をきっかけにロシア全土で総主教チーホンから信徒に至る徹底的な教会弾圧が展開された。

＊＊この裁判は六月一〇日にはじまり二九日に結審した。七月五日の判決でヴェニアミンを含む一〇人に死刑判決、二五人に無罪が言い渡された。その後裁判監視特別委は死刑囚のうち六人の減刑を可能と見、また民衆感情を考慮し、全ロシア・ソヴェト中央執行委は残り四人の減刑を党政治局に請願したが、それは中央委総会で却下され、八月一二日の深夜にかけて四人の刑は執行された。その際、ペトログラード当局はこれに対する民衆の騒擾を恐れ、彼らはモスクワに連行されたとの風聞を流し、銃殺の際に衣服を剥ぎ取り、襤褸を着せ、身元を分からないようにした。

教会「反革命」への銃殺とならんで、政治的審理によっても、すでに存在しない積極的反革命の審理によっても、もちろん銃殺は続く。われわれは『最新ニュース』に掲載された、ウクライナにおける最近の「蜂起の」「清算」に関する非常に示唆に富む書簡を読む。特派員は次のように書いている。「蜂起の清算が、まだ逮捕されていないインテリの撲滅に事実上形を変えている」

テロルの規模について一月後半にプロスクロフ市［ポルタヴァ県］から逃亡した人物の書簡からの次の断章が理解の一助となる。

「最近数ヶ月間の信じがたいテロルのため、多くは前もって身を隠している。残ったインテリの逮捕が続いている。

コリーツキイ、チュイコーフ、ヴォロシチューク兄弟（農業技師の長兄が銃殺に連行され、ヴォロシチュークの妻はチェー・カーに勾留されている）、ドブルシーンスキイ、クリチーツキイ、アンドルセーヴィッチ、青年クレーメンス、シドローフスキイ、リャーホヴェツキイ、ラドゥーンスキイ、グリツーン、その他大勢の全部で約二〇〇人が、あれこれの「陰謀」事件で有罪となり銃殺された。銃殺のこの日に、九人の囚人はチェー・カーの扉を破って逃亡した。

四回目の大量逮捕がはじまり、逮捕がおよぶ直前に、わたしは逃げた。……神のご加護で、あなたがたはちょうどうまい具合にプロスクロフ守備隊から姿を消し、胸が張り裂ける光景の目撃者にならなかった。銃殺の日に妻、母、子供がチェー・カーに控えていたのだ」

上で名前を列挙した人物はまったく政治に関知せず、大部分はウクライナ主義に反対し、チェー・カーによって捏造された告発の完全に無辜の犠牲者である。プロスクロフ「陰謀」は「チェー・カーの手練手管」により生み出された。

ウクライナのほかの地方からもテロルの狂宴に関する恐ろしいニュースが届いている。

公式ボリシェヴィキ新聞からの転載であっても、『ロシアの声』と『最新ニュース』の二二年の分を検討すれば、以下の一連の銃殺に出会うであろう。いわゆる「サーヴィンコフ派」（例えば、ハリコフで一一人）、「ペトリューラ派」（例えば、オデッサで九月四日に二五人、ニコラエフスクで五五人、ミンスクでは三四人が裁かれ、ゴメリで八人）、北カフカースで蜂起参加者一〇人、パヴログラード（セミパラチンスク州）で一〇人（ほかの情報では五人）、シムビルスク県で一二人と四二人（アントーノフのビラが見つかった罪で）、メイコプ「クバニ州」で「春の訪れとともに大胆になる謀反人を脅かすため」銃殺された六八人（この中に女性と未成年者が含まれる）。メルトポリ「タヴリヤ県」で「ベルダン反革命組織」の一三人、ハリコフで一三人の生徒が。それにドン軍「参謀本部員」大事件を加え、その審理で夏に二人のコムニストが銃殺され、「ノーベル賞受賞者」事件、一連の再入国者の審理、被告が「ボリシェヴィキ的処罰であるため法廷と認めない」法廷において証言を拒否したことが主たる理由で、モスクワ革命裁判所によって殺害されたエスエルのシーシキン。ヤロスラヴリでのペルフローフ大佐（一八年のサーヴィンコフ蜂起の組織化に関与）の殺害、クラスノヤルスクで将校一三人、カレリア蜂起参加者事件、キエフ蜂起の罪で「コサック」一四八人、二六〇人が連座して逮捕されたオデッサ「海軍陰謀」事件、ストに関連してのオデッサでの銃殺。そのような銃殺が延々と列挙された「銃殺の狂宴」と題する『ロシアの声』に掲載された記事を、今では誇張と認めることはほとんどできない。新聞特派員はリガから八月五日に次のように書き送った。

「この一週間に国家政治管理局と革命裁判所は特別なエネルギーを発揮し、それは多数の逮捕と多くの死刑判決に現れた。ペトログラード革命裁判所は、エストニア国籍選別管理委員会事件で被告人一〇人に死刑判決を下した。サラトフ革命裁判所は、ヴォリスク郡で農民蜂起を組織した罪に問われた二人のエスエルに銃殺の判決を出した。七月二九日にヴォロネジで地方革命裁判所の判決によってエスエルのシャモーノフが銃殺された。アルハンゲリスクで七月二八日に北カフカース、外カフカース、ドンで捕虜となった一八人の将校に対し死刑が執行された。これら将校は二〇年末から二一年初めまで強制収容所に収監されていた。銃殺された者の中に七〇歳のムラヴィヨーフ将軍、ガンドゥーリン大佐などがいた」。それに、表面的には少なくとも政治的背景のない事件を加える必要がある。キエフで技師三人、サラトフで飢餓民のために食糧を盗んだ罪で四〇人、ノヴォチェルカースクで窃盗の罪で鉄道従業員六人。ツァリーツィン、ヴラヂーミル、ペトログラード、モスクワ、さらに多くの都市が、死刑判決が下された場所として銘記されるであろう。おそらくいつも銃殺されたとは限らない。これは疑いないが、外国の出版物にはそのような報道のごく一部だけが掲載されたこともまた疑いない。それすらボリシェヴィキの公式刊行物に載せられていない。ある『最新ニュース』に簡単な情報が掲載された。「収賄者の銃殺が強力に行われている」。そこで、わたしがロシアを離れる頃に（二二年一〇月初め）特別「賄賂闘争週間」が宣告されていたのを思い出す。出発の日、ブレスト駅一面にそのようなポスターが貼られていた。いつものように闘争は広く設定された。鉄道従業員だけで、何千ではないにしても、何百人が逮捕された。

このときミンスク経由で国外に亡命した3・Ю・アルバートフはその非常に明晰な回想録でミンスクについて次のように触れている。「農村の小店の壁に小さな釘で打ち付けられた名簿がかけられ、その下に大きく「チェー・カーは誰を罰するか」の文字が書かれていた。わたしは目で追って「四六」の数字が分かった。……わたしの連れはわたしを引っ張って連れ出し、後ろをふり返りながら早口で一気に喋った。「われわれの所ではこれは新しいニュースではない。……名簿は毎日替わる。……でも、きみが名簿を読んでいるのが分かれば、きみがチェー・カーに引き渡されるかもしれない。……みんなは、もしきみの知り合いにソヴェト権力の敵がいないなら、きみはこの名簿に関心を持つはずがないというだろう。……毎日数十人ずつが銃殺されている！」」

そこで二三年。

最高革命裁判所の情報からだけでも、一月から四月にかけ四〇人が銃殺され、五月には裁判所だけで一〇〇人が銃殺された。

全ロシア・ソヴェト中央執行委によって確認された事実により、国家政治管理局の勝手な銃殺八二六人が記録されているのは、より雄弁である。勝手な、すなわち、現在定められている形式に違反して行われる銃殺である。これら八二六人のうち政治犯は五一九人。全ロシア・ソヴェト中央執行委の監査により、ゲー・ペー・ウー地方支部の議長三人、予審判事一四人などが罷免された。ヨーロッパの新聞記事だけでなく、外国に出される公式ソヴェト機関紙も、個々人もグループごとにも銃殺が続いているとの多数の事実を報道している。これらの報道を以前と同様もっとも古典的項目に分けることができる。ここではまず「反革命」が挙げられる。全世界を憤慨させた主教ブトケーヴィッチの殺害*を思い起こす必要があるだろうか。ここでは非合法的政治文献を出版した罪で銃殺が行われる。ここでは公式報告書で「残滓」と呼ばれる事件が起こる。ときには何年も経過して、今思い出される過去の事件のことである。サーヴィンコフの「代理人」のスヴェルジェーフスキィ（実行されなかったレーニン暗殺の組織者）、「祖国と自由の防衛同盟」［サーヴィンコフが創設した反革命組織］のメンバー三人、後に六人、サーヴィンコフ組織のメンバー、М・Ф・ジリーンスキィ（モスクワで）、アルハンゲリスクで一九年にイギリス軍に師団の引渡しを画策したオロネッツ歩兵大隊の将校三人、ニコラエフ何とかの反革命組織のメンバー三三人、某キエフ反革命組織の代表一三人。セミパラチンスクでの四四人の裁判（一二人に死刑判決）、コルチャーク将校ドリズドーフとチモフェーエフ（ペルミ）、コルチャーク軍防諜機関長で、恩赦を受けていた元検事補のポスペローフ（オムスク）、セミパラチンスクでコルチャークの下での元予審判事のプラヴヂーン（モスクワ）、コルチャークに走ったバシキリア共和国コミッサールのイシムールジン、スパイ罪によるレシチコーフ、オクローフ、ペトケーヴィッチ（元ヂェニーキン軍の将校たち）のモスクワ裁判、モスクワではオムスク守備隊司令補佐セルジュコーフ、その他。反乱運動裁判では、二八人のエカチェリノスラフ蜂起の参加者、二六人のペトリューラ軍兵士（ポドリヤ）、ペトリューラ軍コサック中尉ログートスキィ、六四件のヴォルィニ反乱（三四〇人に銃殺判決、残りは恩赦）、二〇年にカフカースで活動していた反乱グループから九人、一〇人の同様なグループ、特派員全員が「テロルの強化」を指摘するベロルシアでの蜂起参加者、チタで（エメーリン大佐と彼の副官六人）、ロストフで（五人）。「匪賊」に関する無数の事件。オデッサで一五人、ペテルブルグで一五と一七人（このうち数名は同居人を当局に密告しなかった女性）、モスクワで九人、エカチェリノスラフで六人、ベルディチェフ［キエフ県］で五人、アルハンゲリスクで三人。ハリコフだけでも全部で七八件の「匪賊」事件を数え、そこでは数件だけが「プロレタリア的出自を考慮して」、または「革命とプロレタリアートへの貢献」により死刑が禁固刑に減刑された。オデッサでは『ロシア新聞』特派員が報じているように、コムニストへのテロ行為の廉で一六人の謀反人に判決が下った。「匪賊行為」の概念には実際に慎重に対応しなければならない。例えば、『イズヴェスチヤ』は、一二月にエニセイスク裁判所で「白軍匪賊＝ソロヴィヨーフ軍」の審理がはじまったと報じた。一〇六人が裁判を受けた（その後の情報では九人が銃殺の判決）、など。鉄道切符偽造、偽金作りなどの罪で五人が銃殺された。いわゆる「経済的反革命」グループは特筆に値する。トルケスタン煙草工業管理部長は放漫経営の罪で、トムスク県森林トラスト（四人）、「ユニオン」の技師（三人）、グーコン（馬匹管理局の元エスエル、トピーリスキィ）の事件、国営商業部《ゴストルグ》と海上技術経済管理局の職員、ペトログラードで技師ヴェルホーフスキィ（ほかの七人を含む）、スーハレフカ市場［モスクワにあった有名な闇市］の商人、「サボタージュ」の罪で四人の労働者、貨幣投機の罪で「厚かましい」赤色商人、「ヴラヂーミル・クラブ」事件、そのほか多数の同様の微罪事件。

＊教会資産収用時の抵抗の罪で告発されたカトリック大主教ツェプリャークとブトケーヴィッチの審理は二三

年三月にはじまり、両名に銃殺の判決が出された。中央執行委幹部会はツェプリャークを禁固刑に減刑したが、ブトケーヴィッチは減刑ならず、四月三日に刑は執行された。しかし、彼らの死刑判決に反対して欧米各国がソ連政府の行動を非難して、国際的反ソ・キャンペーンが広く展開された。

二三年に起こったのではない過去への馬鹿げた報復。〇五年の黒海艦隊の反乱の鎮圧に参加したスタヴラーキ海軍大尉、祖国に復員した七六人のヴラーンゲリ兵、恩赦でプリンツ諸島から戻ったペトレーンコ将軍。汚職は、モスクワで中央住宅部の職員一一人、税務署職員（二人）のポルホフ事件（プスコフ）、国民教育ヴャトカ支部の収賄事件（一人）、職権濫用の罪でチェキストと裁判所職員の一連の事件（一時はそれが長く続いた）、アルハンゲリスク裁判所員、勝手な銃殺と拷問の罪を問われたドゥボサル（ツァリーツィン郡）犯罪捜査課の指導官。

二三年の様々な情報が多数わたしの書類鞄に保管されている。だが公表された以外にどれだけの銃殺が起こっているだろう。確信を持って次のことを断言する。例えば、二三年五月にペトログラードで「サーヴィンコフ派」一九人が銃殺された事実はどこで公表されたか。わたしはこの銃殺に関する充分信頼できる情報を持っているが、それによれば、一三人はどう見ても彼らの告発とは無関係であることははっきりしている。目撃者シノヴァーリはコンラーディ裁判で、前年四月に「サーヴィンコフ派」事件で逮捕されたП・И・スミルノーフは今年一月にペトログラードで銃殺されたと述べている。……

再びグルジア。ここはすでに「共産主義」だ。必然的に蜂起がそれに続き、過去の経験で学んだ方法によって止められる。赤軍によって鎮圧された二二年のこれらの蜂起運動についてボリシェヴィキ新聞も書いた。その内容は決して目新しくないが、住民への命令がこのことを証言している。

「全住民は、謀反人と彼らの隠匿者の名前、総じてソヴェト権力のあらゆる敵の所在地を当局と軍代表に直ちに通知する義務を負う」（第二条）

蜂起に続いて陰謀の時代がはじまる。新聞に銃殺された者の名簿が載る。一五人、九一人など。これはすべてもちろん「元公爵、将軍、貴族」または「匪賊」であるが、実際には多くが社会主義的または民主的インテリ、農村教師、協同組合活動家、労働者、農民であった。「匪賊」の中にも数人の著名なグルジア社民党員を数える。

二三年七月五日にグルジア社会民主党中央委はグルジア「共産」党中央委と現地「人民委員」会議に声明を出し、そこには次のように述べられた。「昨年一一、一二月以来、多数の社会主義者労働者と農民が貴下の拷問の犠牲者となった。……わが同志の何千人もが森に隠れるのを余儀なくされるか、グルジアから追放されるか、投獄されるかしている。……だがこれでさえ貴下には少ないと思えた。今や貴下はわれわれの逮捕された同志にチェー・カーの地下室で苦痛を与えている。……前例のない精神的、肉体的拷問の結果、彼らの何人かは発狂し、ほかの者は残りの生涯を不具で暮らし、また何人かは死亡した。

現在チフリスだけでも七、八〇〇人の政治犯がチェー・カー地下室とメテヒ城砦に勾留されている。」……

一九二四年

新しい年もわれわれは次のような報道ではじめることができる。「スパイ・ジュベーンコ」事件はモスクワ最高裁軍事参与会で審理され、コルチャーク軍の中佐が裁かれ、財産没収をともなう銃殺の判決が下された。「ジュベーンコへの判決は法により定められた期限で執行される」と、『イズヴェスチヤ』はつけ加える。クロンシタット要塞砲術学校講師「スパイ」フルーセヴィッチ事件も、同参与会が銃殺の判決を下した。「ストの罪で銃殺」と、『ドゥニ』紙特派員は報じている。「ベルフネタギル管区〔キルギス共和国〕で県裁判所巡回法廷により、一月の工場における騒擾とストを指導した罪で告発された五人の失業者と一人の労働者に銃殺の判決が下された。判決は執行される」……モスクワから『ドゥニ』は次のように伝えている。「二月に発行された労働者グループのパンフレットに、バクーで仕事をするロシア人労働者八人とグルジア人労働者三人が外カフカース・ゲー・ペー・ウーによって銃殺されたとの情報が引用されたことだけが目新しいことである」……。

われわれは再び死刑判決を待ち受ける。キエフで「キエフ州行動センター」の名でゲー・ペー・ウーに摘発された反革命組織に関連し、大規模な政治裁判が催されている。

「銃殺に終わりはない」と、ロシアからの到来者が『新時代』に伝えている。だがすべてが秘密裡に行われている。銃殺するためにタムボフからサラトフのどこかに送られ、痕跡を消すためにサラトフから別の場所に再び移送される。「人々は消え、どこに隠されたのかは決して分からない」

これはまったく言いえて妙である！

＊　＊　＊

総括しようとの試みがあった。今これを行う必要があろうか。おそらく将来も、この五年間の血まみれのロシアの内情をわれわれに隠している闇のベールは決して開かれないであろう。歴史は常に「赤色テロル」帝国への閉ざされた扉の前でしばらく逡巡する。その犠牲者の名前と数をわれわれは知らない。漁師は現在しばしば漁場付近で針金によって互いの手首を縛られたソロフキ修道士の死体を網にかけているという。……

一つの理論的計算が『ルーリ』でエヴ・コームニンによって行われた。その内容を引用するが、それは人間処刑のこの可能性のある統計数字を確定するために興味深い。

「一二〇年冬にロシア共和国は五二県で構成され、五二のチェー・カー、五二の特別部、五二の県裁判所を持っていた。これ以外に、無数の特殊チェー・カー（地区、運輸チェー・カー）、鉄道裁判所、ヴォフラ（国内保安軍、現在は国内軍）裁判所、「地方での」大量銃殺のために派遣される巡回法廷があった。この監獄リストに軍隊の特別部と当時は一六あった軍事裁判所と師団裁判所を加える必要がある。全部で一〇〇〇の監獄を数えることができる。それに、一時期は郡チェー・カーも存在していたことに配慮するなら、もっと多くなる。

シベリア、クリミア、極東が併合され、ロシア共和国の県数が著しく増加したときから、必然的に地理的に進化して監獄の数も増えた。

ソヴェト報告書によって（二〇年現在で、そのときからテロルは決して減少せず、それについての報道が少なくなっているにすぎない）、一監獄当たり一日の平均的数字を確定することができた。銃殺のカーブは一から五〇にまで（後者は大きな中心地の数字）、赤軍によって占領されたばかりの地域では一〇〇にまで上昇する。テロルのこの爆発はだが周期的に起こり、再び下落し、そのような平均的（控えめな）数字としておよそ一日五人、すなわち、一〇〇〇（監獄数）を掛けて、五〇〇〇人、年間約一五〇万人と確定しなければならない。

「メドゥーサの頭」は焦土と化した国土にまもなく六年間も屹立しているではないか」

いくつかのチェー・カーでは、「ザヴウチテル」すなわち、「死体計算」部長という特別な職務が制定されているといわれている。

これがすべてを物語っているといえないか。

4　内戦で

真実を爪から採り出し、
肩に爆弾を差し込まれた。
「肩章を縫いつけた」、「ズボンの飾り筋を裁断した」、
「角を持つ悪魔を創り上げた」、
どれだけ嘘が必要であったか
この忌むべき年に、
軍隊、帝国、民衆を
怒り狂い、立ち上がるようにするために。

M・ヴォローシン*

一八、一九年のボリシェヴィキの活動調査に関するチェーキン特別委員会は、「赤色テロル」についての包括的概要の中で犠牲者数を一七〇万人とした。同特別委の多くの資料のうち、公表されたのは比較的わずかであった。わたしはパリにある特別委アーカイヴを充分に調査することはできなかった。それでも、統計上の結果は、問題をいろいろと調査する際に採られた方法に大きく関わっているのは当然である。

われわれはここまでほとんど、「司法」または行政手続きで、すなわち、様々な段階の「革命」権力の判決によって行われた死刑について述べてきた。だが「赤色テロル」の実際の犠牲者は、あれこれの蜂起などの鎮

圧の問題に言及しなければならなかったときに垣間見たように、もちろん比べようもなく多い。

だがこの場合、内戦のいわゆる「過剰行為」、すなわち、狂暴な水兵部隊によって、または、例えば、一八年三月にエッセントゥーキ［テーレク州］であったような「マルーシャ前科者女性懲罰部隊によって」保たれた「革命的秩序」におそらく関わるようなことと、「赤色テロル」の計画的実行とを区別するのは難しい。というのは、無力な敵対者、または無辜の住民に凶暴な懲罰を行った部隊が登場した後に、いつも戦闘的なチェー・カーが続くのだから。それぞれの場合にどんな名称でそれらが行動しようが、同じことではないか。

これらをあまりにも多く書きすぎた。それでも読者諸氏の神経をいとうことなく、そのような光景のいくつかを取り上げよう。純動物学的な人間の憎悪の表出としてはもっとも激しいものではないとしても。

＊（一八七七～一九三二）。ロシアの詩人、風景画家、文芸批評家。パリで絵画を学んだ後、パリでロシアの新聞の特派員を務める。その後モスクワで評論や詩を発表。大戦時には戦争への参加を拒否する書簡を陸軍省に送りつける。

「特別委員会」の資料からはじめよう。四〇号事件、「一八年一月二〇日から四月一七日までのタガンローグ市でボリシェヴィキが行った狼藉に関する調査記録《アクト》」である。

「一八年一月一八日夜にタガンローグ市で、市内に入ったシーヴェルス赤軍部隊からなるボリシェヴィキの直接行動がはじまった。……

一月二〇日に士官学校生はボリシェヴィキと休戦を結び、生徒が支障なく市から退去するとの条件で降伏したが、この条件はボリシェヴィキによって守られなかった。この日から降伏した者への「残忍さで際だつ」懲罰が現れた。

将校、士官学校生、それに彼らとともに決起した者と同調者全員を、ボリシェヴィキは市内で捕らえるか、街頭で銃殺するか、または同じ運命が待ち受けている工場の一つに送るかした。

何日間も昼夜を問わず市内全域で家宅捜査が行われ、可能なあらゆる場所で、いわゆる「反革命家」が探索された。

負傷者も病人も容赦しなかった。ボリシェヴィキは病院にも押し入り、そこで負傷した将校や士官学校生を見つけ出し、街頭に引きずり出し、ときにはそこで銃殺した。だが彼らには敵対者の死では足りなかった。瀕死の者や死者があらゆる風にもてあそばれた……。

参謀大尉の陸軍准尉学校副官はひどい死に方をした。重傷を負った彼を、ボリシェヴィキの看護婦は手足を掴んで揺さぶり、石の壁に頭をぶつけた。

逮捕された「反革命家」の大部分は金属工場や皮革工場、おもにバルト工場に移送された。そこで彼らは殺害され、その際ボリシェヴィキに同調する労働者さえも怒りの声を挙げるほどの残虐さが見られ、これに対して彼らはボリシェヴィキに抗議声明を出した。

金属工場で赤軍兵士は、あらかじめ半死半生のまま手足を縛った五〇人の士官学校生と将校を燃えさかる溶鉱炉に投げ込んだ。その後これら不幸な者たちの遺骨が、工場のスラグの中で見つかった。

これらの工場周辺で逮捕者の大量銃殺と殺害が行われ、そのうちの何人かの死体は見分けがつかないほどに損傷を受けていた。

屍体は銃殺現場に長い間放置され、死体を身内に引き渡すこともなく、犬と豚が草原に引きずって食べるにまかせた。

タガンローグ管区からボリシェヴィキが放逐された後に検察庁の監視の下に警察によって、一八年五月一〇日から二二日にかけて殺害された死体の発掘が行われ、そこで死体の法医監察と検死が行われ、それについてしかるべき調書が作成された。……

目撃者として調査の際に尋問された人物はこの墓場の発掘を目撃し、次のように証言した。発掘を目の当たりにして、ボリシェヴィキの犠牲者は死ぬ前に拷問的苦痛を味わい、生命を奪う手段自体が、階級的憎悪と人間の狂暴さがどこまで行き着くかということを証明するような、異常で弁明の余地のない残虐さで際だっていたと確信せざるをえなかった。

多くの死体には、通常の銃創のほかに、存命中にできた刺し傷と切傷があり、しばしばそれは死体の至る所に見られた。ときにはこれらの傷は死体の完全な切断を示していた。大部分ではないにせよ多くの者が頭部を打ち砕かれ、人間の形を完全に失ったただの塊に変わっていた。手足や耳が切り落とされた死体もあった。何人かには外科用包帯が巻かれていた。これは明らかに彼らが病院で捕らえられた証拠である」

ドン軍管区とクバニ州のコサック村に対する一八年三月、四月におけるボリシェヴィキの襲撃と懲罰は、区別して描くことはできない。犠牲者を出さなかったコサック村はなく、ラドゥイジェンスカヤ村では七四人の将校と三人の婦人が、まったく例外なく斬り殺された。エカチェリノダールでは首が斬られる。ノヴォチェルカースクでは同じように四三人の将校が惨殺される。懲罰は蜂起を引き起こし、それに同じような形の鎮圧が続く。「コサック蜂起の歴史は一様に悲劇的である」と、ヂェニーキン将軍は彼の『ロシア大動乱概要』で述べている。六月にラビンスカヤ部*のいくつかのコサック村で蜂起があり、戦闘で倒れた者のほかに、七七〇人のコサックが処刑された。実際に非人間的懲罰の身の毛もよだつ光景が繰り広げられたであろう。……

*当時クバニ州はエカチェリノダール、カフカースを含め七の部に分けられていた。その一つの行政地域。

同じ光景がクリミアの様々な都市で見られた、セヴァストポリで、ヤルタで、アルーシタで、シムフェロポリで、フェオドシヤで。エヴパトリヤ［タヴリヤ県］における「サン・バルテルミの虐殺」［フランス宗教戦争時の新教徒に対する大虐殺事件］について五六号事件が触れている。エヴパトリヤに赤軍が［一八年］一月一四日に現れた。将校、富裕階級、反革命家と名指しされた者の大量逮捕がはじまった。三、四日のうちにこの小さな都市で八〇〇人以上が逮捕された。

「処刑は次のように行われた。銃殺を宣告された人たちは上甲板に連れて行かれ、そこで嘲りの笑いの後、射殺されて舷側から海に投げ込まれた」（処刑は軍艦《ルーマニア》で行われた）。「生きている者もまとめて投げ込まれたが、この場合犠牲者を後ろ手にして肘と手首を縄で縛って、このほか足を数ヶ所縛り、ときには縄で頭を後方にのけぞらせ、くくられている手足と結んだ。足に「鉄環」が結わえられた」。「手を縛られた将校全員（全部で四六人）が輸送船の舷に整列させられた」と別の語り手がつけ加える。「水兵の一人が彼らを海に蹴落とし、そこで彼らは溺死した。この野蛮な懲罰は岸からも見られ、そこには親類、子供、妻が立っていた。……全員が泣き、叫び、祈っていた。しかし水兵たちは笑っているだけであった。水兵がエヴパトリヤ蜂起の中心人物と見なしていた憲兵参謀大尉ノヴァーツキィは、誰よりも無惨に殺害された。すでに重傷を負っていた彼を正気づかせ、縛り上げ、輸送船のボイラーに投げ込んだ」

処刑は輸送船《トルーヴォル》でも行われた。ここでは目撃談によれば次のようであった。処刑の直前に、司法委員会の訓令により開けたハッチに水兵が近づき、名前を呼んで犠牲者を甲板に呼び出した。警護をともない、呼び出された者は甲板上を武装した赤軍兵士の隊列の中を進み、いわゆる「死刑執行台」（処刑場）に連れ出された。そこで犠牲者を四方から武装した水兵が取り囲み、上着を脱がせ、手足を縄で縛り、下着一枚で甲板に寝かせ、その後、耳、鼻、唇、陰茎を、ときには腕を切断し、そのようにして犠牲者を海に投げ込んだ。この後に甲板を海水で洗い流し、血痕を消した。処刑は丸一晩続き、それぞれの処刑に一五分から二〇分が費やされた。処刑時には甲板から船艙まですさまじい悲鳴が聞かれ、それをかき消すために、輸送船《トルーヴォル》はエヴパトリヤから出港するかのようにエンジンをうならせた。一月一五、一六、一七日の三日間で輸送船《トルーヴォル》と巡洋艦《ルーマニア》で三〇〇人以上が殺害され沈められた。

水兵クリコーフはある会合で、「自分は舷側から六〇人を海に投げ込んだ」と語った。

三月一日の晩に市から三、四〇人が消えた。彼らは市から五ヴェルスタ離れたところに連れ去られ、そこの海岸で銃殺された。「次のことが明らかとなった。銃殺の前に犠牲者をあらかじめ掘ってあった穴の近くに整列させ、ダムダム弾で彼らを一斉射撃し、銃剣で刺し、剣で斬りつけた。撃たれたが負傷しただけで意識を失って倒れた者も、ときには死者と同じ穴に放り込まれた。そして彼らが生きている証を見せたとしても、土に埋められた。足を取って穴に放り出すとき一人は飛び出して逃げたが、二〇サージェン［約四二メートル］の所で転んで、新たな弾丸で殺された場合もあった」

「クリミアでは地方権力の野蛮な横暴のため、ボリシェヴィズムがもっとも狂暴で掠奪的で残忍な形で荒れ狂った」と、クリシェーフスキィは回想録で書いている。「あらゆる都市で血が流され、水兵の群れが狼藉を働き、軒なみに強盗が行われ、要するに住民が以前ドイツ軍による強奪の餌食になったときの殺戮と掠奪と同様の、完全な悪夢の状況が創り出された」。彼はヤルタ（将校八〇人）、フェオドシヤ（六〇人）、シムフェロポリ（将校一〇〇人と市民六〇人が監獄内で殺害）などの銃殺を挙げている。筆者はこう述べている。「セヴァストポリでもこのようなことが二月にあった。将校の第二波の大量虐殺が行われたが、このときははっきりと組織だっていた。計画にしたがって、海軍だけでなく一般の全将校と一連の尊敬すべき市民、全部で約八〇〇人が殺害された」。同様に惨たらしく殺害された。目玉をえぐられて……。

クリミアではボリシェヴィキに抵抗したタタール住民の代表も何百人となく殺害された。

犠牲者の数を計算するのは不可能であると、一八年一月一日から六月一日までのボリシェヴィキ活動に関する調査は述べている。裁判も取調べもなしに、守備隊司令と赤軍部隊長の口頭命令によって、人々が殺された（資料は殺害された市の著名人九六人を数えている）。『革命アーカイヴ』に掲載された、元臨時政府検事B・M・クラースノフのスタヴロポリ県についての回想録がこれら調査を裏づけている。彼はカルムイク人［西モンゴルの少数民族］女性へのひどい凌辱、「耳をそぎ取られた」子供、ペトロフスコエ村中学校で強姦された女子中学生について触れている。

ヂェニーキン特別委の資料で、われわれの前にハリコフ、ポルタヴァ、そのほかの都市が次々と浮かび上がってくる。至るところに、「腕が斬り落とされ、骨が打ち砕かれ、頭部が切断された死体」、「顎を折られ、生殖器を切り取られた死体」がある。そして至るところで墓地に何十もの死体が送られる。コベリャキ［ポルタヴァ県］で六九人、別の郡市で二〇人、またハリコフでは七〇歳の修道士一八人が。ハリコフには頭皮をはがされた七五歳の天使長ローディオンの死体もある。……

内戦期に南部でボリシェヴィキは侵攻と退却を繰り返す。再び侵攻する……。これら重なる行軍はときには最初の侵攻よりさらに恐ろしい。もう自然発生的ではなく、組織的に、無意味な報復が演じられる。一八年にクバニ州で最後となった、アルマヴィールで起こった血まみれの事件を取り上げよう。それは、復讐がもうロシア人とは関わりがなくなった点で特徴的である。ヂェニーキン特別委の記述はわれわれにこう語りかけている。「七月にアルマヴィールは［白軍の］ボローフスキィ将軍の師団に占領された。軍隊はアルメニア住民によってパンと塩で迎えられた［客を歓迎する古くからの習慣］。アルマヴィール近くで殺害された将校の葬儀をアルメニア人は他人事とは見なかった。ボローフスキィ将軍が戦略的判断でこの市を放棄したとき、再びボリシェヴィキが戻ってきた。大量処刑がはじまった。まず四〇〇人以上のアルメニア人、ペルシャ、トルコからの避難民が鉄道の路盤にぎっしり並べられ、斬り殺された。同じく女性と子供が斬り殺された。次いで処刑は都市に移った。五〇〇人以上の平和なアルメニア住民が銃剣で刺され、剣で斬られ、鉄砲と機関銃で銃殺された。街頭で、建物で、広場で殺害され、死体はまとめて運ばれた」……「ペルシャ領事館員イブダル・ボークを殺害し、赤軍は建物に押し入った。そこには三一〇人のペルシャ国民が平安と安全を求めていた。そこで彼ら全員を機関銃で射殺した」……

別の資料、すでに一八年にロストフで出版された社民党員A・ローケルマンの著名な本『ソヴィエト権力の七四日』から、ロストフ＝ナ＝ドヌでの同じ頃の記述を取り上げよう。ここでも病院の負傷者を含む大量銃殺が指摘されている。「（シーヴェルスの）参謀本部で逮捕者は衣服を脱がされた。あるものは長靴とズボンのままにされ、銃殺後にそれらは一ヶ所に集められた。またあるものはズボン下だけにされた。二〇世紀に白日の大都市の通りで雪の降る冬にズボン下だけの半裸で裸足の人々が駆り立てられ、教会境内に追い立てられ、一斉射撃を受けた。……多くのものが十字を切り、祈りの瞬間に銃弾が彼らを撃ち抜いた。目隠し、聖職者を呼ぶなどのブルジョワ的偏見はもちろん、守られなかった」

義勇軍に登録した一四から一六歳の少年全員が、この中には大勢の中学生と神学校生がいたが、銃殺された。「シーヴェルス参謀は、義勇軍への参加者全員とそれに登録した者は、参加の程度や年齢に関わりなく（強調は筆者）、裁判なしで銃殺されるであろうと、無条件に宣告した」

夜九時以後に外出した人の多くは、巡察隊により人気のない場所に連れられ、そこで銃殺された。「競馬場の壁で、公衆の眼の前で」銃殺した。昼間に川岸で銃殺した。しばしば銃殺された死体は「見分けがつかないほど切り刻まれていた」。処刑と懲罰は、「ブルジョワジーを殺せ」、「資本家を殺せ」のスローガンで行われ、資本家となんら関わりがないのに名簿に含まれた者は数知れない。「殺害された者のうち大きな割合を、中等、高等教育施設の生徒と学生、知的職業の代表が占めており、最初はインテリの撲滅が行われているように思われた」。しかしこれは誤りであった。「殺された圧倒的多数は、住民のあらゆる階層から、もっぱら庶民から無作為に抽出された人々であった」

退去を目前にしてボリシェヴィキは再び「唾棄すべき残虐行為」を実行した。

侵攻に劣らず撤退も残虐であった。一八年末にサラプル市［ヴャトカ県］をボリシェヴィキは放棄する。現地の監獄は撤収する際の支障になると考えて、囚人全員を銃殺にすることでそれを「浄化する」ことが決定された。

「彼らの（ボリシェヴィキの）領袖の一人は、われわれが市を放棄しなければならないなら、住民一〇〇〇人を虐殺すると公衆の面前で宣告した」と、エリストーンはカーゾンに一九年二月一一日に書き送っている。

『白書』の中に一八、一九年にロシア北東部で内戦がどのような形を採ったのかを暗示する、少なからぬ資料を見つけることができる。

「通常犠牲者は銃殺されたが、しばしば溺死させられたり、剣で斬殺されたりした。三〇人、四〇人、六〇人がまとめて虐殺されたのは、例えば、ペルミとクングール［ペルミ県］で頻出した」と、一九年三月にエリオットはカーゾンに伝えている。

「しばしば殺害の前に非人道的拷問があった。オムスクでは労働者を銃殺する前に、彼らから証言を得る目的で銃床や鉄の棒で殴り拷問を加えた。しばしば犠牲者は自分の墓穴を掘るのを強いられた。しばしば死刑執行人は顔を壁に向けさせ、背後から彼らの耳を貫通させて拳銃を撃ちはじめ、なぶり殺しにした。生存者はこのことを証言している。

犠牲者の中には小さな子供、老人、妊婦がいた」……。

ノックスは陸軍省に書き送っている。「ブラゴヴェシシェンスク［アムール州］では、爪に蓄音機の針を入れられ、眼をえぐられ、肩章の場所に釘の痕をつけたトルボロフ部隊の将校と兵士が発見された。彼らの遺体は氷の彫像のようになっていた。彼らの様子は身の毛がよだった。彼らをボリシェヴィキはメシチャノヴァで殺害して、その後で死体をブラゴヴェシシェンスクに運んだ」……

一九年一月一八日のエリストーンからバルフォア*への通信があり、これは当時のチェコ外相のロシア状況に関する発言を添えて、キエフの事件について特に注目すべき事実を伝えている。

「もうアルメニアにおけるトルコ人の残虐行為は、ロシアで現在ボリシェヴィキが行っているものには比べようもなくなっている。……一八年七月のウスリースク地区［極東］での戦闘のとき、T博士は戦場でチェコ人兵士**のひどく損壊された死体を見た。

彼らの生殖器は切り取られ、頭蓋骨が剥き出しになり、顔を斬られ、眼はえぐられ、舌は引き抜かれていた。……

チェコ国民会議の現地代表ギルサ博士と彼の補佐官は、一年以上前に何百人もの将校がボリシェヴィキによるキエフ占領時に銃殺されたと語った。……

極寒の中に彼らを部屋から連れだし、帽子だけの丸裸にして、馬車と自動車に詰め込んだ。酷寒の中で整列させられた彼らは、ボリシェヴィキ兵士の思いのままに一人ずつまたはまとめて銃殺されるまで、何時間も待ち続けていた。

ギルサ博士はこのとき第一二市立病院の外科医であった。キエフでのインテリと将校への残虐行為のため、病院は患者で溢れていた。致命傷を負った将校さえ、追いかけてくるボリシェヴィキが彼らを街頭に連れ出しそこで銃殺しないように、ロッカーに隠さねばならなかった。

多くの重傷者が次々と病院から連れ出され、虐殺された。

ボリシェヴィキは腹部を負傷したり、骨折したり、そのほかの重傷患者を街頭に追い立てて銃殺した。彼は街頭で犬が将校の（死体を）喰い漁っているのを見たことを覚えている。ギルサ博士の補佐官の妻は、虐殺した将校の死体を満載した自動車が市内の通りから荒れ地に向かうのを見た。……

自分の家から人々を追い立て、夜に病院のベッドで解放し、容赦なく重傷者を殺害した。酌量も審理もなしに男たちは銃殺された」……〔原註〕。

〔原註〕キエフ占領をボリシェヴィキ総司令官ムラヴィヨーフは非常に生々しく描いた。「ヴラジーミル・イリッチ〔レーニン〕」に革命軍とともに全世界を征服しようと歩んでいると書き送った、この稀代の冒険主義者はオデッサ演説で自分の功績を次のように述べた。「われわれは銃火と剣をもって進み、ソヴィエト権力を確立する。……わたしは市を占領し、宮殿を、教会を、僧侶を、君主を打ち倒し、誰も容赦しなかった。一月二八日に祖国防衛議会は休戦を請うた。回答としてわたしは化学窒素性ガスで殺すよう命じた。何百人、おそらくは何千人もの将軍を容赦なく殺した。そのようにわれわれは報復した。われわれは復讐の爆発を抑えることはできたが、これは無用であった。なぜなら、われわれのスローガンは、容赦なくということであったので」〔われわれはタムボフ蜂起に対して総司令官トゥハチェーフスキィが窒素性毒ガスの行使を命じた二一年夏のはるか以前に、このような措置が実行されていたことに注意すべきであろう〕

＊（一八四八〜一九三〇）。バルフォア宣言で有名なイギリス保守党の政治家。第一次大戦中は海相、その後外相を勤める。全権としてパリ講和会議に出席し、ヴェルサイユ条約に調印。

＊＊オーストリア＝ハンガリー帝国の支配下にあったチェコ人たちは同じスラヴ系民族という意識もあり、前線でしばしば戦わずしてロシア軍に投降し、大量の戦争捕虜が発生していた。臨時政府時代にはチェコスロヴァキヤ師団を彼らから編成し、ロシア軍と共同行動を取らそうとの構想も生まれたが、これは実現されなかった。ブレスト条約によって単独講和を結んだ革命ロシアはこれらチェコ軍捕虜をシベリア鉄道によって極東経由で帰還させようとしたが、その途中で彼らは一八年五月に西シベリアで反乱を起こし、その後サマラ、サラトフへと転進し、反革命勢力、特にコムウチの重要な戦闘部隊となった。

またエリストーンは一九年一月一四日にバルフォアに次のように書いている。

「……惨殺されたウラルの無辜の市民は数百人に達する。

ボリシェヴィキに捕らえられた将校は、肩に肩章を釘で打ちつけられた。女児は強姦された。文官は眼をえぐられて、鼻が欠けて見つかった者もいた。ペルミで二五人の僧侶が銃殺され、アンドローニク主教は生きながら埋められた。詳細が分かれば、殺害された総計とそのほか詳しいことを知らせると、わたしに約束した」

様々な地方で様々な種類の証言が、このように恐ろしさでは一様な情景をわれわれに描いている。エストニヤ、ラトヴィヤ、アゼルバイジャン、内戦が行われた至るところで。この場合に例外はない。ヴァルク、デルプト、ヴェゼンベルク［リフリャンディヤ県］での虐殺については、『ボリシェヴィズムの真実の顔（バルト地方の事実、報道、写真。一九一八年一一月〜一九年二月）』、『ボリシェヴィズムの支配の下に』（リトワニヤとエストニヤ政府に派遣されたドイツ領事館報道官エーリッヒ・ケーラーにより蒐集［独語］）や、ドイツ語で出された一連の同様な著作が触れている。バルト海についての多くの資料が『白書』に掲載された報告に含まれている。ここでは目玉をえぐり取られた何百人、そのほかが述べられている。

外カフカースにおける革命の回想録の筆者は、二〇年のエリザヴェートポリ占領の際のボリシェヴィキの手にかかって殺された四万人のイスラム教徒、そのほかについて述べている。

「赤色テロル」と称する現象の総体を理解するためには、内戦の地域で直接起こったこれらの事実を見過ごすことはできない。戦闘のときでなく、衝突のときでなくとも、人間の残虐な狂気が燃え上がる。これは「過剰行為」にすぎないという回答に満足することはできない。ここでは、あらゆる決定的証拠が示すところでは、特別な残忍さで際だっていた中国人またはインターナショナル大隊の過剰行為がある。ハリコフのインターナショナル連隊は「恐怖と呼ぶべき多くが顔色を失うような残虐さを」発揮したと、左翼エスエルのヴェルシーニンは語った。

これは「過剰行為」ではない。というのは、ここでも残虐行為はシステムに、つまり計画的行動にしたがっているので。あのラーチスが一八年八月二三日に、すなわち、レーニンの暗殺未遂以前に、『イズヴェスチヤ』で内戦の新しい法則を公式に表明した。捕虜を銃殺できないなどの様々な協定で縛られている、戦争の「定められた慣例《スチヒーヤ》」を取り替えねばならない。これは「噴飯もの」でしかない。「きみに対する攻撃で負傷した全員を皆殺しにする、これが内戦の法則である」

ボリシェヴィキは自然の本能を奔放にしただけでなく、それを自分の組織的デマゴギーの一定のレールに乗せた。クバニでの一八年の三月事件は、ピャチゴルスクの共産党決議の御旗の下に起こっている。「赤色テロル、万歳！」。真に勇壮な舞台を、南部における内戦にボリシェヴィキ側で参加した一人がわれわれに描いている。ある所でコサックは干草山の近くで捕獲した将校を銃殺する。「これがわたしを喜ばせた。虚しいゲームではなく内戦なので。わたしは彼らに近づき挨拶した。コサックはわたしを知っていて、「ウラー」の雄叫びを上げた。コサック村の一人はこういった。「われわれの所に赤軍将軍がいるときは、われわれは白軍将校はいらない。そこでわれわれが、同志よ、ここで彼らを殲滅する」。「結構だ、仲間たち、そうしてくれ。同志諸君よ、やつらがいなくなるとき、そのときこそわれわれに本当の自由が訪れるのだよ」」

5 「階級的テロル」

プロレタリアートよ、残虐さは、それがわれわれ自身にある野蛮さを証明するのだから、奴隷根性の名残であることを理解しなさい……

ジョレス*

われわれが『白書』から引用した資料は、ボリシェヴィキ権力が樹立された地域で燃え上がった農民蜂起の鎮圧に関わる事実をすでに明らかにした。これらの資料は、労働者の騒擾の同様な鎮定についてもわれわれに語っている。

* (一八五九〜一九一四)。フランスの政治家、社会主義者。トゥルーズ大学哲学教授を経て社会主義者となり、統一社会党の議員として活躍するが、第一次大戦直前に右翼により暗殺された。

「ボリシェヴィキに抵抗した労働者にも農民と同じように対処した」と、一九年三月五日にエリオットはカーゾンに報告した。「ボリシェヴィキの行動に抗議した罪で一八年一二月にペルミ近くのモトヴィロフカで一〇人の労働者が銃殺された」

だが、われわれが無数の同様な事実を見いだすのはイギリスの報告書だけではない。これらの報道はロシアの出版物、ソヴェト権力の公式機関紙にも山ほどある。ソヴェト＝ロシアの内部でボリシェヴィキの専制体制や税による穀物徴収に反対してなどに起因する、農民蜂起の長いリストを記録することができる。それらすべてが血まみれの方法で鎮圧された。
農民暴動が常に重要な意味を持ったロシア史の中でも、ソヴェト権力によって実行されたような鎮圧は見たことがなかった。農奴制の下でもこのようなことは起こらなかった。というのは、ここでは叛徒に対して最新技術の下に装甲自動車、機関銃、窒素性ガスが駆使されるのだから。*
わたしは個人的に一八、一九年のこれに関する膨大な資料を集めたが、残念なことに、モスクワでの度重なる捜索を受けた際に紛失した。

*二〇年夏からタムボフ県を中心にして広く展開されたアントーノフ蜂起の鎮圧の目的で、鎮圧軍総司令官トゥハチェーフスキィは二一年六月一二日づけで、窒素性毒ガスの適用を命じた。従来はこの命令書はもっぱら威嚇のためと解釈されていたが、近年ではその適用の事例が確認されている。

タムボフ県で行われたことを総括するような一つの鮮烈な文書がある。これは、広く地区を覆った「赤色テロル」の名の下にボリシェヴィキが農村を扱ったことへの返礼である、いわゆるアントーノフ蜂起以前のことである。文書は一九年末に遡る。これはエスエル・グループにより人民委員会議に提出された覚書である。一九年一一月の「無秩序状態」の鎮圧の話である。蜂起のきっかけは多種多彩であった。動員、家畜の没収、教会資産の登録など。一ヶ所で燃え上がると、それはペストのようにほかの郷に伝染し、最後には郡全土を覆った。「ソヴェト権力は現地に何十もの懲罰部隊を送り込んだが、かつてツァーリ親衛隊ルジェノーフスキィが同じ場所で行った恐怖も見劣りするような、彼らの血まみれの行動という事実の非常に簡潔な一覧がそこにある。スパッスク郡。懲罰部隊が現れるや、すべての郷でもっとも醜悪で手当たり次第に農民の鞭打ちが行われた。村ごとに大勢が銃殺された。スパッスク市の広場で同村人を強制的に臨席させて、司祭とともに一〇人の農民が公開銃殺され、死体の後片付けをするため同村人が荷馬車を提供しなければならなかった。スパッスク監獄の外で銃殺された三〇人は、死の直前に自分で墓穴を掘るよう強いられた。キルサノフ郡。鎮圧者は、逮捕者を飢えた農場の豚と一緒に家畜小屋に数日間閉じこめるほどの無分別な残虐さであった。そのような拷問を受けた者は耳を食いちぎられた。ナシチェキンスカヤ〔郷〕貧農委*議長は、懲罰部隊が帰還しても銃殺を続けていた。モルシャンスク郡。何百人もが銃殺され、何千人もが被害を受けた。例えば、ラクシャのようないくつかの村は砲弾でほとんど全滅した。農民の財産は「コムニスト」と軍人によって掠奪されただけでなく、種子と穀物の貯蔵とともに焼き払われた。ピチャエヴォ地区は特に被害が大きく、一〇軒に一軒が焼き討ちされ、女性と子供は森に追い立てられた。ペルキノ村は蜂起に参加しなかったが、そこでそのときにソヴェトが改選された。タムボフから到着した部隊は新しいソヴェトのメンバー全員を銃殺した。オストロフスカヤ郷からモルシャンスク監獄に、鎮圧軍によって完全に不具にされた一五人の農民が送致された。この監獄には女性が収監されていたが、頭髪はむしり取られていた。女性への強姦のケースが何十もあったと考えなければならない。モルシャンスク市の墓場で軍人に負傷させられた農民八人(マルコーフ、スチコーフ、コスチャーエフ、クジミーン、その他)が半死半生のまま墓穴に埋められた。モルシャンスク郡では以下の鎮圧者が抜きんでていた。部隊長でコムニストのチフィリーン、チュミキーン(元刑事犯)、フィーリン(勅命により流刑から釈放)、元軍曹のソコローフ、以下大勢。タムボフ郡では多くの村が放火と砲撃によってほぼ全滅した。大量の銃殺があった。パホトヌィ＝ウゴール、ズナメンカ、カリアン、ボンダリ、ラヴロヴォ、ポクロフスコエ＝マルフィノ、その他の村が特に被害を受けた。ボンダリでは地方ソヴェトが転覆された後に農民の求めで祈りを捧げた罪を問われ、教会職員全員が銃殺された〔原註〕。カリアンでは蜂起事件により、ほかの逮捕者とともに第一回国会議員C・K・ボチャーロフが銃殺された。どれほどの思慮深さと真剣味で県当局が鎮圧に関わったかを知るには、ある部隊長に一六歳の少年を据えたことから判断すればよい。また、タムボフ郡地区チェー・カー議長は元トカレフキ村の大商人で、十月革命まで投機に専念し、まったくの無教養で賄賂を取る、飲んだくれのA・C・クリンコーフであったし、現在でもそうである。逮捕者の命は彼に握られていたが、彼は手当たり次第に銃殺した。「特殊」懲罰部隊のほか、コムニスト細胞も初陣として派遣され、これらヤクザ集団は村ごとに狂宴を催し、酒におぼれ、強盗と放火に耽り、そのようにして「友愛、平等、自由」の大原則をモンゴル襲来の恐怖に変えてしまった。長い悪夢のような記憶を残したラトヴィア人部隊の血まみれの活動も指摘する必要がある。現在チェー・カーの監獄と地下壕は溢れている。全県で逮捕者数は数千と見なければならない。飢えと寒さのため彼らの間にあらゆる病気が広がっている。逮捕者の半分以上の運命は明らかである。もし同じコミッサールとチェー・カーが権力に留まるなら、彼らは銃殺されるであろう」

蜂起は、タムボフ県のコズロフ、ウスマニ、ボリソグレブスク、そのほかの郡でも同様であったと、覚書は証言している。この中でシャツク郡の鎮圧に関して、それは文字通り血の雨にしたと目撃者たちは語っている。

〔原註〕チェキストにとってこれは当然のことに思われた。少なくともカムィシン〔サラトフ県〕・チェー・カーの報告にそのような一節がある。「われわれは残忍であるとか容赦がないとか非難されるが、労農権力の崩壊を祈願する者を……どのように処理すべきか」

＊一八年六月の布告により「食糧独裁」を現地で支え、農村からの穀物供出を支援する組織として、もっぱら貧農から構成される貧農委員会が組織されることになった。だが、実際にはそれらの多くが農村外の都市労働者から構成され、農村における階級闘争の実施組織とされ、共同体農民との対立を招いただけで一九年になるとウクライナを除き解散された。

農民蜂起はそれが展開する中で容易に農村蜂起の枠を超えて、都市をも席巻した。ベルリンの新聞『ルーリ』にペトロパヴロフスク市〔イルクーツク県〕における農民蜂起の目撃者の一人の生々しい証言が掲載された。農民蜂起はここでは「白軍的」と呼ばれているが、これは真の民衆運動であった。その結末を拝借しよう。「「赤軍」の攻勢とともに「赤色テロル」がはじまった。裁判抜きで大量の逮捕と銃殺がはじまった。「……白軍的匪賊の襲撃が再度あるなら、市は「赤色」砲撃で徹底的に破壊されるであろう」との掲示が、食堂に貼り出された。

「白軍」の捕虜から戻った知り合いの医者の話から、農村での「赤色テロル」は都市より恐ろしいと結論づけることができた。すべての家は掠奪され、家畜は持ち去られ、いくつかの家族は皆殺しにされ、老人も女性も子供さえ生きていなかった。また別のいくつかの家では老人と幼子だけが残された。成人男女全員が「白軍」とともに消え失せた。道端や村で「見せしめ」のために見分けがつかないほど傷つけられた農民の死体が放置され、これらの死体を片づけたり埋葬したりすることは厳禁された。

今度は農民がコムニストを容赦なく懲らしめた。ペトロパヴロフスク人民会館で二月末、三月、四月、五月にも、毎週日曜ごとに五、六〇人が音楽とともに荘厳に埋葬されていたにもかかわらず、ひどく傷んだコムニストの死体が延々と横たわっているのを見ることができた。コムニストが市で権力を確立すると、市場の「肉屋街（もちろん、往年の）」に、彼らによって始末され、ひどく損壊した人質の死体が横たわっていた（同じく見せしめのため）。そこには元市長、助役、治安判事、そのほか市で有名な多数の活動家や商人の死体があった。政治部（チェー・カー）の中庭で何人かが銃殺され、それが誰かは不明であるが、一ヶ月以上毎日昼夜を問わずそこで銃声が鳴り響いた。このほか、逮捕者が軍刀で斬殺された多くのケースがあり、住人は断末魔の叫びだけを聞かされた。現地の寺院の主教も司祭とともに処刑された。彼らは「白軍」がペトロパヴロフスクに入城した際に鐘を鳴らして迎えたと告発されたが、コムニストはいつものように晩鐘をならす四時ちょうどに「白軍」が到着したことに注意を払わなかった。主教の死体は駅に向かう途中の広場に長いあいだ野ざらしにされた（見せしめのため）。

駅舎に「東シベリア軍参謀本部」が置かれ、数週間か数ヶ月の微罪で逮捕され、「白軍」の到着時まで勾留されていた全囚人を銃殺した責任はそれにある。

わたしは五月一〇日にペトロパヴロフスクを去った。市内はこれまで見たこともなかったほど大勢の赤軍兵士を除けば、まったく平穏であった。郡ではまだ蜂起は鎮圧されず、村からまだ大量の逮捕された農民が連れ出され、音楽とともに祝日ごとにひどく傷んだコムニストの死体がまだ埋葬されていた」

農民の激昂はすさまじく、モスクワ近くのモジャイスク郡で農民は捕らえたコムニストを鋸で挽いたほどであった。

一九年一月に出された『左翼エスエル通報』第一号により、一八年末に一連の諸県で大量の農民銃殺があったことを、われわれは確認する。例えば、トゥーラ県エピファニ郡で一五〇人、カルーガ県メドゥイニ郡で一七〇人、リャザニ県のプロンスク郡で三〇〇人、カシモフ郡で一五〇人、スパッスク郡で数百人、トヴェリ県で二〇〇人、スモレンスク県ヴェリジ郡で六〇〇人などが銃殺された。

一九年七月にクロンシタット周辺の村で「蜂起」が発生する。正確な証拠がある。ある村で一七〇人が、別の村で一三〇人が、あっさりと三人おきに銃殺された。

二〇年のトムスク県コルィヴァニ蜂起*の際には五〇〇〇人以上が銃殺された。ウファー県における同様な蜂起は、左翼エスエルの言葉によれば、「公式資料では、農民一万人、非公式資料では、二万五〇〇〇人以上が銃殺される」といった残虐さで鎮圧された。「ハリコフ県ヴァルキ郡で数百人の農民が銃殺されている」と、モスクワで非合法に発行された左翼エスエルの『労働の旗』特派員は述べている。ある村で彼は一四〇人の銃殺を数えた。二一年のベロルシアにおける反乱運動との闘争の記録がある。これももっぱら食糧税の徴収を原因として発生した内戦史の一コマである。抵抗は激しい報復を招く。

[ミンスク県]ボブルイスク郡リャスコヴィチェンスカヤ郷はほとんど全部が焼き討ちされた。逮捕者はヴォログダ県か飢餓地方に送られ、財産は没収され、パルチザンが出没する管区では何十人もの人質が取られる。郡でストーク何某の懲罰部隊が作戦行動を行い、彼は指を扉で挟んだりして容疑者を痛めつける。

*トムスク県ノヴォニコラエフスク郡で二〇年七月六日にコルィヴァニ市を占領した、「ボリシェヴィキなきソヴェト」をスローガンに掲げるこの蜂起は、その後二日間で同郡とトムスク郡にまで瞬くうちに拡大し、そこにあったコムニスト細胞はほとんど全滅した。現地ボリシェヴィキの報告によれば、市占領の際に一五〇人のコムニストが虐殺された。蜂起参加者は六〇〇〇人を数え、その結果、二五〇人が銃殺され、六〇〇人が逮捕され強制収容所に送られ、「クラークに二倍の割当徴発が課せられ、残りの住民は一週間で割当徴発を遂行した」とノヴォニコラエフスク郡執行委は報告した。

アントーノフを頭目としてタムボフ県外にも広く展開した蜂起の鎮圧に関わる文書をもう一つだけ引こう。文書は二一年六月一一日に「全ロシア・ソヴェト中央執行委全権特別委」により出された。

「一、名を明かすのを拒否する者を裁判なしに即決で銃殺する。

二、武器を隠匿する村落に、人質を捕らえ、武器を引き渡さない場合には彼らを銃殺することを宣告する。

三、匪賊（すなわち、決起した農民）を匿った家の家族は逮捕と県外への追放を受け、財産は没収され、この家族の最年長の働き手は裁判なしに即決で銃殺される。
四、匪賊の家族と財産を隠匿した家族は匪賊として取り調べを受け、この家族の最年長の働き手は裁判なしに即決で銃殺される。
五、匪賊の家族が逃亡した場合、その資産はソヴェト権力に忠実な農民の間で配分され、残された家屋は焼かれる。
六、本命令は厳格に容赦なしに施行される＊」

＊本文書は「個々の匪賊と彼らの隠匿者に対する抑圧的措置の実施の原則に関する全権特別委命令」として出された、悪名高い命令一七一号である。『アントーノフ運動資料』によれば、第二項で、「全権特別委または地区政治特別委の権限により」の文言が抜け、第二項と三項の間で、「三、隠匿された武器が摘発された場合に、家族の最年長の働き手は裁判なしに即決で銃殺される」との条項が省かれている。この命令が最終的にどこで決定されたのかは不明であるが、七月一八日づけで党中央委政治局会議はこの命令の破棄を決定し、共和国革命軍事評議会議長トロツキーを経由して、翌日現地にこの破棄決定が通達された。もちろんこの間に、この命令に基づき大勢のタムボフ農民が銃殺され、家を焼かれた。

タムボフと隣接諸県は実際に血の海となった。誇張なしに、左翼エスエルのガーンは革命裁判所法廷で次のように陳述することができた。「何百人もの農民が革命裁判所とチェー・カーの巡回法廷によって銃殺された。丸腰の何千人もが軍学校生と赤軍兵士の機関銃に倒れ、何万もが家族とともに北部諸県に追放され、資産は焼かれ掠奪された［原註］。左翼エスエルにある資料によって同様な光景を一連の諸県で描くことができる。サマラ、カザン、サラトフ県で」。至る所でこれらは証明される。二〇年に「サマラ県」ブズルクで反乱参加者四〇〇〇人が、［カザン県］チストポリで六〇〇人、［タムボフ県］エラチマで三〇〇人が銃殺され、そこで「三〇〇人は」あらかじめ自分の墓穴を掘らなければならなかった。これは中央だけ、より正確には、大ロシアだけに関わることであろうか。ウクライナでは。シベリアでは。……

服を脱がせ、墓を掘らせ、昔ながらの「撃て」の号令で頭上を銃撃する、芝居がかった偽の銃殺も大量に実行される。これについてC・C・マースロフが自著で書いている。「蜂起」を鎮圧する際のこの巧妙なやり方を特に強調する必要がある。共産主義の偉大な未来としばしば「白軍」の野獣的残忍さを語る権力が、ここではこのように振る舞っている。カザン郡アルスカヤ郷で三〇人の農民を整列させ、軍刀で頭を切り落としたと、『左翼エスエル通報』一号は証言している。……

鞭打ちは。それは至る所で行われていると、左翼エスエル機関紙は確言する。「小枝、鉄棒、杖、革鞭で打っている」……

「拳、銃床、拳銃で打ち据えている」

肉体的刑罰が記録されている諸県が延々と列挙される。

「労働者と農民」が権力を持つところでは肉体的刑罰は恥ずべき現象なので、ロシアで鞭打ち刑は行われていないと、公式にはいうことができる。だが、実際は違う。И・З・シチェーインベルグは自著で、ボリシェヴィキ権力の初期の横柄なソヴェト役人に関する多くの情報を集めた。特に重要なことは、これらの情報がボリシェヴィキ新聞自身から、『プラヴダ』と『イズヴェスチヤ』から引用されたことである。「ソヴェトの旗の下での横柄な役人《デルジモールダ》」というのが、ニコラエフスク（ヴォログダ県）・チェー・カーが住民から穀物「余剰」を取り立て、「クラーク」蜂起を鎮圧したことを報じる『プラヴダ』論文の見出しになった。「大勢の農民を凍てつく納屋に閉じこめ、丸裸にし、さく杖で殴りつけた」。ヴィテブスク県ヴォリスク郡で、農民は執行委決議により鞭打ちにあった。コストロマ県ウレニ村では、「痛みを感じなくするようにシャツを五枚以上着なければならなかった。だが鞭は針金で編まれていたので、鞭打ち刑の後ではシャツが身体に食い込み、湯で濡らして剥ぎ取らなければならないほどであったので、それでは少ないと思われた*」

〔原註〕現地県執行委は、例えば、宣伝ビラを破った罪で六〇〇〇から一万の住民がいる村々を焼くと、公式に宣言することを恥じなかった。

＊このような現象はその後も各地で見られ、例えば、二〇年四月にロシア共産党中央委はタムボフ県委に、農民を鞭打ち、凍てつく納屋に閉じこめ、密造酒の醸造を強要している事実を指摘し、その是正を促した。これらの事実は二一年二月に割当徴発が廃止される際に、中央執行委議長カリーニンによって公然と批難された。それでも二一年一二月のアルタイ県チェー・カーから、食糧税の不払い人への同様な処置が報告されたように、権力側の常套手段としてこのような措置は続いた。

ボリシェヴィキ中央委宛ての書簡でスピリドーノヴァ＊によって引用された私信をもう一つ加えよう。「郷のわれわれ住民三分の一を横にならばせ、ほかの三分の二が見守る中で、往復ビンタを食らわせ、こっそり抜け出そうとする者は鞭打ちとなった」（徴発部隊の活動に関する事案）。

コストロマ県ヴェトルガとヴァルナヴィンスク郡で村に到着した指揮官は、「農民がソヴェト権力に敬意を払うように、スホード［村会］の全員を跪かせた」

「ソヴェト権力を忘れさせないよう、やつらを殴れ」……

『プラヴダ』自身が認めているように、「コムニストという言葉が、あらゆるならず者、怠け者、食わせ者の異名である」とすれば、なんと驚くべきことか。「思慮のない畜生としてわれわれは嘲られている」……。農村でのテロル、徴発部隊のテロル、いわゆる「貧農委員会」、つまり、武装して独裁者となった無頼漢のテロルを理解するために、当時の日常的状況を実際に究明する必要がある。

＊（一八八四〜一九四一）。左翼エスエルの傑出した女性活動家。一七年一一月以後党中央委員。十月政変後は全ロシア・ソヴェト中央執行委幹部会員などに就くが、「食糧独裁」の導入後は共産党との対立姿勢を強め、一八年七月にモスクワで反ボリシェヴィキ蜂起を起こし、革命裁判所法廷により条件つき禁固一年の判決の後、恩赦を受ける。

マカリエフ［コストロマ県］では「以前は郷警察署長が百姓の所を訪れたが、いまではコムニストが走り回っている」といわれている。これも『プラヴダ』からの引用である。サラトフ県フヴァルィンスク郡のある村に食糧部隊が到着する。夜に農民を集めて、風呂を沸かし「一番綺麗な若い娘」を連れてくるよう命じる。……そこで食糧コミッサールは貧農委に命ずる。「穀物一万プード［約一六四トン］を運ぶのにおれは三日の期限を与えると、市民に宣告せよ。……それを執行しない者をおれが全員銃殺する。なぜならば、おれはすでにヴァルヴァリンカ村で一人の悪党を銃殺したのだから。そのような特に卑劣な郷に対し、履行しない場合に銃殺する権限が全権（何某）に与えられている」

銃殺と鞭打ち刑は社会主義への「過渡期」における真のシンボルである。「白軍」についても何か語るべきであろうか。血に飢えた狂気ではボリシェヴィキに勝る者は誰もいない。

シチェーインベルグが引用したのと同様なことを、われわれはタムボフ県シャツク郡で実際に文献記述に見るだろう。そこには民衆に崇められる聖母のイコンがある。村にスペイン風邪が流行った。現地チェー・カーにより司祭とイコンが奪われたことに対して、礼拝と十字架行列が催された。……農民はチェー・カーで行われたイコンへの愚弄を知った。それに「唾を吐きかけ、床にたたきつけた」。「聖母を救おうと一丸となって」立ち上がった。農婦が、老人が、子供が行進した。彼らに対しチェー・カーの機関銃が火を噴いた。「機関銃は彼らをなぎ倒すが、彼らは前進し、誰も死傷者に目もくれず、しゃにむに進み、恐ろしい眼をして子供の母親は前進し続け、叫び声が挙がる。「お母さん、味方の誰か、助けて、死んであなたの後に続くよ」……

総括するには、地方蜂起の際に銃殺、コントリビューツィア*、放火、財産没収に続く農民の大量追放についても語らなければならない。

*フランス革命に起源を持つ懲罰的課税。反革命的行為や義務の不履行など様々な理由により専断的に村や郷などに課せられ、貨幣でも現物、おもに穀物でも徴収された。

＊　＊　＊

われわれが農民蜂起の鎮圧について語るとき、われわれがペルミ［原註］やアストラハンでの労働者の銃殺について語るとき、ここではブルジョワジーに対する何か特別な「階級的テロル」についてまだ触れていないのは明らかである。実際に、テロルはそれが存在した最初から例外なしにあらゆる階級に、おそらくおもに階級外のインテリに及んだ。

［原註］ヂェニーキン将軍が持つ資料によれば、ヴォトキンスクとイジェフスク工場［正確には当時の行政区画ではこれらの工場はヴャトカ県にあった］における春（一八年）の蜂起の際に約八〇〇人の労働者が処刑された。

＊これらヴャトカ県最大の工業都市で、六月のソヴェト改選で無党派が多数を握ったためにボリシェヴィキはカザンから送り込んだ赤軍によってこのソヴェトを解散させ、軍事支配を行ったが、白軍によるカザン占領にともない労働者は八月八日に武器を持って立ち上がり、ボリシェヴィキを放逐し、その後反ボリシェヴィキ政権はコムウチ支持を宣言した。これは当時ソヴェト＝ロシア最大の労働者蜂起であった。

そうでなければならなかった。『ヴェー・チェー・カー通報』一号は、テロルの任務は「プロレタリアートの」敵対者（ソヴェト権力の敵対者と読め）のイデオローグと指導者の根絶である、と宣告した。チェー・カーと裁判所の判決はしばしば、「プロレタリア的出自に配慮して」、被告人に下された寛大な処置について触れた。だが実際これは勝手気ままなデマゴギーを取り繕うのに必要な偽装でしかなかった。もちろん、最初はこの偽装は意識の低い分子を欺いていたが、早晩このデマゴギーの実際の中味はすでに露見したように思える。

Ｂ・クラースノフが彼の回想録で描いた「同志トルーノフ」タイプの予審判事は、総じて稀な現象で、おそらくそのような反ブルジョワ宣伝が集中的に行われていた初期の頃だけにいたように、わたしには思える。スタヴロポリ県ベゾパスノエ村におけるこの予審判事の逮捕者との接見は、同じ紋切り型の文言で終わった。「署名しろ、裸にしろ」、「囚われ人から衣服を剥ぎ取り、出口に押しやり、そこで銃剣で突き刺し、家畜ペストの伝染の後にも「ペスト畜舎」と呼ばれていた窪地に死体を投げ込んだ」。トルーノフが活躍した拷問部屋は、実際にそれは大きな村であったが村監獄でしかなかったことに注意しよう＊。この予審判事のやり方が、実際に四の五もいわせぬ常套句であったかは定かではないにしても。この政治的謀略の言い回しに、後に『プラヴダ』で引用された、モスクワのレフォルト地区の労働者ミジーキンの宣言を絡ませなければならない。チェー・カーに大権を与えることと、司法的審理は不必要とするラーチスのテーゼがモスクワ・ソヴェトで審議されたときに、ミジーキンは次のように宣言した。「この問題はどこに帰着するか（出自、教育、職業など）。わたしは彼らの台所に行き鍋をのぞき込む。肉があるなら人民の敵だ！　銃殺だ！」。実際にこの「プロレタリア的」原則にしたがうなら、一八年には特権的共産党全部の銃殺を意味したであろう。「働かざる者、喰うべからず」……。そして肉はたぶん当時は「コムニスト」世帯とおそらくは投機を行う「ブルジョワジー」の鍋だけに入っていた。

＊トルーノフは自分の拷問部屋を村監獄（正確にはベゾパスノエ村に近いテルノフスコエ村）に提供し、隣接村から拘引された逮捕者を廊下に連れ出し、このような言葉を吐いた。ベゾパスノエ村、テルノフスコエ村を含むこの地域は、一九三五年に「内戦期の英雄」である彼にちなんでトルーノフ地区と改称された。

『チェー・カー週報』三号で、「この迫害が労働者階級に向けられたことは一度もなかった」と、断言するシクローフスキィを誰も信じないように、テロルは決して「堕落した労働者と農民」におよばなかったとするラーチスを誰も信じていない。オデッサで一九年七月に大量銃殺に反対する抗議がはじまったとき、現地チェー・カーは、反革命家が「労働者の銃殺という嘘の煽動的風聞を」広めていると明記された「命令」を出した。チェー・カー幹部会は、「一人の労働者も一人の農民も」銃殺しなかったと宣言したが、そこには「明白な匪賊とポグロム参加者を除く」との留保がつけられていた。「労働者同志」への志願者全員に銃殺された者に関する公式情報を受け取るためチェー・カーに出頭するよう命じられた。次に警告が出された。嘘の煽動的風聞を広めていることが発覚した人物に、「戒厳令下の現行の法令によって許される極刑が適用される」。この後で誰が「情報」を受け取りに出向いたであろう。……アストラハンの虐殺は、その異常な規模だけが例外であった。例えば、八時間労働日（！）、賃金の再検討、マジャール人に凶暴な仕打ちをした者の追放などを要求した罪で、二〇年九月にカザンで六〇人の労働者代表が銃殺された。メーデー祝典に参加しないようにとの提案を労働者に訴えた、一九年四月の左翼エスエルのアピールは、正しくも次のように述べていた。「コムニスト政府は十月革命以後自らの手で一〇〇〇人以上の勤労農民、兵士、労働者、水兵を銃殺した」。「ブルジョワジーには監獄、労働者と農民には同志的感化」と、ある公式施設に掲示されている。われわれがすでに触れた本当に身の毛がよだつサラトフ渓谷は、「ブルジョワジーにとっても、労働者と農民にとっても、インテリにとっても、社会主義者を含むあらゆる政党にとっても」一様に身の毛がよだった。サーエンコが活躍し、特に「ブルジョワジー」用に指定された収容所であったが、そこの囚人の一人が証言しているように、あらゆる階層、特に農民の代表で溢れ、ハリコフの強制収容所も同様であった。

「赤色テロル」の日々に、労働者と農民の血がどれだけ流されたかを、誰が量るだろうか。誰も、おそらく永遠にできない。一八年に関するカード分だけでも、わたしは銃殺の社会的構成を特定しようと試みた。……判断できた多くもない資料によれば、もちろん大きな条件つきではあるが、以下のような基本的な分類が得られた。ホワイトカラーが一二八六人、人質（専門職）が一〇二六、農民が九六二、庶民が四六八、不明が四五〇、犯罪的分子（だが匪賊行為にしばしば政治的性格の事案が含まれた）が四三八、汚職が一八七、下僕が一一八、兵士と水兵が二八、ブルジョワジーが二二、僧侶が一九人であった。

決して恣意的ではない詳細な分類は、ボリシェヴィキ指導者の主張を覆し、テロルのシステムの基盤に彼らが据えようとしている政治的礎石から最後の石を砕いている（テロルの倫理的正当性を社会的良心は決して見つけることはない）。カウツキーの言葉で語ろう。「これはもっぱら権力願望から行われる兄弟殺しである」。そのようなものは不可避に違いない。わたしが述べてきたようなことは、フランス革命期にもあった〔原註〕。この主張はわたしにとって疑問の余地はないとしても、それでも最大の疑問符はつく。将来われわれはもっと信憑性のある資料を得るであろうと、わたしは確信している。一つの補足的な描写がある。ニコラエフスク［サマラ県］・チェー・カー監獄の目撃者の一人は、ヂェニーキン特別委員会の供述書に次のように記している（一九年八月二一日）。「金で見逃して貰う機会のない労働者と農民の状態は特にひどかった。彼らはインテリの何倍も多く銃殺された」。この主張を数字で例証している文書が、同特別委の関係資料にある。この特別委に参加したニコラエフスク市自治体代表の報告で、記録された銃殺を総括しようと試みられた。特別委は銃殺された一一五人の数を確定することができたが、すべての墓を暴くことはできないので、この数字は明らかに少なすぎると、特別委は指摘する。死体が完全に腐敗した後で二つの墓は調査できなかった。川底も調査されなかった。同時にチェー・カーは必ずしも全部の銃殺のケースを公表したわけでもなかった。脱走兵の銃殺の情報もなかった。特別委は七三件だけで、犠牲者の社会的構成の情報を特定することができた。特別委は受け取った資料を以下のような三グループに分類した。一、もっとも迫害されたグループ（商人、家主、軍人、僧侶、警官）が二五人、そのうち将校が一七人。二、ホワイトカラー勤労者（技師、医者、学生）が一五人。三、労働者と農民グループが三三人。

もしわたしの一八年の分類を適用するなら、いわゆる「ブルジョワ」グループはもっと少ない割合になる。テロルの後半の段階ではこれらの事実がより頻繁に現れた。監獄は労働者、農民、ホワイトカラーで溢れていた。彼らによって銃殺された者の数も補充された。

最後の年には特別な見出しを掲げることができる。「社会主義者に対する赤色テロル」。

［原註］フランスでギロチンにより処刑された者二七五五人のうち、ルイ・ブラン*が社会的地位を確定することができた六五〇人だけ、すなわち、二〇％以下だけが富裕階級に属していた。後にテーヌ**も同じことを主張した。彼の計算によれば、職業が特定された、処刑された者一万二〇〇〇人のうち、七五四五人が小ブルジョワジーと労働者の非資産階級であった。そのように世代と個人的政治信条が異なる歴史家が同じ結論に至っている。

＊（一八一一～八二）。フランスの社会主義者、歴史家。七月王政を打ち倒した一八四八年二月革命の指導者の一人。二月革命臨時政府メンバーとして国立作業上の開設などに努めるが、六月蜂起の失敗の後亡命。一二巻の『フランス革命史』を著す。

＊＊（一八二八～九三）。フランスの批評家、哲学者。パリ美術学校教授を勤め、美術史、芸術哲学、また未完の『近代フランスの起源』を著す。彼の思想は感覚主義に裏づけられた運命論的内容を持っていた。

デマゴギーを目的にする場合にだけ、赤色テロルは白色テロルへの報い、「労農政府に対し死刑を企てる階級敵の」撲滅であると宣言できる。おそらく、赤軍に訴えるこのアピールによって初期の内戦がこのように残虐に、本当に野蛮になってしまった。おそらく、嘘で塗り固められたこのデマゴギーがいくらかの分子を堕落させた。権力は住民に敵を粉砕し彼らを密告するよう訴えた。事実、このようなスパイ行為の訴えは、同時にしかるべき恫喝をともなっていた。ドネツ炭坑軍事革命裁判所議長ピャタコーフ*の命令書は告げた。「あらゆる犯罪の隠蔽は、革命に対する犯罪として審理され、軍事革命時の法令の完全な厳格さで処罰される」。通報は市民の義務であり、美徳と謳われる。「いまやわれわれ全員がチェー・カーのスパイにならなければならない」と、ブハーリンは提唱した。「街頭で、家屋で、公共の場所で、鉄道で、ソヴェト施設で、常にあらゆる所で、反革命家を監視し、捕らえ、チェー・カーの手に引き渡す必要がある」と、「左翼」コムニストのミャスニコーフは書いたが、彼はミハーイル・アレクサンドロヴィッチ大公の暗殺者で、その後彼自身がレーニンに反対するパンフレットを書いて不興をかった。「もし、われわれ個々人がチェー・カーのスパイになり、それぞれの勤労者が革命に反革命を密告するなら、われわれは反革命の手足を縛り、われわれは自己を強化し、自分の活動を保証するようになるであろう」。良識ある市民はそのように振る舞わなければならず、これがその「神聖な義務」である。要するに、共産党全部が政治警察にならねばならず、全ロシアが独自の自由な思想の片鱗も持てないような全体化されたチェー・カーにならなければならないということなのだ。そのようにして、モスクワのアレクサンドロフ鉄道チェー・カー支部は、例えば、すべての集会について出席する代表がどこから送り込まれるのかを、あらかじめチェー・カー支部に通知する義務があり、集会終了後議事録を直ちにチェー・カーに提出しなければならないと、すべての労働者に宣告した。

＊　＊　＊

＊（一八八八～一九一八）。キエフでボリシェヴィキの軍事蜂起を組織する。中央ラーダ（ロシアでいうソヴ

エト）によるウクライナ占領後はそこでの地下活動に専念。ウクライナの民族主義的反革命組織により暗殺された。

これらのアピールは密告者に呼びかけただけではなかった。それらはもっとも恐ろしい横暴を承認した。キエフ革命裁判所は、労働者、赤軍兵士などに「偉大な」使命を執行し、革命裁判所調査部に通報するよう呼びかけるとともに（もしあなたが……都市や農村に指呼の距離にいても一〇ヴェルスタにいても、電報を打つか個人的に通報すること。……即座に裁判所予審判事が現地に到着する）、このキエフで一九年七月一九日に国防県委員会は住民に「ソヴェト権力に対して直接行動を取る全員を逮捕し、金持ちから人質を取り、反革命的直接行動があった場合には彼らを銃殺する。武器の隠匿に対して村落はその引渡しまで軍事的封鎖を受け、武器引渡しの期限後は随時一斉家宅捜索を行い、武器が摘発された者を銃殺し、コントリビューツィアを課し、蜂起の首魁と首謀者を追放し、貧農のために彼らの財産を没収する」のを許可した。

しばしば地方ソヴェト新聞で以下のタイプの声明に出会うことができた。「コストロマ県チェー・カーは、ロシア共和国の各市民は……悪質な兵役拒否の罪で告発されたスモロヂーノフ氏を……摘発した後……現場で射殺する義務があることを宣言する」。「戦闘で屍をこえて勝利に邁進するきみを邪魔するなら、コムニストとしてきみは、煽動者と破壊工作者を好きなときに殺す権利を持つ」と、ヴラヂカフカースの「同志イリイーン」は書いた。

一八年に南部の革命委の一つは、「反革命家の殺生」権の委任状さえ発行した。アストラハンで一八年六月にある労働組合と赤衛軍兵士は、労働者と赤衛軍兵士が銃撃された場合にブルジョワジーの人質は「二四分で」銃殺されると宣言した。

6　チェー・カーの横暴

野獣は簡単に殺されるが、それらを苦しめ悩ますことはない。

Я・П・ポローンスキィ*

外に向かって横暴のための広い地平を開きながらも、「赤色テロル」の創案者たちはチェー・カー内部でも限りない横暴さを発揮した。

もし、われわれが銃殺された者の名簿が公表されるときにたまに添付される公式の言及に目を通すだけでも、人間の生命に対する同じ人間の横暴という決して忘れることのない光景が目の前に広がるであろう。公式に人間を殺害し、ときには何の罪で、おそらく、誰かも知らずに。「銃殺したが、父称も姓名も不詳」……

一八年六月八日の『新生活』紙でのインタビューでヂェルジーンスキィとザークス**はチェー・カーの活動のやり方を次のように特徴づけた。

「秘密裡の殺人としてわれわれは根拠もなく非難されている。チェー・カーは、経験豊かな革命家、党中央委代表、全ロシア・ソヴェト中央執行委代表の一八人から構成されている。

処刑はチェー・カー全員の満場一致の決議のよってのみ可能となる。一人が銃殺に異を唱えるだけで充分で、被告の生命が救われる。

われわれの力は、われわれが犯罪行為で摘発された同志とはまったく赤の他人で、彼らを厳しく処分できることにある。それ故、われわれの評判に疑惑がかけられるはずがない。

われわれは速やかに裁く。大多数のケースで、犯人の逮捕から裁量までに一昼夜か数日を要するが、だが、これは判決に根拠がないことを意味しない。もちろん、われわれは過ちも犯すが、今日まで過ちはなかった。このことをわれわれの調書が証明している。ほとんどの場合で、証拠によって追いつめられた犯人は犯行を自供するが、犯人の自白より動機理由が大きな比重を持っている」

尋問の際に認められる暴行の噂についてインタビューした『新生活』紙記者に、ザークスは断言した。

「尋問の際に行われるといわれている暴行についての噂と報道は、すべて真っ赤な嘘である。われわれ自身がチェー・カーの活動に熱心でない仲間と闘っている」

このインタビューは徹頭徹尾虚偽であり、二人の当時の指導者が言及した所要時間についても嘘である。

＊（一八一九〜一八九八）。リャザニ生まれのロシアの詩人、散文家。モスクワ大学法学部卒業後の一八四〇年代から詩作を発表。外国文献検閲や、出版統制などにも関わる。

＊＊（一八八二〜一九三七）。元左翼エスエル活動家。初期のソヴェト中央執行委メンバー。一八年五〜六月はヴェー・チェー・カー議長代理。一八年七月に反ボリシェヴィキを掲げた左翼エスエル蜂起を鎮圧。同年一一月にロシア共産党に入党。その後チェー・カーの要職を勤めるが、三七年一一月に内部人民委員部により逮捕され銃殺される。

処刑の厚顔無恥

チェー・カーの一八人のメンバーが死刑の問題を決定するとは！　そうではない。二、三人が、ときには一人が決定する。

死刑判決は実際には人民裁判に持ち込む権利を持った。これに関して二つの所轄官庁の間で一九年にある種の衝突が起こった。六月二〇日の『キエフ・イズヴェスチャ』（七〇号）に以下の記事が公表された。

「郡からの照会にキエフ県司法部は、人民裁判は死刑判決を下すことは決してできないと、明言する。通常の刑罰措置としての死刑はどの布告にも規定されず、社会主義的法意識に反する。この過渡期に死刑は、もっぱら階級闘争の武器として、革命裁判所と行政組織によって適用される」

数日後にわれわれはほとんど正反対のことを読むことができた。

「人民裁判により死刑を適用することができるかとの地方からの照会に鑑み、最高司法管理局は次のことを明言する。あらゆる手段でソヴェト権力を粉砕しようとする反革命の試みが大量に存在する現在、死刑判決を適用する権利は人民裁判にも保持される」

「われわれは速やかに裁く」……。おそらく、そのようなことが大量銃殺の日々に起こったであろう。おそらく、これは判決を下す迅速さについてであろう。これはチェー・カーの所業の際だった特徴であるが、……別のケースもしばしばある。尋問なしに何ヶ月も過ぎ、審理は何年も長引き、結審する、……やっぱり銃殺だ。

「秘密裡の殺人としてわれわれは非難されている」……。実際すでに述べたように、銃殺の大多数は公表されていない。ソヴェト＝ロシアでテロルが絶頂期を迎えた一八年九月五日に人民委員会議によって、「銃殺された者全員の氏名とこの措置が適用された根拠を公表する」必要があるとの決議が出されたにもかかわらず、である。『チェー・カー週報』特別号に、すなわち、チェー・カー活動の指導と統一をその任務とする同機関誌に公表されたのがこの命令の見本となる。われわれはここに教訓的実例を見いだす。

同『週報』六号（一〇月二六日）に一ヶ月半経て、エスエル、カープランのレーニン暗殺未遂に連座して銃殺された者の名簿が公表された。公表された名前は九〇人にすぎなかったが、実際には数百人が銃殺された。この九〇人のうち、六七人が名前と父称なしの名字で、二人は名前の頭文字で、一八人は、例えば、コトマーゾフ元学生、ムラートフ協同組合施設職員、ラズモーフスキィ元大佐などのように簡単な肩書きをつけて公表された。一〇人だけに銃殺の理由が挙げられた。「明白な反革命家」、「白衛軍兵士」、「元内務相、反革命家、フヴォーストフ」、「長司祭、ヴォストルゴーフ」。読み手自身が、元内務相が「マクラーコフ」という名で銃殺されたと、感知しなければならなかった。* このことを感知するのは難しくないが、ジチコーフスキィ、イヴァーノフ、ゼリーンスキィがどこの誰かを誰が知ろう、おそらく、永遠に分からないであろう。

＊一八年八月末に発生したエスエルによるペトログラードでのウリーツキィの暗殺とモスクワでのレーニン暗殺未遂事件に関連し、九月五日に人民委員会議は、いわゆる「赤色テロル」布告を出し、大規模な血の弾圧が開始されたといわれる。その最初の犠牲者グループが上記の名簿であり、その中にここでは触れられていないが、著名な聖職者を含んだ。フヴォーストフはいくつかの県知事を歴任した後、一五年九月から一六年三月まで内相、マクラーコフは反動的政治家として際だち、一二年一二月に彼は当時の首相の反対を押し切ってツァーリ勅令により内相に任命された。両名とも二月革命後に下獄していた。

もし、そのように中央権力の命令が中央組織により執行されたとするなら、テロルがしばしば特に残虐な性格を帯びた周辺地方で、どのようなことが行われたかを想像するのは難しくない。ここでの銃殺に関する情報は（それがあったところでは）さらに曖昧であった。例えば、「反革命的「臨時政府擁護」結社事件の罪で逮捕された三九人の著名な地主（？）が銃殺された」（スモレンスク州チェー・カー）。「専制の公僕六人が銃殺された」（パヴロフスキィポサド［モスクワ県］・チェー・カー）。数名の名前が公表された後に追加が行われる。さらに「若干名」（オデッサ）。

著名なチェキスト、モローズその人がこの公式機関誌（六号）で「カオス的な無秩序状態」は終了したと宣告した後にも、そのようなことは続いた。

殺害は言葉の完全な意味において個性抹消《アノニムノ》で行われた。判決を下す「参与会」は死刑の運命を下された人物をまったく見ることなく、彼の弁明を聴くこともない。われわれはまたわずかの例外を除き殺人者の名前も知らない［原註］。なぜなら、チェー・カーでの裁判の構成員は公表されないのだから。名前を公表しない銃殺はチェー・カーでは専門用語、「一括して銃殺する」と呼ばれる。「秘密裁判所の命令により」銃殺された数と皇帝ニコライ二世家族の運命についての質問に［外務人民委員］チチェーリンが、『シカゴ・トリビューン』特派員に出した回答ほど倫理的に厚顔無恥なものはない。外務人民委員は次のように回答した。「秘密裁判所はロシアには存在しない。チェー・カー命令による処刑者について、その数は公表された」。そしてチチェーリンはつけ加えた。「皇女の運命についてわたしは知らない。わたしは、彼女らがアメリカにいるらしいと新聞で読んだ（?!）」……（!!）

〔原註〕ボリシェヴィキ活動家は大部分の場合に一般に名前を秘匿した。モスクワの著名な予審判事アグラーノフは実際にはアグラーノフではなく、オルガノーヴィッチ何某のような名前である。名をはせたオデッサのチェキスト、カリーンチェンコは実際にはグルジア人のサジャーヤであり、オデッサ県チェー・カー書記セルゲーエフは公式に公表された通達には「ヴェニアミン」、すなわち、革命期の偽名を署名した。

「被告人の自白」……。わたしは個人的に何度も拳銃を突きつけて威嚇や脅しをかけた自供の事実を観察した。そのような申し立てがチェー・カーの壁で倒れた人たちからどれだけあることか。

暴力についての噂は「完全に嘘である」……虐待と拷問、正真正銘の拷問が、どこかの周辺地方だけでなく、チェー・カーで横行していることを速やかに認める必要があることを、われわれは知っている。

そうなのだ。人間の生命はソヴェト＝ロシアでは軽んじられている。クングール［ペルミ県］・チェー・カーへのモスクワ全権ゴーリディンはこのことについてはっきりと触れた。「銃殺のためにわれわれには証拠も尋問も容疑も必要ない。われわれは必要と見て、その全員を銃殺する」。そして、本当に全員なのだ。チェー・カーの活動原理をこれ以上特徴づけることができるだろうか。

銃殺が公式または半公式にソヴェト新聞に公表されているとしても、われわれはそのいくつかの理由づけを見逃している。われわれは非常に例示的なものを見て取ることができる。これらの公式な罪状認定のうち、正確な罪名は次のようなものである。「軽微な捕らえがたい反革命家」、「夫の事件の審理に（妻が）現れた」、「様々な将軍の息子と娘」（ペトログラード）。

為政者の厚顔無恥にあきれただけで、ときには罪に問われる。「軍事コミッサールへの殴打の罪で農民ゴロホーフ、その他」、「ソヴェトに反対する店内における情宣の罪で商人ローゴフ」。あるいは単に、「赤色テロルの手続きで銃殺された」。わずかながらも、以下がそのような罪状認定である。「明白な白衛軍兵士」二〇人（オリョール）、「医者、白衛軍派、ズヴェーレフ」（ヴォログダ）、「クラーク」一六人（セベジ［ヴィテブスク県」)、「元カデット党員」(モスクワ)、「反革命的信条」など。これらの実例を、わたしが持つ公式ソヴェト新聞の切り抜きによって何倍にもすることができる。『ヴェー・チェー・カー週報』一揃え(六号分)を眺めるだけで充分である。だがここに、他人事とは思えないモスクワのヴェー・チェー・カーで銃殺された者の一枚の文書があり、その中に知的ロシアで著名な名前が列挙されている。Н・Н・シチェプキン、А・Д・アルフェーロフ、А・С・アルフェーロフ、А・А・ヴォルコーフ、А・И・アストローフ、В・И・アストローフ、Н・А・オゴロドニコーフ、К・К・チェルノスヴィートフ、П・В・ゲラシーモフ(グレコーフの名で銃殺)、С・А・クニャジコーフ、その他。一九年九月二三日のモスクワ新聞に掲載された通告で彼ら六六人が列挙された。われわれの社会的良心はА・ИとВ・И・アストローフの処刑も受け入れることができない。彼らは公式の出版物で「ヂェニーキンのスパイ」と名指しされ、後に次のようにつけ加えられた。「アストローフたちの捜索の際に以下が摘発された。ソヴェト権力転覆後の司法、運輸、食糧の再編と義勇軍への覚書(?!)の草案」

Н・И・ラザレーフスキィとウフトームスキィ公爵、その他に対し、後のタガンツェーフ事件で引き合いに出された根拠による銃殺も、倫理的に社会的良心は受け入れられない。これらの人々はどんな理由で銃殺されたのか。公式出版物で(九月一日)Н・И・ラザレーフスキィについて次のように言及された。「確信的な民主主義体制の支持者は」、「ソヴェト権力の転覆時までに、a.ロシアにおける地方自治の形態、b.様々な(ロシア)紙幣の運命、c.ロシアにおけるクレジットの復興のような一連の問題の草案を準備した」。С・А・ウフトームスキィの人物像については、「美術館(?!)業務に関する情報を外国に伝達するための組織を設立し、白色新聞に掲載するためこれに関する報告書を送った」。同時に詩人のグミリョーフも銃殺された*。

*二一年八月三日夜にペトログラード県チェー・カーによりグミリョーフらが逮捕され、九月一日の『ペトログラード・プラヴダ』に、ソヴェト権力への陰謀が明るみに出され、その積極的参加者が銃殺されたと報道された。銃殺された数は名簿によれば六一人におよび、その中にタガンツェーフ教授と二六歳の彼の妻、ラザレーフスキィ教授、彫刻家ウフトームスキィらの多くのインテリが含まれた。今日までこれら被告人の判決時と執行時などは依然不明のままである。

H・H・シチェプキン事件が公示された際、「カデットで女性教師のヤクボーフスカヤ・マリーヤ・アレクサーンドロヴナはコルチャークのスパイであった」と指摘された。彼女の実際の罪は、彼女が私室でチェー・カーによる待ち伏せにあったことでしかなかった。『キエフ・イズヴェスチャ』は、ボリシェヴィキがキエフから放逐されるほとんど直前の一九年八月二九日に、「ヂェニーキンとペトリューラにより占領された地域における労働者とコムニストの大量銃殺への」返礼に、「赤色テロルの手続きで」銃殺された一二七人の名簿を公表した。名前だけが公表され、「シニューク、イヴァーン・パンテレイモーノヴィッチ」、「スミルノーフ、ヴラヂーミル・ヴァシーリエヴィッチ」、「セレブリャーコフ、アレクサンドル・アンドレーヴィッチ」など全員が、「労働者と貧農の不倶戴天の敵」であると信じなければならなかった。

南部ロシアのソヴェト新聞から拝借した外国新聞からのいくつかの実例を引こう。それらの記述内容は中央のものとよく似ている。オデッサを例に挙げよう。オデッサ商船会社工場警備員である元治安判事ニキフォーロフは、「動員を忌避し、ソヴェト＝ロシアのために働くのを拒否し、スパイ行為と意識の低いプロレタリアートの中で情宣するため工場に出向いた」罪で銃殺された。ヴァルナ［黒海沿岸］から将校の息子からの手紙を受け取った老女シギズムーンドヴァは「連合国スパイとその手先であるヴラーンゲリとの連絡」の罪で銃殺された。オデッサで一九年にバラーノフ将軍は、チェー・カーの正面広場に立つエカチェリーナ二世記念碑を写真に撮った罪で、「赤色テロル」の手続きにより銃殺された。

われわれはすでに、裁判所がアル中やわずかな窃盗の微罪で銃殺にしたのを見てきた。実際、家宅捜索の際に将校用ボタンが見つかった罪で、「息子の遺骸を犯罪的に受け取った罪で」、銃殺された。銃殺された者の中に、モスクワのマルクスとエンゲルスの像を公衆の面前で大胆にも案山子と酷評したミウスカヤ広場の肉屋を見ることができる。……クロンシタットの医者たちは、「労働者の間に人望がある罪で」銃殺された。イヴァノヴォ＝ヴォズネセンスクのコムニストはスウェーデン製自動車を引き渡さないため（または単に未登録の罪で）公式に銃殺の脅しをかけ、ヴラヂカフカース守備隊司令ミチャーエフは酒精を販売した全員を「この世から抹殺する」と確約したのには、呆れはてる。公式の命令書でバクー逓信コミッサールは、電信にタイミングよく返信しなかったりぞんざいに返信したりする電信技師を、二四時間以内の銃殺にすると脅した。

チェー・カーで銃殺に関する決議は議事録に記録される。だが、ヂェルジーンスキィは、例えば一九年に「ウクライナの」首都キエフで取られたような議事録はもういらないと思っているのだろうか。われわれは『余所で』四号で、キエフ県チェー・カーと全ウクライナ・チェー・カーのこれらの本当に忌まわしい議事録の見本を公表した。そこにウクライナにおける赤色テロルの真の創案者にして実行者であるラーチスが君臨している。ヂェニーキン特別委アーカイヴに保存されている、これらの本物の署名とスタンプがついた議事録は、状況を活写している。ある会議で県チェー・カーは五〇の事案を銃殺にしようと画策した。死刑判決はなんと容易に下されるか！　一九年五月一九日にチェー・カーは通常の経済的事案を除き、四〇件の個人的事案を審議し、二五件に死刑判決を下した。議事録によれば判決は完全な根拠があるが、罪状はどこにも記載されなかった。ピョートル・ゲオルギーエヴィッチ・ルダーコフ、イヴァーン・アレクセーヴィッチ・ヴァーシン、ヴィケーンチイ・ロマーノヴィッチ・ルィジコーフスキィらに、「極刑を適用し現金を没収する」。われわれはそこで全ウクライナ・チェー・カーがどこまで厚顔無恥になったかを指摘し、見本として、ラーチスの署名はあるが日付がない、その議事録を引用した。その中で哀れなエヴゲニイ・トコヴロードフに、反革命的行為の罪で判決から二四時間以内の執行で、銃殺判決が下された。……ハリコフ・チェー・カーにおける銃殺に関わる文書は、実際におぞましいほど安直に導かれたことも、われわれは指摘した。ここではチェキストのポルトゥーゲイスとフェリドマーンは一九年にまったく尋問調書なしで銃殺を行った。いとも安直に簡潔にきわめて冷徹にペンで書きつけた。「矯正不能の犯罪者としてバエーヴァを銃殺にする」［原註］。

［原註］ちなみにこれは一七歳のバエーヴァのこと。彼女が矯正不能であるというのは三度の窃盗のことであった。バエーヴァは実際にステクローフを「ユダ公」と呼んだ罪で銃殺されたのだと証人は断言している。

ブルジョワ的偏見として古いモラルをさげすむチェキストの言葉で書かれたものは、オデッサでは「審理に司法的形式を整えて」、「銃殺の流儀で」終わるといわれた範疇に入るのは明らかである。そのような指示は常にチェー・カー書記から発せられたと、ヂェニーキン特別委で尋問された元ノヴォロシスク大学生のオデッサ・チェー・カー予審判事シーガルは証言する。あるいは、一五人を「壁に立たせる」ように審理せよと指示された。

人間の生命を杜撰に扱うために、同姓者が銃殺された。ときには誤って、ときには過ちを糊塗するために。例えば、オデッサで三人の医者、ヴォルコーフ、ヴラーソフ、ヴォロビヨーフが銃殺されたのはよく知られている。オデッサでオーゼロフ何某が銃殺された。予審判事はその間違いに気づき、実際に銃殺すべきであったオーゼロフも銃殺した。そのようなケースがアヴェルブーフによって『オデッサ・チェー・カー』に記録された。

正確な住所を告げず、アローン・フーシド何某の反革命的行動について密告があった。同日住所案内所の情報にしたがい、予審判事シーガルの命令によってフーシドという名の一一人が逮捕された。二週間におよぶ取調と様々な拷問の末、告発されたのは一人の人物であったが、フーシドという同じ名前の二人が処刑された。というのは、本物の反革命家が誰であるかを取調で正確に特定できなかったので。そのように、二人目は念のためいい加減に処刑されたとは。……

真実を意図的に歪めたことについて、完全に信頼すべき証人は、オデッサで検事補H・C・バラーノフは同姓の将校とともに銃殺されたと断言する。この証人は「ヴィヴォードツェフ・アレクセイ」に銃殺が求刑されたとき判事室に臨席していた。判事室には別のK・M・ヴィヴォードツェフがいて、「名前は重要ではない、このヴィヴォードツェフが必要なのだ」と回答があった。ヂェニーキン特別委のインテリ証人の一人の農学者は、このオデッサでヤヴキノ村出身の農民ヤーコヴ・フローモイがどのようにして銃殺されたかを語っている。彼は同じ村の農民、跛のヤーコヴと間違えられたのだ。

どれだけの人々がそのような状況に置かれたのか。おそらく、最後の最後に助かったのはほんの偶然にすぎなかった。少なからぬほぼ同様な事実を、わたしはモスクワ捜査当局の活動から個人的に知っている。それぞれの個人的観察はその多くが当面は公にされていないが、それらは回想録として出版の準備にある。『白書』や論集『チェー・カー』にもそのような事実が掲載されている。

キエフでの同姓者の銃殺についてはニロストンスキーも語っている。

どれだけのケースで誤って銃殺されたことか！　チェキストの言い回しには「誤認逮捕者」という特別な分類がある。一八年にモスクワである将校組織『レヴシノ住人』が開設された。その後でレヴシノ横町に住む全将校が逮捕された。彼らはロッカート事件の逮捕者とともにブトゥイルキ監獄に収監された。地方ではさらにひどかった。公文書からの抜き書きがある。「ブロンニツィ市（モスクワ近郊）でコミッサールによって、人相が気にくわなかった全員が直接に銃殺された。ソヴェト執行委は実際に会議を開かず、そのメンバーの一人は「われわれは決議しても、何にもできない」と言い放った。逮捕者の護送に二人を選抜し、逮捕者にシャベルを与え、ブロンニツィ馬場の門に連れて行き、自分の墓穴を掘らせて、その後で銃殺し埋めた」

ラーチス自身が論文で、住人に圧力をかける目的で、「しかるべき効果を引き起こし」、「破壊工作を行い、陰謀を企てようとするあらゆる性癖を粉砕する」ため、銃殺は入念に適用されたと証言しているなら、このことに改めて驚くこともない。ヤロスラヴリでは前もって人質を銃殺する。なぜなら、「クラーク蜂起」が準備されているので。

それでも家族からの人質が銃殺されたのは、もっとも受け入れがたいことである。エリザヴェトグラードで「ボリシェヴィキは、市内（エカチェリンブルグ）でのあらゆる反革命運動を予防するため、住民にテロルを加えるような手段が必要であると確信していた」と、一九年二月一一日にエリストーンはカーゾンに書き送っている。

（二〇年五月に）三歳から五歳の四人の娘と六九歳の老母の家族は息子が将校であるとの罪で銃殺されたとの報道には倫理的に耐えられない。

なぜ「反革命家」は時機を逸して銃殺されたのか。これも分からない。ツァーリ時代の大臣は一八年秋に銃殺された。かつてブールィンギンはツァーリの内務相であった。彼は一八年まで生き延びたが、なぜかチェー・カーは彼を一九年九月五日に裁判にかけた。そこでは〇五年の反動政策の罪で裁かれた。「ブールィンギン伯を銃殺にする、ブールィンギン伯が有する財産を没収し、国営工場の労働者に引き渡すため執行委の管轄に移管する」と、決議された。ヂェルジーンスキィはそのような議事録をインタビューの中で根拠があると見なしたのか。

虐待と拷問

もし、すでに述べたことをご記憶なら、チェー・カーの拷問部屋でこの言葉の完全な意味で拷問が実行された可能性があるだけでなく、されたにちがいないということに疑問が生ずるであろうか。ロシアにおける政治的虐殺と暴力と拷問の行使という乱痴気騒ぎに抗議した、パリ在住の元憲法制定会議執行委のヨーロッパ輿論へのアピールに（二一年一〇月二七日）、何か誇張があったろうか。精神的拷問と肉体的拷問に境界線を引くのはときには難しい。というのは、しばしばそれらが混ざり合っているので。本質的にボリシェヴィキ監獄での勾留状況それ自体が、一種の長きにわたる拷問である。

われわれが旧いロシアの監獄、例えば、世間でシュリッセリブルグ監獄がそう呼ばれたような「ロシアのバスチーユ」について知っていることは、重要な政治犯の収監地であるということだけだが、それもいくつかの収監地でコムニスト権力によって設定された監獄制度の前では色あせてしまう。ときには何ヶ月間も尋問も罪状認否もなしに、いつも銃殺に怯え、それは最後の最後に実行されるのだが、そのような監獄への収監はほとんど肉体的拷問ではなかろうか。そのような条件下の人質制度をП・А・クロポトキンは拷問の復活と呼んだ。だが一般に監獄の囚人全部が実質的にこのような人質であり続けている。

わたしがブトゥイルキ監獄に収監されていたとき、わたしはそこでモスクワの医師ムドローフに会った。わたしは彼が何を犯したか知らない。だが明白な実際の罪状を彼に告げなかったのは明らかである。彼はチェー・カー監獄から一般監獄に移され、そこですでに数ヶ月を送っていた。彼は監獄にも住み慣れ、監獄に必要な医療関係者が不在のときは、予審判事の許可を得て監獄管理部はムドローフに監獄医の職務を遂行させていた。監獄でチフスが伝染したとき、ムドローフ医師は医者として献身的に働いた。徐々に彼を尋問に呼び出さなくなった。事件は抹消されるであろうと考え、どう見ても彼に危険は去ったのは明らかであった。あるとき、ムドローフが医療義務をはたしている最中に、彼はチェー・カーの尋問に呼び出された。彼はそこから戻らず、われわれは数日経って彼が銃殺されたことを知った。そのような馬鹿げた蛮行のための口実はなかったように思われた。なぜムドローフ医師が銃殺されたのか、誰も知らなかった。彼に関する公式発表として一〇月一七日の『イズヴェスチャ』で、彼は「元カデット党員」とだけ報じられた。

わたしはもっと大きな衝撃を受けた別の出会いを覚えている。これは二二年夏のことであった。わたしはエスエル裁判の証人として勾留されていた。あるときわたしは監房から裁判所に呼び出された。わたしは初老のくたびれはてた人とともに連れ出された。途中で彼と二言三言言葉を交わすことができた。一八年にヤロスラヴリでサーヴィンコフによって組織された反ボリシェヴィキ蜂起の参加者で、ペルフーロフ大佐であることが分かった。ペルフーロフはヴェー・チェー・カー特別部の監獄に、ほとんど飢餓状態で、書物も、情報も、散歩もなしに、それらはこの拘置所では禁じられていたが、収監されていた。彼を忘れていたのか、念のために検束していたのかは知らない。彼は裁判所に証人として連れて行かれた、が……裁判所で彼は被告となった。彼はヤロスラヴリに送還され、そこで一ヶ月後にわたしが公式新聞報道で知ったところでは、銃殺された。この将校はこの恐ろしい特別部監獄に一年半も収監され、おそらく、夜ごと銃殺を予想していたであろう。

わたしは目の当たりにした二つの実例だけを取り上げた。そのようなものは何百とある。もしこれが、中央においてボリシェヴィキの権力支配の初期に見られた無秩序状態が、はっきりとした秩序に変わりつつあったときに行われたとするなら、どこか人里離れた周辺地域では何が行われたことであろう。そこでは横暴が恐ろしい形ではびこった。何年も銃殺を待ちながら生きるのは、もうこれは肉体的拷問である。脅して証言を得るためにチェー・カー予審判事によって、頻繁に至る所で適用された偽の銃殺も同様な拷問である。ブトゥイルキ監獄にわたしが下獄している間に、そのような多くの話を記録した。これらの体験談を信じない根拠がわたしにはないというのが、これらへの率直な印象であった。そのような拷問を、例えば、二〇年秋にモスクワの最高革命裁判所で審理されたペテルブルグ協同組合活動家事件の被疑者が受けた。捜査はペテルブルグで行われた。被疑者の一人は何回か夜中に銃殺に引き出され、寒気の中で長い間裸になり他の人が本当に銃殺されるのに臨席するよう強要され、彼がこの悪夢のような壁の前で数日後に起こることを予行演習できるようにして、その後で彼は監房に連れ戻された。人々は自制心を失い、そのような体験を味わわないようにするためだけに、すべてのことを、ありもしないことさえ、自供しがちであった。ロッカート事件で銃殺判決を受けたアメリカ人コルマチヤーノはブトゥイルキ監獄でわたしに、B・A・ミャーコチンと彼と同罪のフリーデを二度銃殺に連れて行き、そのたびに銃殺を行うと明言して連れ戻した話をしてくれた。コルマチヤーノは一八年に裁判を受け、ようやく二〇年五月一〇日に判決が破棄されたと通知された。この間ずっと彼は銃殺の恐怖にあった。一時期監獄で一緒だったロシア人女性作家O・E・コルバーシナは回顧録で、囚人の一人から聴いた体験談を伝えている。これはモスクワのヴェー・チェー・カーの、すなわち完全な中心地の出来事であった。一人の女性が一〇万ルーブリの賄賂を受け取ってある将校を助けた廉で有罪となった。コルバーシナは回顧録でどのように描いているか、彼女の話を伝えよう。「銃殺のために地下室に連れて行かれた。ここには下着姿のいくつかの死体が横たわっていた。どれだけの数か分からない。一人の女性ははっきりと見え、男は靴下をはいていた。二人はうつぶせに横になっていた。後頭部を撃つ。……足が血でぬるぬるする。……わたしは裸になりたくなかった。欲しいものは勝手に取るがいい［原註］。「裸になれ！」。一種の催眠術だ。機関銃の安全装置が外され、思わず手が挙がる、……外套を脱いだ。ワンピースのボタンを外しはじめた。遠くからのように、綿を通したかのようなくぐもる声が聞こえる。「ひざまずけ」。わたしを死体に押し倒した。それらは山になっていた。一人はまだ動いて呻いている。突然誰かがかすかにどこか遠くから叫んでいる。「ちゃんと起きろ」。誰かがわたしの手を取り引っ張った。目の前にロマノーフスキィ（有名な予審判事）が立ちニヤリと笑った。読者諸氏は彼の顔を知っているだろう。嫌みでずる賢く人の不幸を喜ぶ笑いだ。

「エカテリーナ・ペトローヴナ（彼はいつも父称で名前を呼ぶ［一般にこれは親しみのある呼び方］）、少しは怖かったかな。少しはドキドキしたかな。こんなのは何でもない。それでは話をつけようか。本当のことを」」。妻がいる前で夫が銃殺されるとき、それは拷問なのかそうではないのか。そのような事実をH・ダヴィドーフがオデッサの回想録で語っている。「……T某男爵夫人が銃殺されなかったことを今日知った。夫と数人だけが殺された。彼女は毅然と見守り、順番を待った。全員が銃殺されたとき、彼女は恩赦をいいわたされた。建物を掃除し、扉を洗うよう命じられた。彼女の髪は真っ白になったといわれている」

〔原註〕刑吏は銃殺された者の衣服を手に入れる。

論集『チェー・カー』には同様なエピソードが少なからず載せられている。これはすべてオリジナルからの証言である。現地チェー・カーの犠牲者の死体が投げ込まれるサラトフ渓谷も同じである。ここでは四、五〇サージェン〔約一〇〇メートル〕の長さで何百もの死体が積み上げられている。この渓谷に一九年一〇月に二人の若い女性が連れてこられ、「大きく口を開けた谷底を眼下にして拳銃の威嚇で裸にしてから」、彼女らの肉親はどこにいるか白状するよう強要される。これを語ってくれた人は、顔面蒼白になった二人の若い女性を見た。

「たとえ稀であっても、肉体的な、精神的な苦痛を体験した不幸な人々の一部はそれでも生きのび、肉体的損傷や、老齢でなく恐怖と苦悶から真っ白になった髪が、言葉より雄弁にその体験を物語っていた。さらに稀ではあるが、これは実際あったことだが、銃殺直前の最後の苦悶を味わい、死から逃れることができた人々が情報を伝えた。

そのようにして、憲法会議議員イヴァーン・イヴァーノヴィッチ・コトーフへの恐ろしい拷問を知った。彼は手足を折られ、眼を潰されて孵の監獄から銃殺に引きずり出された（一八年に銃殺された）」

そこで二〇年に抑圧の方法を稼働させていたエカチェリノダール・チェー・カーが登場する。シェスタコーフ博士を自動車で郊外のクバニ川に運ぶ。墓穴を掘らせ、銃殺の判決を下す、……空砲の一斉射撃が行われる。激しく打ち据えた後コルヴィーン＝ピオトローフスキィを何度もいたぶる。もっとひどいのは、彼の妻と一〇歳の娘を捕らえたと彼に告げるのだ。そして、夜に父親の眼前で彼女らへの嘘の芝居がかった銃殺が演じられる。

論集『チェー・カー』の中で論文の筆者は、エカチェリノダール・チェー・カーとその他のクバニの拷問室における虐待と拷問の生々しい光景を提供している。

「拷問は肉体的及び精神的圧力によって行われる。エカチェリノダールでは拷問は次のようになされる。犠牲者は拷問室の床に横になる。二人の頑健なチェキストが頭を、二人が両腕を引っ張り、同様にして首の筋を伸ばし、それを今度は五人のチェキストがとがった鉄製の武器で、一番多いのがナガン銃かブローニングのグリップで殴る。首は腫れ、口や鼻から血がほとばしる。犠牲者は信じがたい苦痛に耐える」……

独房で女性教師ドンブローフスカヤが虐待された。彼女の罪状は、家宅捜索の際にヂェニーキンの下に走った親類の将校がたまたま置いていった将校用品が、トランクの中から見つかったことにあった。この罪をドンブローフスカヤは率直に認めたが、チェキストは親類の将軍何某から彼女が受け取った金製品隠匿の調書を取った。彼女に拷問を下すにはこれで充分であった。これより先に彼女は強姦され、笑いものにされていた。強姦は肩書きの順に行われた。最初にチェキストのフリードマンが犯し、次いで残りが。この後に金の隠し場所を彼女から聞き出すために拷問が行われた。最初はナイフで喉を切りつけ、次に鉄製のヤットコやペンチで指のつけ根を締め上げた。信じがたい苦痛に耐え、血を滴らせ、女囚は自分が住んでいたメドヴェーヂェフ通り二八番の家の物置のある場所を示した。一一月六日夜九時に彼女は銃殺され、その一時間後に彼女が指示した家でチェキストにより入念な捜索が行われ、実際に金のブレスレットといくつかの金の指輪が見つかったらしい。

コサック村カフカススカヤで拷問の際に鉄の手袋が使用される。これは小さな釘が打たれた、右手に装着する鉄の塊である。「殴られると犠牲者は、鉄の塊からの強い痛みのほかに、肉体に釘によってつけられ、しばらくすると膿に覆われる小さな傷から信じがたい苦痛を味わう。あれやこれやの拷問を、市民イーオン・エフレーモヴィッチ・レリャーヴィンが受けた。彼からチェキストは隠匿した金とニコライ紙幣を自白させた。アルマヴィールでは拷問の際に冠が使われている。これは端にナットとネジがついた簡単な皮バンドである。前頭部と後頭部がベルトで巻かれ、ナットとネジで締められ、ベルトが頭に食い込み、恐ろしい肉体的苦痛をもたらす」。ピャチゴルスクではチェー・カー作戦部長リークマンはゴム管で尋問を受ける人物を「鞭打つ」。

一〇回から二〇回叩く。彼はまた負傷したコサックを助けた罪状で、数人の看護婦に鞭打ち一五回の刑罰を下した。同チェー・カーで足にヘアピンが突き刺された。「拳、鞭、さく杖の助けを借りての尋問の態勢が」ここでは当たり前になっている。一連の証人は、ニコラエフにおいて（一九年）ミャズゴーフスキィ提督が尋問された際の激しい虐待を確言している。『全般状況』で自分がいかに虐待されたかについて小市民ルガーンスク氏の陳述が引用されている。ここでは氷水に頭を漬ける、ペンチで足をねじる、針で刺す、カミソリで切る、などなど。同紙特派員はこのように語っている。「シムフェロポリのチェー・カーで新種の拷問が行われ、割れたガラスで浣腸を行い、性器の下に燃える蠟燭を立てる」。ツァリーツィンでは真っ赤に焼けたフライパンを容疑者に押しつけるのは日常茶飯事であり、そこでは鉄棒が使用され、金属製の突起物のついたゴムを「両腕に回し」、「骨折させた」

オデッサにおける拷問についてアヴェルブーフの著書で特別な章が設けられている。枷、暗い独房での勾留、笞や棒での肉体的刑罰、ペンチを使って腕を締めつける、吊り下げるなど、すべてがオデッサ・チェー・カーで実行された。笞刑道具の中に「口径一センチの棒」、「革ひもで編んだ鞭」、その他がある。ヂェニーキン特別委の資料によってアヴェルブーフが描く光景を補うことができる。嘘の銃殺がある。すでに死体が置かれている箱に入れて、撃つ。耳を焦がし、おそらく次回までと連れ去る。収監されている穴蔵に自分の墓穴を掘らせられる者もいる。これは「死刑囚の部屋」であり、そのようなメモさえある。「ここにすでに二七人の死体が埋められた」……これは脅しの入り口でしかない。刑吏が夜ごと訪れる。「出ろ」、そして戸口に立つ。「戻れ、夜通し続けよ」……オデッサでチェキストは日に何度となく独房を訪れ、囚人を嘲る。「今日おまえの独房を替える」。モスクワで一九年に大規模な政治事件をチェー・カーが処理していた時期に、監房に武装警備隊が配置された。「こいつはスパイだ、逃げようとしたらやつらを殺してもよい」と、警備隊に言い放つコムニストがいつも監房を訪れていた。

ペンザでチェー・カー議長職に就いたのは、一八年に中央にまで蛮勇を轟かせた女性ボーシであった。ヴォログダでは二〇歳の若者がチェー・カー議長にあり、次のようなやり方を好んだ（一八年でなく、二〇年になっても)。彼は河岸近くで執務した。袋をかついで被疑者をチェー・カーから連れ出し、袋に入れて彼らを焼き殺し、凍った河に投げ捨てた。彼の行動に関する風聞が中央にまで届いたとき、モスクワで彼は異常者と認定された。彼については充分信憑性のある情報から知っている。

チュメニでも同様なゴム管による「拷問と鞭打ち」があった。ウラリスク・チェー・カーでフルームキナが報告書で証言しているように、次のように尋問される。「メーデルを納屋に連行し、壁に向かって跪かせ左右から撃った。ゴーリディン(予審判事)は「もし、息子を引き渡さないなら、われわれはあなたを銃殺せずに、前もってあなたの手足を折ってその後で息の根を止める」と語った」(この囚人メーデルは翌日銃殺された)。ノヴォチェルカースク監獄で予審判事は二丁のナガン銃の銃身を口に押し入れ、照星を歯に引っかけて、歯茎ごと歯を引き抜いた。

これらチェー・カーの拷問室に関してヂェニーキン特別委によって膨大な資料が集められた。われわれがすでに述べたように、ピャチゴルスクでルーズスキィ将軍などに行使された処刑は、拷問であるのか、そうでないのか。「刑吏は犠牲者を跪かせ、首を伸ばすよう命じた。これに続いて剣で殴られた。刑吏の中には一撃で致命傷を与えることのできない下手なのがいて、その場合に人質は五回かそれ以上殴られた」。ルーズスキィは「短剣で」、チェー・カー指導者アタルベーコフ自らによって斬られた。ほかの者は「最初に手足を、その後で頭部を斬られた」

一九年にボリシェヴィキがハリコフを占領し、そして撤退した際に特に名をはせていたハリコフ・チェー・カー守備隊司令サーエンコの功績に関する記述を引用しよう。このサディストで病的な手に何百もの人々が引き渡された。証人の一人は、監房に連れて行かれ(逮捕時に)、「囚人の怯えきった様子に注目した。「何が起こったのか」と訊くと次の答えが返ってきた。「サーエンコが来てスィチェーフとベローチキンの二人を尋問に連れ出し、若干の囚人の「ひげを剃る」ため夕刻に立ち寄ると約束した」。数分が過ぎ、扉が開け放たれ、二人の赤衛軍兵士に支えられてスィチェーフという一九歳くらいの若者が入ってきた。これは人間ではなく亡霊であった。何があったかと尋ねると、「サーエンコがぼくを尋問した」と短く答えた。スィチェーフの右目は青あざで腫れ上がり、右の頬骨にナガン銃の銃床による大きな擦過傷があった。前歯が四本欠け、首筋に青あざがあり、左の肩胛骨は砕けて傷口がのぞいていた。背中には全部で三七ヶ所の青あざと擦過傷があった。サーエンコはすでに五日間も彼らを尋問していた。ベローチキンは尋問中に病院に搬送され、そこで死んだ。サーエンコ好みのやり方である。彼は尋問を受けている被疑者の身体に匕首を一センチ突き刺し、それを傷口にねじり込んだ。サーエンコの虐待は特別部予審判事の執務室で、ヤキーモヴィッチ、彼の補佐官、予審判事リュバールスキィの目の前で行われた」

この目撃者は同夜サーエンコが行った囚人数人の処刑についてさらに語っている。「酔っぱらったか麻薬を打ったかしたサーエンコが、オーストリア人の二等大尉クロチコーフスキィをともなって夜の九時に監房を訪れ、プシャニチュヌィ、オヴチェレーンコ、ベローウスロフに中庭に出るよう命じ、そこで彼らを真っ裸にし、同志クロチコーフスキィと一緒に短剣で彼らを斬り刺し、最初は下半身に、そして徐々に上の方へと切り裂いた。処刑を終えて全身血まみれでサーエンコは監房に戻り、このように豪語した。「この血を見たか。おれと労農党に逆らうやつはこうなる」。次に刑吏は、瀕死のプシャニチュヌィを見せに朝殴られたばかりのスィチェーフを中庭に引きずり出し、そこでプシャニチュヌィに拳銃でとどめを刺し、スィチェーフをサーベルで何度か殴り、監房に連れ戻した」

囚人がチェー・カーの地下室でどのような体験をしたかは、地下室の壁の書き込みが物語っている。そのうちいくつかを取り上げよう。「意識を失うまで四日間虐待され、用意された調書に署名させられた。これ以上の苦痛に耐えることができず署名した」、「八〇〇ほどのさく杖が運び込まれ、何か肉の塊のようであった。……二三歳で三月二六日夜七時に銃殺される」、「試練の部屋」、「ここに入れられても希望を捨てるな」

生き残った証人はこの「試練の部屋」の恐怖を確認した。チェー・カーから解放されたこれらの人々の陳述によれば、尋問は夜に行われ、被疑者が実行犯であることを自白させる目的で、必ず銃殺と激しい殴打の恫喝をともなった。恫喝が不首尾に終わると意識を失うまでさく杖で殴って罪を認めるよう強要された。元床屋の予審判事ミロシニチェーンコと一八歳の若者イエーセリ・マンキーンは特に激しかった。前者は銃口を突きつけて女中のカニシェーヴァに「将校隠匿の罪を認めるよう」強要し、後者はブローニング銃を被疑者に向け、「おまえの命は答え方次第だ」といった。その恐怖に四月初めから「さらに新たな精神的拷問が加わった」。「処刑はほとんどの囚人が見守る中で執行されるようになった。処刑場と拷問室になった離れの台所兼貯蔵庫から銃声がはっきりと監房に届いた。この貯蔵庫を六月一六日に捜索した際に、二プード［約三三キロ］の重りと握り手として端を幾重にも巻いた長さ一アルシン［約七一センチ］の消火用ホースの断片がそこで見つかった。重りとホースはチェー・カーによって仕立てられた犠牲者に苦痛を与えるために使われた。貯蔵庫の床はここで処刑された者の血がべっとりとしみ込んだ藁に覆われていた。扉の反対側の壁は血しぶきが残り、鞭の跡と飛び散った脳漿の一部がこびりつき、髪の毛のついた頭皮の一部があちこちにあった。貯蔵庫の床はそのような飛散物で覆われていた」

強制収容所内の墓場から引き上げられたサーエンコの犠牲者の死体を解剖して、恐ろしい残忍さが明らかとなった。「打撲傷、肋骨の骨折、脛の粉砕、砕かれた頭骨、切断された骨と足首、切断された指、切断され皮一枚で繋がっていた頭部、焼けたものによる火傷、背中の焼けただれた筋、などなど。最初に引き上げられた死体は、第六軽騎兵連隊少尉ジャボクリーツキィと確認された。彼は生前に肋骨を折る激しい殴打を受け、これ以外に、腹に焼けた丸いものによる火傷を負い、背中一面が焼けただれていた」。続いて、「一人の頭部に深さ一センチの平たい環状のくぼみがあった。このくぼみは両側から平たいもので一気に大きな圧力をかけて作られた」。同じく、「身元不明の女性は七ヶ所の刺し傷と銃創があり、彼女は生きたまま墓穴に投げ込まれ土に埋められた」

熱い液体を浴びせられた死体が見つかった。胴体と背中に火傷を負い、サーベルで斬りつけられたが、すぐにではない。「初めは受刑者にもっぱら苦痛を与える目的でわざと致命的でない傷を負わせた」。死体が多少なりとも秘密の場所で見つかった場合は、一様にこのような外傷を持っていた。オデッサでも、ニコラエフでも、ツァリーツィンでも。オデッサの石切場から引き上げられた死体の頭骨は、穴に投げ込まれて砕かれたこともありうるとしよう。多くの拷問の外的兆候は、死体が地面に落とされたときについたとしよう。医者を含めて検死した人たちは、外見上の損傷を検査する能力がなく、そのため「離解を火傷と、生殖器の腐敗による膨張を締めつけられた損壊と取り違えた」としよう。それでも、多数の証言と生々しい多数の写真（数十葉ある）は、これら死体は検死の際に見つかった、普通にはつきえない外的損傷を持っていたことを一目瞭然に示している。スペインの異端審問のような肉体的拷問の話は、つねにどこでも誇張されがちであることにしよう。二〇世紀ロシアの拷問はそれほど残虐でなく非人道的でもないということで、われわれは安堵するであろうか。

いくらか精神的に負担が軽くなるよう、われわれはしばしばチェー・カーから銃殺された死体が持ち込まれるオデッサの解剖室にいた作業員は例外なく、拷問の何らかの外的兆候がないと証言していることを、強調しなければならない。だがこれ自体でこの事実は拷問がありえなかったことを示しているのでもない。当然にも比較的少人数を苦しめ、これらの少ない死体が解剖室にやって来ることはほとんどないであろう。ヂェニーキン特別委に提出された多くの証人陳述は、別の収容所、敵対する白軍の収容所のような別の資料からも確認される。ハリコフでのサーエンコの偉業を取り上げよう。このとき下獄していた左翼エスエルは次のように述べている。「ヂェニーキンが近づくにつれチェー・カーの血まみれの拷問が次第に多くなった。それは当時の英雄を生み出した。この英雄はハリコフで名をはせた守備隊司令サーエンコであった。彼は本質的に一介の小役人で、チェー・カー警備司令であるが、このパニックの時代にチェー・カーと監獄の囚人の生命はほとんど彼の掌中にあった。毎日夕刻になると彼の自動車が監獄に向かい、毎日数人の人々を捕らえて連れ去った。通常すべての既決囚をサーエンコは自分で銃殺にした。チフスで寝込んでいた一人の囚人は監獄の中庭で銃殺された。背が低く、ギラギラした白い顔を痙攣させる病的なサーエンコは、震える手に撃鉄を起こしたモーゼル銃を持って監獄を飛び回っていた。以前彼は既決囚を探し求めていた。最後の二日間は彼自身が逮捕者の中から犠牲者を選び出し、彼らをサーベルで追い立て平打ちにした。

われわれがハリコフ監獄にいた最後の日に、一斉射撃と単発の銃声が静まりかえった監獄に鳴り響いた。そのようなことが丸一日続いた。この日にわが監獄の裏庭で一二〇人が銃殺された」。これは疎開した一人の話である。これは全部で二、三〇人の個別の「囚人」のことでしかない。そこで、彼の補佐官が市を引き渡す直前の「悪夢のような三時間」の、この恐ろしい選別を描いている。「われわれは事務所で待機し、囚人への裁判が急ぎ決定される悪夢のような光景を眺めていた。事務室の隣にある執務室からだて男の若者が飛び出し、その者の名前を叫んで、指示された監房に護送兵を送り込んだ。恐ろしい光景が想像された。何十もの監房の中で粗末な寝床に生きた人間が横たわっている」

「市内全域で一斉砲撃の轟音と監獄中庭での単発の拳銃の射撃によって破られる夜のしじまの中で、忌まわしい小道に次々と死者が倒れ、夜のしじまの中で監獄の二〇〇〇人の収監者は恐ろしい未来を予測して悶々としている。

廊下の扉が開けられ、重い足音、銃床を床にたたきつける音、鍵を開ける音が聞こえる。誰かが電灯をつけ、節くれ立った指で名簿に名前を探す。寝床で横になっていた人たちは心の底から痙攣の発作のように震え上がる。「わたしじゃない」。次々と名前が呼ばれる。ほかの者はゆっくりと徐々に血の気が引き、心臓が震える。「わたしじゃない、わたしは後だ」

名前を呼ばれた者は、震える手を押さえることができず、急ぎ服を着る。護送兵がせき立てる。「急げ、時間がない」……そのようにして三時間が過ぎた。伝えるのは難しい。生気のない眼をしたこれらの死にかけが大勢殺されたことを知っている。「裁判」は長くなかった。……これが裁判なのだ。裁判所長か書記が、そのだて男が名簿に目を通し、言い放った。「連れて行け」。そして一人が別の扉に連行された」

チェニーキン特別委資料にわれわれは、監獄のこの組織的人数減らしの鮮やかで完全な恐怖の光景を見いだす。「六月九日夜一時にチャイコフスカヤ収容所の囚人は銃殺を恐れて神経が高ぶり、誰も寝ずに自分の所へと廊下を通る懲罰隊の足音に、鍵を開ける音に、監房から出される死刑囚の重い足取りに、耳を傾けていた」

「監房から監房へとサーエンコはお供を引き連れ、名簿により命運尽きた人を呼び出した。すでに遠くの監房から「荷物をまとめて出ろ」という守備隊司令の叫び声が届いた。いい返すこともなく、強制もなしに、機械的に次々と起きあがり、肉体的にも精神的にも憔悴した死刑囚は、監房から出口へ、死の階段へとゆっくりと歩き出した」。処刑場では「掘られた墓穴の縁に人々は下着一枚か丸裸で跪かされた。順番に死刑囚にサーエンコ、エドゥアールド、ボンダレーンコが近づき、整然と後頭部に弾が撃ち込まれ、頭蓋骨が粉々に飛び散り、血と脳漿が辺りにまき散らされ、むくろは殺された者のまだぬくみが残る死体の上に音もなく倒れた。処刑は三時間以上も続いた」……五〇人以上が処刑された。朝になって銃殺のニュースは街中を恐怖に陥れた。親類や身寄りがチャイコフスカヤに集まった。「突然守備隊司令部の扉が開いて、橋を渡って満足に衣服をつけていない男性二人がそこから送り出され、サーエンコとオスタペーンコが拳銃を持って彼らに続いた。先の二人が掘りの向こう側に辿り着くや、二発が発射され、これらの身元不明者は監獄の壁近くに掘られた穴にどさりと倒れた」。サーエンコは銃床で群衆を追い払うよう命じ、そこで叫んだ。「怖がるな、怖がるな、サーエンコは赤色テロルをまっとうし、全員を銃殺する」。同じく疎開した「果報者」は、ハリコフからモスクワへの移送についての陳述の中で、移送を指揮して途中で大勢を銃殺したサーエンコに関して特別委によって集められた資料を改めて確認した（この証人は名の知れた左翼エスエルのカレーリン*である）。「ハリコフで広まっている彼についての伝説は、現実とかけ離れていなかった。われわれがいたハリコフ監獄で彼は担架に載せられた病人を撃ち殺した」。「後でこのことを語ってくれた同志によれば、サーエンコは監房で一人の囚人を匕首で刺し殺した。彼の監視から囚人の一人が脱走したとき、全員を招集し最初に来た囚人を贖罪のための犠牲者として撃ち殺した」。「赤く腫れ上がった目蓋でうつろな目つきの人物、彼は明らかにコカインとモルヒネの常習中毒であった。この状態で彼はいっそう露骨にサディズムの性格を発揮したのだ」

＊（一八九一～一九三八）。左翼エスエルの指導者の一人。十月の武装蜂起に反対したが、ボリシェヴィキとの連立をはかり、言論出版の自由やソヴェトによる人民委員会議の監視などを主張。一八年七月の左翼エスエルの蜂起に関連し欠席裁判で禁固三年の判決を受けるが、ウクライナに逃亡しハリコフでチェー・カーに逮捕され、モスクワに移送され、一〇月に釈放されるまでモスクワで下獄する。

われわれが上述したように、一九年八月に義勇軍によるキエフ占領直後から調査を行ったリョールベルグ委員会の資料におもに基づいて、ニロストンスキーは著書『ボリシェヴィズムの血の陶酔』でキエフでの悪夢をさらに語っている。

「チェー・カーの大部分でボリシェヴィキは夕刻直前に（自分の退去前に）、囚人を殺害することができた。この血に飢えた人間大虐殺のとき、一九年八月二八日夜に県チェー・カーの屠場、サドヴァヤ五番地で一二七人が虐殺された。続いて急ぎ約一〇〇人がチェー・カーの庭であっさりと銃殺され、約七〇人はエリサヴェチンスカヤの郡チェー・カーで、「中国人」チェー・カーでもほぼ同数が、五一人の鉄道従業員が鉄道チェー・カーで、さらに若干名がキエフの多数のチェー・カーで虐殺された」……

これは第一に、義勇軍の勝利の攻勢への報復のために、第二に、収監者を連れて行きたくないために行われた。

「ボリシェヴィキがあまりにも慌ただしく逃亡したほかのいくつかのチェー・カーで、生きてはいるがひどい状態にある囚人を、われわれは見つけた。彼らは動くのもやっとで、ぼんやりと訳も分からない瞳でわれわれを眺める正真正銘の生ける屍であった」

さらにニロストンスキーは委員会がそこを訪れたとき、キエフの人間「屠場」（筆者はそれらが公式にも「屠場」と呼ばれていたと断言している）の一つの様子を描いている。

「大きな車庫のセメントの床全部が（県チェー・カーの「屠場」の話）、暑さでこびりついた恐ろしい量の脳漿、頭蓋骨、頭髪、その他の人間の断片と混ざり合って数インチにもなった血で覆われていた。すべての壁に血が飛び散り、それとならんで幾千もの弾痕に脳漿や頭蓋骨の断片が付着していた。車庫の中央部から下水道のあった隣の建物に、幅と深さ四メートル、長さ約一〇メートルの排水溝が通っていた。この排水溝の全部が上まで血で一杯であった。……このおぞましい場所とならんで、この建物の庭に大急ぎで表面に土をかけただけの、最後に虐殺された一二七人の死体があった。……そこでわれわれは、すべての死体の頭骨が砕かれ、その多くが頭部を完全に潰されているのに注目した。おそらく、彼らは何らかの塊で頭部を砕かれて殺されたのだろう。いくつかは頭部がなかったが、頭部は切断されずに……もぎ取られていた。……「ボリシェヴィキ」

がこのケースで引き抜く時間がなかった金歯のような、わずかな特徴によってしか身元を明らかにすることができなかった。

いつも死体は虐殺された後に、速やかに荷馬車かトラックで郊外に運ばれ、そこに埋められた。上記の墓地の片隅で別のもっと旧い墓地に出くわし、そこには約八〇体の死体があった。ここでわれわれは想像するのも難しい、様々に損壊され毀損された死体を見つけた。そこには胴体を裂かれた死体、生殖器がない死体があり、いくつかは完全に滅多斬りされていた。何人かの目玉はくりぬかれ、同時に彼らの頭部、顔、首、胴体は打ち身で覆われていた。さらにわれわれは心臓に楔を打ち込まれた死体を発見した。何人かの舌がなかった。墓場の片隅でわれわれはいくつかの手足だけを見つけた。墓地から離れた公園の柵付近で虐待の痕がない数体の死体を見つけた。数日後に医者が彼らを解剖したときに、口、呼吸器、気管が土で塞がれていたことが分かった。つまり、囚人は生きながらにして埋められ、息をしようとして土を吸い込んだのだ。この墓地には様々な年齢と性別の人が埋められていた。そこには老人も男も女も子供もいた。一人の女性は八歳くらいの娘と一緒に縄で縛られていた。二人ともに銃創があった」

調査書はさらに続く。「その中庭の発掘された墓地でわれわれは、ボリシェヴィキが義勇軍のスパイと見なした陸軍中尉ソローキンをキエフ占領までの約一週間にわたり磔にした十字架を見つけた」……「県チェー・カーでわれわれは歯医者が使うような肘掛け椅子を見つけ（同じものがハリコフにもあった）、そこには犠牲者を縛りつけたベルトがまだ残っていた。部屋のコンクリート床は一面血まみれで、血に染まった肘掛け椅子に人間の皮膚と髪の毛がついた頭皮の残骸がこびりついていた」……

郡チェー・カーも同様に床などが骨や脳漿のついた血で覆われていた。「この部屋では犠牲者の頭部を置きバールで砕いた丸太が特に目を引き、その横に人間の脳漿が上まで詰まったマンホールのような穴があった。頭蓋骨を砕いた際に、そこから脳漿が滴ったのだ」……

キエフのいわゆる「中国人」チェー・カーの拷問もあった。

「いたぶられる者が壁や柱にくくりつけられた。次に彼を幅数インチの鉄パイプの端にしっかりとくくりつけた」……「もう一方の穴からそこにクマネズミを入れ、その穴を金網で塞ぎ、それに火を近づけた。熱さで気の狂った動物は出口を探そうと死刑囚の肉体を囓りはじめた。そのような拷問は数時間、ときには犠牲者が死ぬまで次の日も続いた」。委員会資料は、そのような類の拷問が行われたことを確認している。「拷問を受ける者を頭まで土に埋め、囚人が我慢できなくなるまで放置した。拷問を受ける者が気を失えば、彼を掘り出し、気がつくまで地面に寝かせ、再び埋めた」……「キエフからの撤退直前にボリシェヴィキは非常に多くの囚人を埋めて、大あわてで埋めっぱなしにして、義勇軍兵士が彼らを掘り出した」……

同委員会資料を引用した筆者は、キエフは特別な例外ではないと断言した。これらの現象は至る所で見られた。それぞれのチェー・カーがそれぞれの特殊技能を持ったように。

サーエンコが活躍したハリコフ・チェー・カーの特殊技能は、例えば、頭皮を剥ぎ取ること、手の皮膚を剥がすことであった。

内戦初期には地域ごとに人間の残虐性が発揮される専門的特徴を持っていた。

ヴォロネジでは拷問を受ける者を、釘を打ちつけた樽に裸にして閉じこめ、転がした。額に五芒星の焼きごてを当てた。司祭の頭に有刺鉄線の冠をかぶせた。

ツァリーツィンとカムィシン［サラトフ県］では骨を鋸で挽いた。ポルタヴァとクレメンチュークではすべての司祭を杭につないだ。「「売春婦グリシカ［オデッサにいたあるチェキストの異名］」が羽振りをきかせていたポルタヴァで一日に一八人の修道士が杭を打ち込まれた」。「ここ（焼け跡のついた電柱）で売春婦グリシカは一揆を起こした農民を焼き殺し、自分は……椅子に座って高みの見物に興じていた」

エカチェリノスラフでは磔刑、石による殴打が好まれた。オデッサでは将校を拷問し、鎖で板に縛りつけゆっくりとバーナーを当てて焼き、別の将校をウインチで半分に引きちぎり、また別の将校を順番に熱湯がたぎる釜や海に漬け、その後に火炉に投げ込んだ。

あざけりや拷問のやり方は数限りない。キエフでは死体がならべられている箱に犠牲者を入れ、その上を銃撃した後、生きたまま箱の中に葬ってやると怒鳴った。箱を埋め、半時間後に今度は開けられ、……そこで尋問が行われた。そのようなことが何度も続けざまに行われた。人間が本当に正気を失うのも驚くことではない。

死体とともに地下室に閉じこめるのは、キエフの看護婦の報告書が触れている。スパイの罪でモスクワ特別部に収監されていたラトヴィアの被害者女性の一人も語っている。彼女は革鞭と鉄製品で足指を殴られ、鉄のたがで頭を締めつけられたと主張した。最後に穴蔵に押し込まれた！「ここでほの暗い電灯の明かりの下でわたしは死体に囲まれているのに気づいた。その中に昨日銃殺された一人の知人がいることが分かった。至る所に血が飛び散り、わたしも血だらけになった。この光景によって、言葉の完全な意味で、冷や汗が流れるような感じに陥った。……この後わたしは自分がどうなったか分からなかった。自分の監房でようやく意識を取り戻した」

異なる情報源の異なる時期の様々な資料が、われわれに一様な光景を描いているのはなぜか。このこと自体が語られることの蓋然性を証明していないだろうか。

エスエル党中央ビューローの声明がある。「ケレンスク［ペンザ県］でチェー・カーの刑吏は温度で苦痛を与えている。犠牲者をぐらぐら煮立った風呂に投げ込み、そこから裸のまま雪に連れ出す。ヴォロネジ県アレクセエフスコエ村などで犠牲者を冬に裸にして、通りに連れ出し、冷水を浴びせ、氷柱にした。……アルマヴィールで「死の冠」が使われている。犠牲者の額を端にネジとナットがついたリボンで巻く。……ネジを締め、リボンが頭に食い込む。……コサックのカフカススカヤ村で小さな釘のついた刑吏の手にはめる特製の鉄手袋が使われている」。「読者諸氏はこれを単なる個別的な事例にすぎないというだろうか」と、その著書『革命四年後のロシア』でC・C・マースロフがつけ加える。驚くほどに人間性がなくなっている。個別的な事例ではない。人間を氷柱に変えるのは臨時革命税を徴収する際にオリョール県で広く実行された。マロアルハンゲリスク郡［オリョール県］で一人の商人（ユシケーヴィッチ）の肩に「税不払いの罪で真っ赤に燃える鉄板を載せた」。ヴォロネジ県の農民に対して（二〇年）「食糧割当徴発」の不完全な遂行の廉で、そのような弾圧のやり方が用いられた。深い井戸に放り込み、何度も水に漬け、上に引き上げて、食糧割当徴発の完遂を要求した。筆者は「反革命的」情報源からではなく資料を集め、復古主義者や旧体制のイデオローグからの証拠ではなく、収監中に集めた証言、犠牲者の証言、目撃者、民主的で社会主義的思考の人々の証言を引用している。……

　これは全部が誇張だと思いたい。われわれは高度に発展した文明の世紀に生きているではないか。

　ベロボルドカ村の農婦が語っているような「伝説」を、わたしは個人的に覆す用意があるということを繰り返そう。真っ赤に熱した大釜に座らせ、釘で塞いで、上から熱湯を注いだ、という。キエフについての回想の中で非常に多くの者が語っている「熱い蠟による」拷問だけは残る。……

　時は移る。チェー・カーが最後に確立された地方、グルジアの番だ。『ドゥニ』の消息通の特派員は、外カフカースにおけるチェー・カーの「活動」を次のように描く。

「チェー・カーの建物の荒れはてた古い深い地下室で、食べ物もしばしば飲み物も与えられずに拷問を待ち受ける逮捕者が何週間も勾留されている。ここにはベッドも机も椅子もない。膝まで血の混ざった汚泥にまみれて、むき出しの土間に転がされ、夜ごと飢えた鼠と格闘するのに耐えなければならない。囚人の口を割らすのにこれでは足りないということになれば、真っ暗な地下室の下の階に移される。この拷問を受けると数時間後には血が凍り、感覚を失った囚人は上に運ばれ、意識を取り戻し、同志と組織を売り渡すよう命じられる。ここでも拒否すれば、再び地下室に戻され、疲労困憊した勾留者が死ぬか、法的効力がないとしても何かを自白するまでこのようなことが繰り返される。地下室で夜中の一時に囚人の監房に突然エージェント、チェー・カー官吏が訪れ、彼らを出口に連れて行き、銃殺をまねて彼らに向けて撃つ。数発発射された後、助かった死人は地下室に戻される。最近、社会民主党員《エスデー》カカーバジェを拷問にかけチェー・カーの仲間になることの合意を彼から引き出した死の冠がはやっている。地下室から釈放されたカカーバジェは同志に包み隠さず喋って身を隠した」

＊　＊　＊

すでにソヴェト新聞に尋問にあたっての拷問に関する報道は広く掲載されている。特に社会主義的監獄における虐待と暴力が、若干の、少なくとも支配政党の党員にとってあまりにも異様であった初期において。「中世の拷問部屋があろうか」と、例えば、そのような見出しで『モスクワ・イズヴェスチャ』は、偶然にもそれを経験した一人のコムニストの書簡を掲載した。「偽ケレンスキー紙幣が作られていることが露見した場所で、わたしはたまたま逮捕された。尋問まで一〇日間勾留され、えもいわれぬ体験をした（モスクワのスショフスコ＝マリインスク地区犯罪捜査委員会の話）。……そこで気を失うまで殴りつけ、その後に意識のないまま穴蔵か冷蔵室に運び入れ、一日に中断を挟んで一八時間ずつそれを続けた。これはわたしにもう少しで気が狂うほどの効果があった」。一ヶ月後にわれわれは『プラヴダ』で、ヴラヂーミル・チェー・カーに「かかとに針を刺す」特別「コーナー」があることを知る。

再びコムニストが捕まり、彼は次のように輿論に訴える。「生きて働くのも恐ろしい。というのは、あらゆる重責のある活動家は、特に周辺地域で、まったく容易にそのような状態に陥るので」。なぜコムニストがこのようになるかという問題に注意が払われた。だが、これ以外の数千のケースは黙して語らず。「貴君の拷問室に恥ずかしい思いをする」と、一八年一二月にペテルブルグ・チェー・カーについてЛ・レイスネールは書いた。だがこれは「感傷的表現」であり、ごく稀な抗議の声は大合唱にかき消された。『ペトログラード・プラヴダ』は一九年二月に、偽の銃殺による尋問の効用について非常に鮮やかに描いている。ある村でクラークに二〇プードの臨時税が課せられた。彼は払わなかった。彼は逮捕された、だが払わない。彼は納屋に閉じこめられた、だが払わない。耳元に銃撃した。奇蹟だ。支払いに合意した。

われわれは、拷問に関する揺るぎない歴史的証言として『モスクワ・チェー・カー通報』のコラムに掲載された瞠目すべき文書を持っている。そこには「なぜわれわれは甘やかしているのか」という独特な見出しで、ノリンスク［ヴャトカ県］・チェー・カー議長らの署名入りで、次のような論文が掲載された。「なぜ、諸君はそのようなガチョウ［狡猾な人物］がたくさんいるはずの情報や住所を得るために、彼に、この［イギリス領事］ロッカート本人に、もっとも入念な拷問を加えなかったのか、教えてくれ。なぜ、諸君は描写だけでもその恐ろしさに反革命家の背筋が凍るような拷問を、彼にまったく行わなかったのか、教えてくれ。それどころか、なぜ、彼がチェー・カーを見くびるようになったのか、教えてくれ。甘やかすのはたくさんだ。……危険な悪党は捕まった。……彼から可能なすべてを引き出し、あの世に送り出す」……われわれがすでに述べたように、地方のチェー・カーを「指導し」、ヴェー・チェー・カーの闘争の「理念と方法」を教導する目的を持つ公式機関誌の三号に掲載されたのが、これである。第六回ソヴェト大会でチェー・カー議長が、「ブルジョワジーへの甘やかしと寛容という柔軟路線は行き詰まったと、今や認められる」と述べたのも驚くことではない。

「チェー・カーはならず者に容赦しない」、これが地方に伝えられ、容赦のない無法な蛮行へのアピールとして、地方の活動家に受け入れられたスローガンである。そのような状況下では、「合法性」を監視せよとの県執行委司法部宛ての命令（空論的）は無駄に終わった。地方は中央を手本にしたにすぎない。中央で、正真正銘のど真ん中で、英語報告書の一つが確認しているように、ウリーツキィの殺害犯、カネギッセールが拷問を受けた。モスクワで根強く語られていたように、［レーニン暗殺未遂の実行犯］カープランは拷問を受けたのか。わたしはこれを確認することができない。だがわたしはレーニン暗殺未遂後にヴェー・チェー・カーで過ごした最初の夜の印象を覚えている。誰かがそこで拷問を受けた。眠らせない拷問である。

拷問室から情報が流れたりするのは稀であったし、今でも稀である。わたしは最高革命裁判所で拷問の光景が（氷上に座らせるなど）明るみに出された、二〇年八月のモスクワにおける金庫裁判を覚えている。一九年一〇月のトルケスタンにおけるある政治裁判のときに、この光景がいっそう鮮やかに見られた。「一〇人以上の数の被告がチェー・カーの捜査段階でなされた自供を否認し、署名は恐ろしい拷問の結果行われたと陳述した。裁判所はチェー・カーにある特別任務部隊を尋問した。……虐待と拷問は日常的現象で、通常チェー・カー内で行われていたことが明らかとなった」。法廷に「大勢の傍聴人のすすり泣きと号泣」が広がったと、『ロシアの意志』特派員は伝えている。検事が名づけた「ブルジョワ的号泣」は、このケースで裁判に影響を与え、裁判所自体が抗議を表明した。……それほど昔のことでなく『モスクワ・イズヴェスチャ』で、われわれはオムスク県裁判所について読むことができた。そこで一一月二九日に逮捕者の虐待の罪状で告発された郡民警第一地区署長ゲールマン、民警シチェルバーコフ、医者トロイーツキィの事件が審理された。……熱い封蝋で手のひらと前腕部を火傷させ、うなじと首に封蝋を垂らし、その後で皮膚と一緒に剥がした。「スペイン異端審問を思い起こすような、そのような暴力行使はまったく許し難い」と、裁判長は審理の過程で諭した。だが、これらの拷問は本質的には適法であった。『社会主義通報』はこの分野における異常な実例を提供している。同誌の特派員は次のように描いている。

「最近の風聞と今春に摘発された事実に関連し、スタヴロポリ市の県裁判所によって犯罪捜査の際に実行されたいた拷問を調査する特別委が設置された。特別委に裁判所付検事正シャピーロと予審判事兼報告者オリシャーンスキィが入った。

特別委は、通常の殴打、吊り下げ、その他の虐待のほかに、スタヴロポリ犯罪捜査で以下の事柄が存在することを確認した。

一、長さ三歩、幅一・五歩の密閉された窓のない地下室からなる「暑い地下」。床は二、三段の階段がある。この部屋に拷問として一八人を詰め込むが、全員が同時に場所を占めることができないので、全員がつま先立ちし、何人かは隣の肩を借りてぶら下がらなければならない。当然にもこの部屋の空気はランプがたちまち消えるほど薄くなるが、マッチをつけることはできない。食べ物だけでなく水もなく、自然の欲求のためにさえ一瞬も出ることを許されず、この部屋に二、三日閉じこめられる。「暑い地下」に男性だけでなく女性も入れられた（特に、ヴェイツマーンが行った）。

二、「氷の地下」。これは以前の氷室の穴である。逮捕された者はほとんど素っ裸にされ、移動式階段で穴に放り込まれ、その後に階段を外され、上から水を浴びせられる。これは氷点下の冬に実行される。囚人に八ヴェドロ［約一〇〇リットル］の水を浴びせたケースも確認された（グルースキィとヴァーイネルがほかの場所でこの目に遭った）。

三、「頭蓋骨測定」。尋問を受ける者の頭部を細紐でしっかり結び、細い棒、釘や鉛筆を挟み、それを回転させて細紐を締めあげる。ゆっくり回転させるごとに徐々にきつく細紐が締めつけられ、最後に頭皮は頭髪とともに頭蓋骨から剥がされる。

これらの拷問とならんで「自供」を得るため、あたかも逃亡を試みたようにして捜査員による逮捕者の殺害が確認された（このようにして二二年四月にマストリューコフが殺害された）」

これらの事実全部が、犠牲者と目撃者の証言、法医学鑑定による証拠、遺体解剖、拷問を実行したエージェントの自供によって確認され、彼らの証言によれば、犯罪捜査部長グリゴローヴィッチ（彼は、スタヴロポリ執行委員、ロシア共産党県委員、現地国家政治管理局局長代理でもあった）、彼の補佐官ポヴェーツキィ、捜査法律顧問（!!）であるトプィシェーフの命令によりそれらが行われた。拷問は彼らの個人的指導の下に彼らが個人的に関与して行われた。

裁判所が被疑者に逮捕命令を出した。だが、誰も逮捕することができなかった。なぜなら、県政治管理局局長チェルノブローヴィが犯罪者を国家政治管理局の寄宿舎に隠避し、次のようなヴェー・チェー・カー秘密回状を出したからである。尋問や予備捜査を行う際に、対審、傍証、「通常の脅し」が被疑者の自供をもたらさないなら、「昔ながらの拷問の手段」が推奨されると、そこでは述べられていた。

この回状の成立事情は次のように伝えられている。二一年中頃モスクワ・チェー・カーで名をはせていた予審判事ヴーリについて、尋問に拷問と虐待が用いられている旨の訴状が届けられた。ヴーリは辞表を出しモスクワでの蛮行に対する責任を逃れようとした。このことを恐れたため、おそらく［B・P］メンジーンスキィ*（?!）が彼に以前からの活動のやり方を続けることを認め、この後まもなく「昔ながらの拷問の手段」に関する回状が送られた。この話の結末はありきたりである。拷問を行った誰一人も逮捕されなかった。その後、犯罪捜査の秘密を暴くのに余計な熱心さと熱意を発揮した者への迫害がはじまった。

『革命の道』（左翼エスエル年報）第一号に掲載されたスタヴロポリからの書簡も、新たな資料でこのことを確認した。同様なエピローグはトルケスタンでもあった。拷問のおもな実行者は元サーカスピエロにしてチェキストの、自身が刑吏であるドロージンであった。彼は解任され、予審判事としての彼の行動が暴かれた後に、監獄の政治コミッサールに任命された。

＊（一八七四〜一九三四）。ペトログラードの十月軍事蜂起に関わる。財務人民委員部を勤める一方で、ヴェー・チェー・カー参与でもあった。ベルリンでロシア共和国総領事などを務め、一九年以後はヴェー・チェー・カー、国家政治管理局で要職を歴任する。

＊　＊　＊

このサーカスピエロの新たな役割を考えるのにさして大きな想像力を要しない。新しい舞台における彼の行動に関する事実をわれわれは知らないが、トルケスタンの反対側に位置するアルハンゲリスクでの実例をわれわれは見ることができる。

論集『チェー・カー』に「ホルモゴールィ強制収容所」について、われわれがこれまでに軽く触れてきたスケッチがある。モスクワまでも風聞が届いている恐怖の情報を蒐集し、この「死の収容所」の哀れな囚人を救い出す可能性を求めて多くの困難と危険を顧みず、わざわざ極北にまで足を運んだ報告書の筆者［論集ではX・Xとイニシャルだけが記されている］を、実のところわたしは個人的によく知っている。わたしは彼の報告をモスクワで聴いた。それは予想以上に恐ろしいものであった。実際身の毛がよだったが、われわれは援助するには無力であった。ホルモゴールィ強制収容所の生活状態を特徴づけるには二、三のエピソードで充分である。

「きわめて残忍な守備隊司令バチューリスの滞在中にほんの微罪のために大勢の人々が銃殺された。彼については不気味なことが囁かれている。彼は囚人を一〇人ずつに分け、過失に対して一〇人全部を処罰した、といわれている。囚人の誰か一人が逃げて捕らえることができなければ、残り九人が銃殺されたと語られている。その後で脱走者を捕らえ、銃殺の判決を下し、墓穴に連行した。守備隊司令は悪口雑言を浴びせて自らの手で彼の頭部を激しく殴打し、気を失った彼は墓穴に落ち、生きたまま土に埋められる。これは看守の一人から聴いたケースであった。

後にバチューリスはアルハンゲリスクから一〇〇ヴェルスタ離れたポルタミンスクにある最北の強制収容所

の守備隊司令に任命された。そこでは囚人はパンなど見たこともなくもっぱら干し魚を食べ、バチューリスは残虐の限りを尽くした。最近ホルモゴールィから送られた二〇〇人の集団のうち、風聞によれば、ごくわずかだけが死を免れた。ポルタミンスクを少しでも口にしようものなら、ホルモゴールィの囚人は思わず震え上がる。彼らにとって、そこは死刑判決にも等しい。ホルモゴールィで生き抜くのも決して楽ではないのに」。ポルタミンスク「修道院」に関する情報もある。ペテルブルグで受け取った私信は次のように伝えている。「ある朝六時に全員が仕事に追い立てられた。逮捕者の一人は発疹チフスの後遺症で非常に衰弱したため、作業に出かける直前に扉に倒れ込んだ。守備隊司令は彼の衰弱を信用せず、仮病だとして彼に服を脱いで下着になり寒い部屋に座るよう命じ、そこから雪に放り込まれた。病人は生きたまま凍りついた」。護送される集団の後をついて行くことができない病人の顛末について、話はさらに続く。彼らは全囚人が見守る中で銃殺されるだけであった。

別の証人はさらにつけ加える。「どのくらいいじめられるかについて、次のケースを提示することができる。……囚人が建設用砂の採取作業をしていた。作業は守備隊司令の家の窓の前で行われ、彼は窓から労働者が休憩しているのを見て、窓越しに労働者の群めがけて銃を乱射した。囚人はこの後ハンストを宣言した。これについての風聞がモスクワまで届き、そこで中央から派遣された特別委は守備隊司令を解任した。新任の守備隊司令は「ギャングスター」なみの犯罪者の水兵で、残虐さでは前任者にひけを取らない。全員の目の前でその場の囚人の銃殺は、ときには護送兵の単なる気紛れによって、きわめて日常的現象である」

これらすべてが二一年から二二年の出来事である。囚人の生活状態について、一二〇〇人の囚人に対して半年間で四四二件の死亡という驚くべき事実が何よりも雄弁に物語っている。

ホルモゴールィ収容所には、真っ暗な独房や特別に寒い塔とならんで、さらに特別な「白い館」がある。これは若干の犯罪者のための特別隔離棟である。小さな部屋（トイレもない）にときには四〇人が閉じ込められる。筆者は、ここで助けもなく危篤状態になるまで一〇日間も寝転がされていた発疹チフス患者について触れている。「何人かは一ヶ月以上勾留され、チフスに感染し、精神的破壊に至った」。これは拷問ではなかろうか。

これらの事実をこれまで主張されてきたように正当化することはできない。……

われわれはこれらの事実をたまたま知るだけである。幹部のやりたい放題の中で、それが可能な稀な機会であっても、訴えるのは囚人には危険である。わたしは個人的に一度だけ被疑者を予審判事が殴打するのを、ブトゥイルキ監獄で目の当たりにしなければならなかった。わたしは被疑者の黙っていてくれとの懇願を聴いただけであった。医者は危険もなしに殴打の事実を確認することはできない。ブトゥイルキ監獄で殴られた若干の社会主義者について医学的証言をしたシチェグローフ博士は、このために即座の厳しい流刑となった。

横暴の犠牲者が山のようになっているとの情報がわれわれに届いている。そのようにしてわれわれは、タムボフで一八歳のエスエル、ラーヴロフが鞭打たれ、夫の所在地を突き止めることができなかったときにエスエル、クズネツォーフの妻の運命がどうなったかを知っている。そのようにしてわれわれは、セミパラチンスクで社会民主党員のトレイゲールが長さ三歩、幅二歩の「箱に」閉じこめられ、気の狂った中国人殺人者と一緒に入獄していたことを知っている。非合法的手段で送られた手紙の中で左翼エスエルのシェバーリンは、ペテルブルグで彼がどのように虐待されたかを述べている。手足を拳銃のグリップで殴られ、眼と性器をこね回されて押しつぶされ（気を失うまで）、痕跡を残さないよう「血を出さずに」（血は喉を流れた）、特別の最新式の方法で殴られた。わたしはシェバーリンと一緒にブトゥイルキ監獄に半年以上投獄され、彼をよく知っている。彼は嘘も誇張もない人物である。「囚人への特殊な抑圧的措置の制度と適用によって、昔わたしは国事犯として獄舎の一つで苦しみ抜いた、ロシアのバスチーユ、シリッセリブルグとペトロパヴロフスク［ともにペトログラード県］も顔色を失うような拷問室からわたしが書いていることを、忘れてはならない」と、シェバーリンは書いている。

そして彼は旧特別警察、すなわち、ペトログラード・チェー・カーの「コルクの」部屋の、特別な最新式の創意工夫について触れている（コルクが貼られた二つの壁で隙間なく塞がれた狭く寒い独房は決して音を漏らすことがない）。これらの隔離された監房で「凍え死に」、「火による火傷」、その他をともなう囚人の尋問が行われる。この情報には二二年四月九日の注意書きがある。これら「コルク部屋」に普通は五日から一〇日間勾留されるが、しばしば一ヶ月間も。

その多くがロシアから持ち去った資料に基づき執筆された著書の中でC・C・マースロフは、「足やライフル銃や拳銃による殴打は枚挙にいとまなく、それらはありふれてどこにでもある」と指摘する。著者はこの場合は政治と一切関わりのない実例を引いている。その新しい原則がソヴェト新聞で賞賛されている「共産主義的」司法制度にとって、それはいっそう特徴的である。はたして、そこでは犯罪者を処罰するのではなく、矯正するのか。マースロフは次のように語っている。「一〇年五月にモスクワで一一歳から一五歳の子供グループが逮捕された（スリで）。彼らは地下に投獄され、ほかから隔離してグループをまとめて収監した。「チェー・カー」は全力を挙げて逮捕を利用しようと決めた。子供たちにほかのスリを引き渡すよう要求した。最初は脅しと褒美の約束で。子供たちは白を切り通した。子供たちが収監されている部屋でいくらか容赦のない尋問を行った後に、数人の職員が入ってきて、激しい殴打がはじまった。最初は拳で殴られ、そこで子供たちが倒れると、ブーツのかかとで蹴り上げた。子供たちはすべてを白状することを約束した。彼らは仲間の名前を知らなかったので、毎日彼らを街中バスや市電に乗せ、停車場を連れ回した。初日に子供たちは誰をも指し示そうとしなかった。夜になって以前より激しく殴打が繰り返された。子供たちは自供しはじめた。昼間は不首尾で子供が仕事仲間に出会わなかったり指し示さなかったりすれば、夜に殴られた。拷問は二週間続いた。子供たちは殴られまいとして見知らぬ人や無実の人を罪に陥れるようになった。三週間後に彼らはボリシェヴィキ監獄に運ばれた。みすぼらしく傷だらけでボロを纏い、顔面をいつも怯えて引きつらせている彼らは、避けられない間近に迫った死を見つめる捕獲された野獣そっくりであった。彼らは怯え、しばしば泣きわめき、夢の中で絶叫した。ブトゥイルキ監獄に二、三週間投獄された後、彼らは再び「チェー・カー」に捕らえられた。長期の囚人は、彼らの勾留期間に、彼らの全生涯で、ツァーリ時代の徒刑のときにも、自分たちが再び地下室に送られることが分かったときの子供たち以上の悲痛な叫び声を聞いたことがなく、スリの子供へのいじめほど辛辣な悪意を味わったことがなかったと、わたしに語った。半狂乱になって怯える子供たちを廊下から監獄の中庭に連れ出したとき、彼らは年貢の納め時であった」

状況は変わっただろうか。われわれは、それほど昔でなく二三年三月にイルクーツク・ゲー・ペー・ウーのエージェントが古参革命家クリコーフスキィを尋問中に殺害したことを知った。『ドゥニ』特派員は、尋問に応えるのを拒否したため、彼は拳銃のグリップで殴られ、頭蓋骨を叩き割られ、殺された……と伝えた。

刑吏のやり放題

「赤色テロル」の本質をよりはっきりと提示するため、われわれは、罪人も無実の人も、政敵もノンポリも銃殺されたということだけでなく、彼らがどのように破廉恥な形で銃殺されたかを理解しなければならない。この外殻はおそらく、いわゆる「赤色テロル」を理解するためにより重要であろう。

すでに言葉の完全な意味でサディストである、ハリコフのサーエンコに触れた。彼の補佐官、水兵のエドゥアールドについてカレーリンが少し触れている。囚人と親しげに話して、忘れがたい笑みを浮かべながらうなじに弾を撃ち込んで、彼は見事に話し相手の「息の根を止める」ことができた。オデッサ事情に精通しているアヴェルブーフは現地チェー・カー議長カリーンチェンコを、そのような残虐さで描いている。彼の「気紛れ」と野蛮な懲罰については多くの伝説が物語っていた。ある聖人祭のとき彼は、その聖人にあやかる名前を持つ「三人のもっとも太ったブルジョワジー」を監獄から出すよう命じた。彼の命令は執行され、彼は酔っぱらってハイになって、拳銃で彼らを撃ち殺す。

アヴェルブーフはこのように書いている。「以前わたしはもっぱらボリシェヴィキ職員が居住するプレオブラジェンスカヤ通りにあるカフェ『アーストラ』に行かねばならなかった。そしてここでわたしはまったく思いがけず、有名な刑吏「ヴァシカ」がどのように二人のブルジョワジーを懲らしめたか、彼らが死ぬ直前に痙攣しながらどのようにもがき苦しんだか、彼らがどれだけ哀願したか、それでも彼は自分の革命的職務を遂行したと、喋っているのを耳にした」。オデッサの刑吏の中に、特別にモスクワから呼び寄せられた黒人のジョンソンがいた。「ジョンソンは悪と凶行の異名となった」……「処刑の前に生きた人間から皮膚を剥ぎ取り、拷問で四肢を切断することなどができるのは一人、刑吏の黒人ジョンソンだけであった」。彼一人なのか。二〇、二一年にモスクワでボリシェヴィキによって催された博覧会に、人間の手から剥ぎ取った「手袋」が展示された。ボリシェヴィキは、これは「白軍」の残虐行為の見本であると書いた。だが……ハリコフでサーエンコによって剥ぎ取られた手袋についてのうわさ話は昔からモスクワで囁かれていた。いくつかの「手袋」がチェー・カーの地下室で見つかったともいわれた。ブトゥイルキ監獄に収監されたハリコフのアナキストは異口同音に、拷問の犠牲者から剥ぎ取られたハリコフの「手袋」について証言した。

一八年一二月四日のモスクワ・ソヴェト会議でルナチャールスキィは、「われわれはホッテントットの倫理観であると非難されている。われわれはこの非難を甘受している」と演説した。……サーエンコの「手袋」はモスクワの博覧会で敵対者の残虐さの証拠としてしばしば展示された。……

ジョンソンに比肩できるのはオデッサの女性刑吏、若い娘のヴェーラ・グレベンニューコヴァ（「ドーラ」）だけであった。彼女の傍若無人ぶりも多くの伝説になった。彼女は自分の犠牲者を「文字通り責め抜いた」。髪の毛を引き抜き、四肢を切断し、耳を引きちぎり、頬骨を脱臼させた、などなど。彼女の行動を判断するには、チェー・カーにおける彼女の勤務の二ヶ月半に彼女一人だけで七〇〇人以上が、すなわち、ほかの刑吏によってチェー・カーで銃殺された数のほぼ三分の一が銃殺された事実を挙げれば充分である。

キエフで銃殺される者は床を覆う大量の血の中でうつぶせに寝るよう強いられ、うなじを撃ち抜かれ、頭蓋骨を砕かれた。銃殺の指名を受けた者を中庭に放ち、そこで人間狩りが催された。キエフの看護婦の報告書がそのような事実を記録している。「月明かりの夏の夜に」「よく手入れされただて男の」県チェー・カー守備隊司令ミハーイロフは直接自ら拳銃を手にして、裸で中庭に放り出された囚人を狩るのを好んだ。自分を女性コムニストと自称し偶然の事情からセヴァストポリ、シムフェロポリ、ハリコフ、モスクワのチェー・カー監獄を訪れた、フランスの女流作家オデット・キューンは、回想録の中で女囚の一人の話を基にペトログラードでの女性狩りについて触れている（彼女は二〇年までこれは信用できない事実として扱った）。この女性の同房にさらに二〇人の女性反革命家が投獄されていた。夜な夜な彼女らを求めて兵士が訪れた。しばらくすると人間とは思えない叫び声が響き渡り、囚人たちは中庭に面した窓越しにこれら二〇人の女性が道に裸になって横たわるのを見た。彼女らを野原に運んで、最初に逃げおおせた者は銃殺されないと確約して、逃げろと命じた。その後で彼女らは皆殺しにされた。……

ブリャンスクではC・M・ヴォルコーンスキィが自分の回想録で証言しているように、尋問の後で背中に弾丸を撃ち込む「慣行」が存在した。シベリアでは「鉄槌で」頭を割られた。……オデッサでは一人の純朴な女性が陳述書で次のように証言している。「わたしの窓の下にあるチェー・カー中庭に元刑事を立たせた。棍棒や床尾で殴られた。一時間以上殴られた。彼はずっと許しを請うていた」。エカチェリノスラフでは何百人もの「反革命家」を銃殺したヴァリャーフカは、「一〇から一五人ずつの人間を特別な柵で囲んだ中庭に」放つのを習慣にしていた。その後でヴァリャーフカは二、三人の仲間とともに中庭の真ん中に出て、彼らを射撃の的にした。

同じエカチェリノスラフでチェー・カー議長「同志トレパーロフ」は、彼がもっとも気に入らなかった名前の蘭に太い赤鉛筆で略語を書き付けた。「ラス」は消失《ラスホード》、すなわち、銃殺《ラストレール》を意味した。個々のケースでそれぞれどの名前が「ラス」の文字にふさわしいかを特定するのは難しいと、彼は注意書きをつけた。「ぐずぐずしないよう執行され（監獄の撤収が行われた）、「全部をやれ」の原則で名簿にある五〇人全員が銃殺された。［一二一年三月に］ペトログラード機関誌『革命の事業』は、タガンツェーフ事件に連座して六〇人が銃殺された詳細を報じた。

「イリノフカ鉄道駅［ペトログラード北東の郊外］で明け方に囚人を運んで穴を掘らせて銃殺が行われた。穴が半分掘られたとき、全員に裸になるよう命令が下った。悲鳴が上がり、助けを求めて泣き叫んだ。彼らの一団は乱暴に穴に突き落とされ、穴に向けて銃弾が浴びせられた。

残りの一団も死体の山に追い立てられ、同じように殺された。その後で、生き残りも負傷者もまだ呻いていた穴は土で埋められた」

血を洗い出すための排水溝と下水口つきのアスファルトの床で、特別の処理能力がある地下室で日常的に流血の仕事をこなすモスクワの刑吏がいる〔原註〕。彼らのやり方は、刑事犯、いわゆる匪賊の処刑を描いた論集『チェー・カー』所収の論文「死の船」で描写されている。ここには三人の刑吏、エメリヤーノフ、パンクラートフ、ジューコフがいる。全員がロシア共産党員で、満ち足りて飽食で裕福に暮らしていた。彼らは一般刑吏と同様に出来高払いの給与を受け取っている。銃殺された者の衣服と囚人が残した金製品などが彼らに与えられる。彼らは「自分の犠牲者から金歯を抜き取り」、「金の十字架」などをかき集めている。

〔原註〕モスクワのスレテンカ一三、一四番地ビルの地下室で、目撃者の一人の話によれば、銃殺は次のようにして行われた。「地下室の端に銃架にはめ込まれたライフル銃が被害者の頭部に当たるように銃口を向けて固定されている。もし犯罪者の背が低ければ、彼の足元に踏み台が置かれる」

C・C・マースロフは自分が目撃した女性刑吏について語っている。「二、三日ごとに彼女は安煙草を歯にくわえ、革鞭を手にし、ホルダーなしでベルトに拳銃を差し込んで、定期的にモスクワの中央監獄病院に現れた（一九年）。囚人を銃殺に連れ出すその病棟に、いつも彼女自身が訪れた。恐怖に怯えて病人が持ち物を集めるのにぐずぐずして、仲間に別れを告げたり、ひどく号泣したりすると、彼女は彼らを口汚く罵り、ときには犬のように革鞭で叩いた。……彼女は年端の行かない……二〇、二二の娘である」。モスクワにはほかにも女性刑吏がいた。ヴォログダ協同組合の古参活動家、ヴォログダ事情に非常に精通しているヴォログダ県選出の憲法制定会議メンバーとして、C・C・マースロフは、地方の刑吏（専門職ではまったくない）レヴェッカ・プラスチーニナヤ（マイゼリ）について語っている。彼女はトヴェリ県の小都市の一つで平凡な女性医療助手であったが、自ら一〇〇人以上を銃殺した。当時そこに追放されていたE・Д・クスコーヴァは次のようにつけ加える。「ヴォログダでケードロフ夫婦が駅近くの鉄道車輌に住んでいた。……鉄道車輌で尋問が行われ、その周辺で銃殺された。尋問の際にレヴェッカは被疑者の頬を叩き、怒鳴りつけ、拳で殴り、声高に簡潔に命令を出した。「銃殺、銃殺、壁だ！」」。マースロフは「女性たちがたっぷりと「うなじを撃つ」のに一〇発までをわたしは数えた」という。あの名の知れたケードロフの元妻であったプラスチーニナヤ＝マイゼリが二〇年の春と夏に、アルハンゲリスク県でどのように振る舞ったのかを、『ロシアの声』特派員は報じている。

「赤塗りの棺の荘厳な葬列の後で、旧い政敵へのレヴェッカ・プラスチーニナヤの報復がはじまった。彼女は女性ボリシェヴィキであった。何百人もの不幸のどん底にある母と妻に呪いを浴びせ、凶暴さですべてのヴェー・チェー・カーの男をしのいだ。彼女は夫の家族からのどんな些細な無礼もすべて記憶し、この家族を文字通り懲らしめ、生き残りがいれば精神的に抹殺した。残忍でヒステリーで正気の沙汰ではない彼女は、白軍将軍を馬のしっぽにくくりつけ駆け足で馬を放つことを思いつき、この思いつきを実行しようとソロフキ修道院に出かけ、新しい夫ケードロフと一緒にそこでこの懲罰を指揮した。さらに彼女はエイデューク委員会の全囚人をモスクワから戻すよう要求し、少しずつ彼らをロシア青少年の墓標となったホルモゴールィに汽船で連れ去り、そこで裸にして平底船で彼らを殺害し、海に沈めている。夏の間ずっと街はテロルの脅威に晒された」

同紙の別の報道がさらに続く。

「アルハンゲリスクでマイゼリ・ケードロフは自ら将校八七人と住民三三人を銃殺し、避難民とミーレル軍兵士五〇〇人の乗った平底船を沈めた、などなど」

まだほかにオデッサの「女傑」がいて、彼女について目撃者は一晩で五二人を銃殺したと語っている。刑吏長は野獣のような面相のラトヴィア人女性であった。囚人は彼女を「狆《モープス》」と呼んだ。この女サディストはベルトにいつも二丁のナガン銃をさしてキュロットをはいていた。彼女に比肩できるのは、窃盗の罪で銃撃を受けた、いつも腰に二丁の拳銃と実包を収めた幅広の革ベルトをつけ、サーベルを手にしていたバクー出身の、「人間でなく野獣の」、ウネチャ［ブリャンスク県］・チェー・カー議長であった「同志リューバ［皮肉にもこれはロシア語で愛を意味する「リュボフ」の愛称］」である。ロシアからの脱出を余儀なくされた女性の一人は、回想記で次のように描いている。「彼女についてひそひそと恐怖を隠して話されていた」。後世の人のために彼女の名前は歴史に残るだろうか。ルィビンスクには女性の顔をした「野獣」、「ジーナ」何某がいる。同類がエカチェリノスラフ、セヴァストポリなどにもいる。

刑吏の日常的「活動」がいかようであっても、最終的に人間の神経系統は耐えることができない。処刑を刑吏はもっぱら酩酊状態で行う。「心神耗弱」状態が必要なのだ、特に人間の屠殺が行われるときには。わたしはブトゥイルキ監獄で、銃殺になれている管理者さえも、いわゆる「死の人民委員」が犠牲者を求めて到着し、死刑囚を監房から呼び出さなければならないときは、いつも麻薬（コカインなど）に頼っていたのを見てきた。キエフ・チェー・カーについてニロストンスキーは、「ほとんどすべてのキャビネットに、ほとんどすべての箱にわれわれはコカインの空き瓶を、どこかで大量のコカインを見つけた」と、語っている。

心神耗弱状態で刑吏は人間性を失った。

信憑性のある証人は次のように伝えている。「代表的なチェキストの一人はこのように語った。生涯に一〇〇〇人を銃殺した（モスクワ）刑吏長マーガは（われわれに語ってくれたチェキストは、マーガの手で銃殺されたのは一万一〇〇〇人であるとの信じがたい数字を挙げた）、一五人から二〇人の「作戦」を何とか終了させて、「裸になれ、ゲス野郎」と喚いて、この銃殺に趣味で立ち会っていたヴェー・チェー・カー特別部監獄守備隊司令ポポーフに飛びかかった。目は血走り、全身が震えおののき、血と脳漿を浴びたマーガは、まったく茫然自失ですさまじい形相であった」と、彼は語った。「ポポーフは怖じ気づき、駆け出し、乱闘がはじまり、うまい具合にほかの刑吏が駆けつけ、マーガを縛りつけたことだけが幸いであった」……

それでも刑吏の神経はいつも平常とは限らなかった。キエフ赤十字の看護婦は上記の報告で、チェー・カー守備隊司令アヴドーヒンは自分を抑えることができずに看護婦に懺悔したと、述べている。「看護婦よ、気分が悪く、頭痛がする……眠れない……夜通し死人にうなされる」。看護婦の一人は次のように書いている。「わたしがチェキストのアヴドーヒン、テレホーフ、アスモローフ、ニキフォーロフ、ウガーロフ、アブナヴェール、グーシグの顔を思い出すとき、これは異常者で、サディストで、コカイン中毒者で、人間性を失った人たちであるとわたしは確信している」。最近ロシアの精神病院で特殊な「刑吏病」といったものが記録され、それは大量に発症し、良心をさいなみ、胸を押しつける悪夢が、流血に責任ある何十人にとりついている。目撃者は、例えば、鉄道駅舎で見られるような水兵の発作を頻繁に認めている。モスクワからの『ドゥニ』特派員は、「あるときゲー・ペー・ウーは彼らを銃殺してこれら狂人を厄介払いしようと試み、若干の人間はそのようにして胸が押しつけられる悪夢と幻覚から解放されたと、断言する」

刑吏の中にわれわれは退化の著しい特徴を持つ少なからぬ人物を見ることができる。わたしはブトゥイルキ監獄にいた一四歳の刑吏を覚えている。この白痴はもちろん何をなすべきかが分からず、勲功を勇ましく語っていた。キエフで二二年一月にハンガリー人の女性予審判事にしてチェキストのレモーヴェルが逮捕された。彼女はほとんどが若者の逮捕者八〇人を勝手に銃殺した罪に問われた。彼女は性的精神障害による精神病と診断された。裁判の中で、彼女は勝手に未成年者だけでなく、チェー・カーに召喚されたが不幸にも彼女に魅力を感じなかった目撃者も銃殺したことが明らかにされた。……一人の医者は病院で出会った「女性コミッサールのネステレーンコ」について語っている。「彼女は無防備な女性、娘、ときには少女を目の前で強姦するよう赤軍兵士に強いた」

ヂェニーキン特別委の議事録を読めば、読者諸氏は、刑吏の仕事に就いていないチェー・カー上級官僚が、自ら殺害を実行する何十ものケースを知るであろう。オデッサのヴィーフマンは、彼の管轄に六人の特別刑吏を持ちながら（彼らの一人は「アムール」の名で出廷した）、自ら好んで監房で銃殺を行った。ピャチゴルスクでアタルベーコフは処刑の際に匕首を用いる。オデッサでロヴェールは目撃者の目の前でグリゴーリエフ何某と彼の一二歳の息子を殺害する。……オデッサで別のチェキストは「犠牲者を自分の前に跪かせ、被告の頭を膝で締め上げ、そのようにして拷問室で撃ち殺すのを好んだ」。そのような実例は無数にある。……

あまりにも死が当たり前になってしまった。われわれはすでに、ボリシェヴィキ新聞があれこれの銃殺に関する報道にいつもつきまとう無神経な修飾語について述べてきた。死に関するあらゆる用語はこのように簡潔でシニカルである。「消滅させる」、「殺　せ《ラズメニャッチ》」（オデッサ）、「モギリョフ県に親父を探しに行け」、「ドゥホーニン［十月政変直後に惨殺された旧陸軍最高司令官］の参謀本部に送り込む」、ヴーリ［ルビャンカにいた刑事犯罪部上級予審判事］が「ギターを弾く」（モスクワ県）、「三八人以上をおれは封印することができなかった」、すなわち、自分の手で銃殺できなかった（エカチェリノスラフ）、もっと乱暴に、「撃鉄を鳴らした」（オデッサ）、

「マシュークしの辺鄙な山」に送りスミレの香りをかがす」（ピャチゴルスク）。ペトログラード・チェー・カー守備隊司令は妻に電話で、「今日おれは山鳥をクロンシタットに運ぶ」と声高に告げる。

「マシューク［ピャチゴルスク近くの辺鄙な山］に送りスミレの香りをかがす」（ピャチゴルスク）。ペトログラード・チェー・カー守備隊司令は妻に電話で、「今日おれは山鳥をクロンシタットに運ぶ」と声高に告げる。

われわれがすでに数多くを指摘したように、処刑自体がこのように簡潔で冷徹に行われる。オデッサで判決が読み上げられ、服を脱がせ、死刑囚に番号札が吊り下げられる。そのようにして番号順に呼び出される。さらに判決文に署名するよう強いられる。オデッサではしばしば銃殺判決後に監房を巡回し、新聞報道のために生い立ちの資料が集められた。処刑のこの「法秩序」はペトログラードでも遵守され、そこでは特別の「傍聴者のための部屋」で判決が下される。共産党中央委機関紙『プラウダ』は、処刑時に軍楽隊が演奏するとのイギリス新聞の情報をあざ笑った。そのようなことが一八年九月のテロルの時代にあった。そのようにしてモスクワで「ツァーリの大臣」を銃殺したが、彼らだけでなかった。その頃ホドィンカ練兵所で処刑が行われ、赤軍兵士が銃殺した。中国人が赤軍兵士に交替した。後になって雇用刑吏、プロの刑吏の特別なシステムのようなものが現れ、それにときが経つにつれ無宿人のマニアが加わった。

ヂェニーキン特別委での一連の証人は、一九年に宗教音楽が鳴り響く中で行われたニコラエフでの銃殺について語っている。サラトフでは囚人自身（刑事犯）が銃殺を行い、自分の命を手に入れる。トルケスタンでは裁判官自身が。現在の証人も、そのような慣例はオデッサではチェー・カーでなく裁判所に存在していると断言する。判決を下した者が刑を執行するのが良いのか悪いのか、という問いにわたしは答えることができない。……裁判官Bが被告人を直接殺したとの報道は二三年のことである。隣の部屋で服を脱がせ殺害する。……オデッサ・チェー・カーで二三年に新しい最新の銃殺方法が導入されたことが確認されている。真ん中に穴の開いた狭く暗い廊下が造られる。側面に二つの銃眼がある。歩くうちに穴に落ち、銃眼から撃たれるが、撃った者は撃たれた者を見ることはない。

左翼エスエルの非合法通報四号に掲載されたモスクワ・チェー・カーでの銃殺について触れなければならない。これは「チェー・カーと革命裁判所の権利と特権に関する論争が行われていた」、すなわち、死刑判決を下すチェー・カーの権利についての論争が行われていたときのことである。そのため、目撃者の筆になる光景はいっそう暗示的である。

「毎夜、稀には間を置いて、「イルクーツクに送る」死刑囚を連れ出していたし、今も連れ出している。これは現代の親衛隊［イヴァン雷帝時代に反対派貴族を大弾圧した軍隊］の身も凍る話である。まずホドィンカに運ばれた。初めは一一番地に、そこからヴァルソノフィエフ横町七番地に連れて行かれる。そこで罪人は三〇、二〇、八、四人ずつ（ときに応じて）四階にあがる。そこには特別な部屋があり下着一枚にされ、裸のまま階段で下に連れて行かれる。裸のままで建物後方の資材置き場近くにある雪に覆われた建物に連れて行かれ、そこでナガン銃によって後頭部に弾を撃ち込まれる。

ときには銃撃がうまく行かない。一発で人は倒れるが、死んではいない。そのときは何発も弾を撃ち込み、近づいて瀕死の者の頭や胸を殴りつける。

三月一〇、一一日に投獄するのが滑稽なほどの微罪で死刑判決を受けたP・オレホーフスカヤは不死身であった。彼女の頭と胸に七発の弾が命中した。身体は痙攣を起こしていた。そのとき、クゥドゥリャーフツェフ（非常に精勤で最近「コムニスト」になった、帝政時代の少尉補出身のチェキスト）が彼女の喉元をつかみ、ブラウスを裂き、首をひねって首の骨を砕いた。一九歳に満たない娘であった。

中庭に降る雪はいつも美しく激しい。周り中に血痕が飛び散っている。融雪炉が備えつけられ、それは多くの利便性があり、中庭や通りの犠牲者を焼いて骨にする。融雪炉は不気味な血の川を作りだした。

血の川は中庭を通り街路にまで達し、隣の場所に注いだ。急ぎ痕跡を消しはじめた。マンホールを何とかして開け、この闇の恐ろしい雪を、たった今まで生きていた人間のおぞましい血をそこに流す。……」

ボリシェヴィキは「われわれにはギロチンはない」と高らかに宣言する。はっきりとした処刑か、秘密の地下室での処刑か、銃声をかき消すために発動機の轟音の下での処刑か、どちらがよいのかわたしは知らない。これへの回答は他の人に任せよう。……だがわれわれはすでに公開処刑について言及した。

必ずしも銃殺は夜に行われるのではない。……アルハンゲリスクではクラフトン工場の広場で昼間に銃殺があり、銃殺を「見に周りの子供たちが大勢集まった」。昼間にオデッサでもしばしば銃殺が行われた。モギリョフではほとんどの身内が見守る中で銃殺が行われる。目撃者は次のように語っている。「第一六軍の革命裁判所に夕方五時から七時頃にトラックが差し向けられ、完全武装し二丁のシャベルを持った一〇人の武装刑吏が元気いっぱいにそれに乗り込む。トラックに死刑囚を収容し走り去る。きっちり一時間後にトラックは戻る。刑吏は死刑囚の遺品である長靴、シャツ、帽子などを詰め込んだ袋を引きずりながら、まだ元気いっぱいに飛び降りる。この作業すべてが親類、身寄り、女性や子供の目の前で昼間にも行われる（時計の針は三時前を指していた）」

あらゆる人間的感性を失って、完全に特別な政治的に残虐な権力の座にある人間だけが、エカチェリンブルグでツァーリ一家が殺害されたやり方を許してしまう。身内と子供が一つの部屋に連れ込まれ、互いが見守る中で全員が殺された。一九年二月の審理の中で出された証言で、「処刑」を目撃した一人の赤軍兵士メドヴェーヂェフが描くように、死刑判決はゆっくりと遂行され、「明らかに、全員が自分たちを待ち受ける運命を悟った」。一八年七月一六日から一七日にかけてのエカチェリンブルグの夜を名だたるものにしたような［ツァーリ一家］殺害の光景を、歴史はほかに知らない*。

＊臨時政府によって幽閉されていたツァーリ一家（ニコライ二世と妻アレクサンドラ、五人の子供）は十月政変後にウラルのエカチェリンブルグに移送され、有刺鉄線に囲まれた邸内では厳しい監視下ではあったが、比較的自由な生活が認められていた。しかし、西シベリアで発生したチェコ軍団の反乱によって反革命軍が迫る中で、急遽一家全滅のレーニンの指令が出され、チェキスト、ユローフスキィ率いる処刑隊によって一家と従者など四人を含めて、全員が殺害された。ソヴェト政府はこの事実を秘匿し続けた。彼らの遺体が確認されたのは、ソ連崩壊後の出来事である。

死刑囚

死刑はロシアで実際に「日常的現象」となった。われわれは、かつてラ・マルセーズの歌とともにギロチンにかけられた人がいたことを知っている。……ロシアでは死刑判決を受けた左翼エスエルがオデッサで積み上げられた三五人の死体の下敷きになってトラックに縛られて横になりながら、ラ・マルセーズを歌っている。おそらく監獄自体では死のこの日常性は、より切実に感じられるであろう。論集『チェー・カー』に、死刑囚監房に放り込まれた囚人の体験を描いた生々しいページがある〔原註〕。

「恐ろしい監房に屈強な護送兵をともなって、われわれを夜七時に連れて行く。門がガチャリと音を立て、鉄の扉がきしむ間もなく、看守を引き連れて監獄長が入ってくるのがわれわれの目に入った。

「ここは何人だ」。監房をじろりと眺め回して、監獄長は牢名主に尋ねた。

「六七人です」

「六七人だと」。九〇人分の墓穴を掘ったのだ。ためらいがちに、だがまったく平静に、意に沿わないかのように重々しく語り続けた。

監房は凍りつき、死の息づかいが感じられた。全員が麻痺したかのようであった。

「ああ、そうだ、特別部から銃殺される予定の二〇人を忘れていた」と、監獄長は気づいた。死を待つ悪夢のような際限のない長い時間が経過した。以前監房にいた司祭は奇跡的に胸の十字架を取り上げられることなく、それを身につけたまま跪き祈りはじめた。一人のコムニストを含む全員が彼に倣った。どこからか号泣が聞こえた。調子はずれのピアノの音が監房に届いた。ワルツのステップが聞こえ、時々情熱的で陽気なロシアの歌に替わり、否が応でも死刑囚の心をかきむしった。この監獄のならびにあった旧監獄教会の建物で、文化啓蒙活動家がそれをリハーサルしていたのだった。そのようにいたずらな運命の皮肉によって生と死が絡み合った」〔論文「ホルモゴールィ強制収容所」から。これはエカチェリノダール・チェー・カーでの話〕

「調子はずれのピアノの音が監房に届いた」……「墓場の入り口」では実際に不気味である。この「心理的拷問」を、銃殺の準備が行われているのを目の前にして全員が体験する。わたしはブトゥイルキ監獄での二〇年七月の晩のことを覚えている。わたしは「特権的」囚人の一人であった。夜も更けて誰もいない監獄の中庭で、わたしは偶然にもある光景を眼にしなければならなかった。それは、不気味なのか恐ろしいのか分からないが、異様なコントラストで尖った針のように心に刻みつけられた。

コムニストが収監されている監獄の廊下に、情熱的な陽気さが、ピアノ、ジプシーの歌、小話の語り手の声が響いた。これは「自由剥奪の館」で犯罪者のために管理部が開いたアーチストの夕べであった。歌声と音楽は監獄の中庭に鳴り渡った。わたしは黙って座り、ふと「魂の部屋」に目を向けた。そこの鉄格子からわたしは、窓にへばりつき唇で貪るように激しく息を吸い込む、痙攣でひきつらせた顔を見た。これは当夜銃殺に指名された犠牲者の一人であった。そのような者が二〇人以上いて、自分の番を待っていた。「死のコミッサール」は彼らを小分けにして連れ去った。……

わたしはそれ以上を覚えていない。だがそれ以後、わたしは四六時中監獄の中庭に出るのが怖くなった。……わたしはВ・Г・コロレーンコの『日常的現象』の一節を思い起こした。彼は、その壁で死刑が執行されたに違いない時期に投獄されていた囚人から受け取った手紙を引用している。監獄は静まりかえっていた。文字通りそれは死んでいた。この墓場のような静寂を破れる者は誰もいなかった。あまりにも日常的になったり、人命があまりにも軽んじられるようになったり、ようやく処刑に慣れるようになったりして、人間の心は酷薄になったのだろうか。それがわれわれの心理的慣れという恐怖である。わたしはモギリョフから『最新ニュース』特派員が描く光景を引かなければならない。「ゴメリ巡回法廷の開廷前夜に、あらゆる街角に劇場での脱走兵の公開裁判についての掲示が貼り出された。わたしは出かけた。三人委員会が座り、一〇〇人の脱走兵が座っている。裁判長が被告に叫び、銃殺の判決を下す。わたしは法廷から逃げ出した。出口のロビーで夜の演劇の切符を平然として買っている群衆に出くわした」……

死刑囚自身はどうか。まったくの無気力状態で針金につながれて、争いも抵抗もせずに黙々と徒刑場に向かう人々がいる。「死刑判決を受けたこれらの人々を見るなら、彼らはもうすでに死んでいる」と、看護婦メドヴェーヂェヴァは書いている。……卑屈になって刑吏に哀願する者もいるが、何の効き目もない。積極的に争うのもいるが、彼らは殴られ力ずくで地下室に連れ込まれ、そこに刑吏の制裁が待ち受ける。しかるべき事例を列挙する必要があるだろうか。キエフについての回想記でТ・Г・クラーキナは次のように書いている。「銃殺判決を受けた不幸な犠牲者と夜を過ごしたときのことは、不気味に記憶に留まり心に刻まれた。深い沈黙と静寂が監房を支配し、これら不幸な運命の人々は死を受け入れることができた。彼らは驚くほど平静に黙って死を迎え、青白い顔色で取り憑かれたような眼差しで、この世のものとも思えない何かが感じられた。だが、死にたくないと思っている死刑囚はもっとつらい印象を与えた。彼らは最後の瞬間まで抵抗し、寝床、壁、扉にしがみついた。護送兵は彼らを乱暴に壁に押しつけたが、彼らは懇願し、死に物狂いに喚くが、刑吏は容赦なく彼らを黙らせ、嘲り、宣告する。「おや、壁の前に立ちたくないと。立ちたくなくとも立たなきゃならない」。明らかに、死の恐怖からではなく、残虐への恐怖から、多くの者は銃殺前に自分で自分の命を絶とうとする。わたしはブトゥイルキ監獄で、銃殺に連れ出されるのを待つその数分間に、ガラス片で自らの喉を痛い思いをしてかき切ったタタール人を覚えている。焼身自殺に至るそのような自殺のいくつかのケースが、論集『チェー・カー』を含めヂェニーキン特別委資料に記録されている。刑吏はつねに自殺者の生命を蘇生させようと努めた。何のために。自分がやり遂げるためだけに。「共産主義」監獄は、犠牲者が「革命的司法」から逃れられないよう監視する。……ヂェニーキン特別委資料にこれに関して震撼するような事実が残されている。オデッサのモルグに銃殺された死体が運び込まれた。トラック運転手は、その中の一人の女性が眼で「呼び寄せている」のに気づき、職員に伝えた。モルグで女性は意識を戻し、職員の制止を振り切って起きあがり、意識朦朧に叫んだ。「寒いわ、わたしの十字架はどこ」（別の目撃者は、夫の死体が横にならんでいるのを見て、彼女は起きあがって叫んだという）。死刑執行人はこれを聞きつけ、……とどめを刺した。棺で気がついて、とどめを刺されたと語る別の目撃者もいる。第三のケースがある。棺を閉める際にその蓋が持ち上がり、「同志！　おれは生きている」との叫び声が響いた。チェー・カーに打電すると、「煉瓦でとどめを刺せ」との返電を受け取った。上部組織に、ヴィーフマン自身に電話する。笑い声で回答がある。「オデッサで優秀な外科医を徴用し送り込む予定だ」。虫の息の者を拳銃で殺すチェキストが送り込まれる。

［原註］「死刑囚」の監房について、キエフのニロストンスキーの監房が一つのイメージを提供している。ここ

には既決囚が地下室に投獄されている。暗いか特に暗くした穴蔵、監房などで、絶対的闇が支配する。「長さ四アルシンで幅二アルシン〔一アルシンは約七一センチ〕のそのような監房の一つに一五から二〇人が押し込められ、その中には女性も老人もいた。囚人は決して外に出してもらえず、彼らはそこで排泄しなければならなかった……」。ペトログラードでは判決を読み上げた後、死刑囚をさらに一日半勾留する。彼らは食べ物も飲み物も与えられない。排便のためにさえ外に出されない。死刑囚とは命を終えた人である。

論文「死の船」〔論集『チェー・カー』所収〕で筆者が結びとした言葉をもう一度引用しよう。

「報復の刃はボリシェヴィキ国家の直接の敵におよぶだけではない。テロルの身を凍らせる息は、父や夫がすでに共同墓地に眠っている者にも襲いかかる。降りかかった不幸に呆然とし、破局の数ヶ月で疲労困憊した母、妻、子供は、長い間たった後でようやく偶然の間接的兆候からそのことを知り、悲しみに我を忘れ、すべてはもうおしまいであることが信じられないままに、チェー・カーの拷問室をたらい回しにされる。……モスクワ・チェー・カーは逃げ口上のために、レフォルトヴォ・モルグにすでに収容されたのが明らかになっている人物と面会するよう、命令書を肉親に交付した多くのケースをわたしは知っている。

妻と子供は「差し入れ」を持って監獄を訪れるが、面会させる替わりに紋切り型の返事がきた。

「われわれの監獄の名簿に載っていない」

あるいは訳の分からない曖昧なことを。

「荷物を持って街に出かけた」……

公式の死亡通知も、別れの面会も、密葬するための死体さえない。……

ボリシェヴィズムのテロルは無慈悲である。それは敵も、父親の死を悼む子供も容赦しない」

そのような状況で復讐の手が挙がるとき、社会的良心はこの創造主であった人物に報復の行為で裁きを下せることができるであろうか。わたしは五〇年以上も前に書かれたロシアの偉大な思想家ゲルツェンの言葉を思い出す。次のような文言である。

「六月二六日の夜にわれわれはパリに対する〔反動的〕『ナショナール』紙の勝利の後に、わずかの間をおいた整然とした一斉射撃を聞いた。……われわれは互いに顔を見合わせた。全員が真っ青な顔をしていた。……「ほら銃殺をしているのだ」と、われわれは声を揃えて口に出し、互いに顔を背けた。わたしは窓に額を押しつけた。このような瞬間のために一〇年憎み続け、全生涯をかけて復讐している。そのような瞬間を赦す者にいいいいいいいいいい憐れみを」

そこには無防備な敵がいて、ここには……もっとも身近な肉親が。……

C・M・ウスチーノフの回想録には不気味な光景が描かれている。「メインストリートで、義勇兵部隊の前方で、茫然自失の裸足の女性が狂ったように奇怪な踊りを舞っていた。……ボリシェヴィキはその夜に撤収し、彼女の夫を銃殺したのだった」……

＊ゲルツェン著『過去と思索』、第五部からの引用。一八四八年フランスの二月革命時において革命派が弾圧された「六月事件」の光景。

女性への虐待

女性に対する強姦の報道を読めば、読者諸氏は必然的でほとんど自然な報復に驚くであろうか。われわれが頻繁に引用する書物［論集『チェー・カー』］で、これについての少なからぬ具体的資料を見いだす。ホルモゴールィ強制収容所で女性が耐えなければならないことについて、以下のページが語っていることで充分ではなかろうか。

「……料理女、洗濯女、女中が囚人の中から管理部に採用され、その際にしばしばインテリ女性が選ばれる。部屋掃除の口実で守備隊司令補佐は（例えば、オルケーンがそのように振る舞った）、自分が気に入った娘を深夜にも呼び出す。守備隊司令にも補佐にも囚人の中に愛人がいる。そのような仕事を拒否し管理部に従わないのは、許されないことである。囚人は非常に怯えてあらゆる虐待と乱暴を黙って受け入れる。抵抗する場合もあった。自分の怒りを毅然と表した抵抗者の一人は銃殺された（バチューリスの所で）。夜中の三時に守備隊司令補佐の所に来るようにとの求めが女子学生のインテリ娘の所に届いたとき、彼女はきっぱりと行くのを拒否した。それでどうなるか。同房の仲間は彼女が拒否しないよう懇願した。そうしなければ、彼女も自分たちもひどい扱いを受ける」

クバニ・チェー・カー特別部で「女性が風呂に入るとき、衛兵は更衣室だけでなく風呂場の中でも番をする」……銃殺直前に強姦された女性教師ドムボローフスカヤの例を採ろう。……投機の罪で銃殺の判決を受けた一人の若い女性を、キスロヴォドスク［北カフカース］・チェー・カー防諜部部長は「強姦し、次いで斬り殺し、死体を裸にしてもてあそんだ」。公刊されていない回想記で信頼できる証人が語っているように、チェルニゴフ管区で将軍Чの妻と二〇歳の娘が銃殺されるとき、娘はその前に強姦された。彼女らを殺害現場に運んだ運転手がそのように証言した。……

ヒステリーを起こして床に倒れた女性の周りに刑吏が群がった。酔っぱらいの笑いと罵詈雑言。卑猥な冗談を飛ばし、シャツのボタンを外し、まさぐる。……監獄で最古参だが、チェキストでないただの刑吏が恐怖に声を震わせていった。「いたぶるな。おれは銃殺寸前の女性をあんたにあずけることができないと分かっている……」。これは一九年一一月一七日サラトフにおける夜の銃殺の光景の一コマである。アストラハンにおける女性社会主義者二人への強姦について、『革命的ロシア』にある情報をわれわれは読むことができる。

そのようなことが至る所にある。最近ベルリンで出された『アナキスト通報』で、追放された女性アナキストの一人がヴォログダ中継監獄について語っている。「退職した女性刑吏はわたしたちに次のように警告した。わたしたちは警戒しなければならない。夜にあの目的で刑吏や部長自身がわたしたちの所にやってくるかもしれない。宿営地からそこに到着したほとんどすべての女性がそのような目に遭っている。その際ほとんどすべての職員は性病持ちで女性に感染させている。……警告は取り越し苦労ではなかった」……

わたしはブトゥイルキ特別部の厳重な監獄の分室が置かれていた上階の男性独房棟で、女囚の強姦があったのを覚えている。護送兵は、逮捕者にその気になればパン半フントが交付されると宣言した。そのようなことがあればいい。質の悪い黒パン［ライ麦パン］半フントでも。この事実に何かコメントが要るだろうか。ペテルブルグでの強姦については、コンラーディ裁判の証言でシノーヴァリが触れている。

だが、クバニ・チェー・カーのほか行動の資料もある。

「住民の殺生権を握り、市民からの徴発、没収、銃殺をやりたい放題にしていたこの小さなコサック村族長は、人生の欲望に飽きて、色情を充たすことに満足を見いだした。たまたまサラーエフの目を惹き、姿形に興味を持ち、強姦できる女性がいなかった。強姦の方法は非常に単純で、粗暴さと残虐さについては野蛮である。目をつけた犠牲者のもっとも身近な身寄り、兄弟や夫、父親、ときには彼ら全員を逮捕し、銃殺の判決を下す。当然なことに、奔走がはじまり、「現世の実力者」へのお百度参りがはじまる。サラーエフはこれを巧みに利用し、最後通牒としていやらしい提案をする。身近な者の自由と引き替えに身を任すか、銃殺にするか。近親者の死と自分の貞操を秤にかけ、多くの場合犠牲者は後者を選ぶ。もしサラーエフがこの女性を気に入れば、彼は「仕事」を長引かせ、次の夜も犠牲者が自分の情欲を満たすよう強いる、など。テロルを蒙った住民は、自分の利益を守るというもっとも基本的な権利を奪われ、彼らの中でこのようなことが野放しになっていた」

「パシコフスカヤ・コサック村で執行委議長は、元将校であったコサックの妻を見そめた。元将校への迫害がはじまった。まず議長は彼女の近所に住む何某の住居の半分を接収した。だが、間近にいても美人の心は議長になびかなかった。そこで、障碍物である彼女の夫を排除するための措置が採られる。元将校、すなわち反革命家として彼は監獄に送られ、そこで銃殺される。

好色な下心のある事例を無数に引用することができる。それらはすべて型にはまり、一つのこと、住民の無権利状態とボリシェヴィキ権力の完全でまったく無責任なやりたい放題を明らかにしている……」

「あなたに非常に興味がある、あなたの夫はあなたにふさわしくない」と、ある女性にチェキストの予審判事が語りかけ、そこでいとも平然とつけ加える。「あなたを自由にするが、反革命家として夫は銃殺だ。そこで、あなたが釈放されてわたしと近づきになるなら、自由にするよ」……錯乱状態一歩手前で心を乱す彼女は、この尋問を同房の女友達に話し、何とかして夫を助けるための助言を受け、彼女はまもなくチェー・カーから釈放され、予審判事は何度も彼女の家を訪れた、……彼女の夫はそれでも銃殺された。

特別部に下獄している将校Mの妻に、同棲する条件で釈放を提案した。彼女は合意し釈放され、チェキストは彼女の家に住みついた。

彼女は知人女性に次のように語った。「わたしは彼を憎んでいるけど、夫がいなくて乳飲み子が三人いるのに何ができて。……わたしは平穏よ。捜索にびくつかないし、いつ家に押し入ってチェー・カーに連行されるかと心配しなくてもいいのよ」

わたしはモスクワの施設、モスクワだけではないが、での経験から同様なケースで、このリストを補充することができる。権威のある情報源からわたしは、もっとも力のあるチェキストの一人がそのような殺害に責任があると証明できる事実を知っている。目下のところ情報源を明かす権利を持たず、名前も知らない。

クリミア事件に関するローザンヌ裁判で、すでに引用した証人は次のように語っている。「それぞれ水兵は、おもに銃殺したり脱出したりした元将校の妻からなる四、五人の愛人を持っていた。逆らったり、同意しなかったりするのは、銃殺を意味した。意志が強固だと自殺ではてた。この解決法は広まった」。さらに続く。「酔っぱらいや血を見て興奮した者が、夜に看護婦や、銃殺されたり逃亡したりした将校の妻、その他の女性人質が否応なしに参加させられた酒宴で名簿を取り出し、彼らが気に入らなかった名前に十字を切った。「名づけ子」は晩に銃殺された」……ヂェニーキン特別委で証人の一人が明らかにする。ニコラエフ・チェー・カーと裁判所で、組織を挙げての酒宴が行われた。肉親の命乞いに訪れた女性は、それらに参加するよう強要された。それと引き替えに逮捕者は自由を得た。この特別委におけるキエフの看護婦メドヴェーヂェヴァの証言の中に、滅多にない露骨で厚顔な光景が記録されている。「チェキストは大勢の女性を侍らせていた。嫌らしい目つきで彼らは女性に近寄った。ただ恐ろしいだけであった。ソーリンは酒宴が大好きだった。情熱的な土曜の集いが催され大ホールに演台があり、次のようなことが行われた。二人の女性請願者が手紙を持って入る。彼女らが来たときに演台の幕が開き、そこには素っ裸の女性がピアノを弾いている。彼女らがいる前で彼は女性請願者を迎える。彼女たちがこのことをわたしに話してくれた」

最近『労働者新聞』と『プロレタリア・プラヴダ』で宣伝していた「女性尊敬二週間」の宣言はロシアの日

常的条件の下では無駄である。やりたい放題が地方で散見される事実として、ボリシェヴィキ出版物でも非ボリシェヴィキ出版物でも嘲りの種となった、悪名高い「女性の社会化」といわゆる「自由恋愛の時代」は疑いもなく存在したではないか。これは文書でも確認される。

「ブルジョワジーの迫害」

「テロルは殺人、流血、死刑である。だが、テロルは同時代人の思考と想像力に何よりもはっきりと衝撃を与える死刑というだけではない。……迫害と虐待が無数に様々な形で表出するように、テロルの形は無数で様々である。テロルは至る所で全体にくまなくおよぶ死刑である」……新著『革命の道徳相』で十月革命期の活動家の一人、「死刑が血にまみれた栄誉」、「民衆の魂を」「毎日毎日倦まずに」殺害する「システムの忌まわしい神聖化でしかない」、この国家的構造物、このシステムの創設者の一人がそのように書いている。シチェーインベルグ氏が一七年一〇月でなく二三年一〇月にもなってこのことを書いたのは、なんと哀れなことか。われわれが認めている「尽きせぬ魂の退廃」の雰囲気の中で「わが革命の大きな災厄」について、今さら語ってももう遅いのだ。だが、「赤色テロル」と呼ばれている現象の全体像を把握するには、横暴と暴力が国家の現実の中で未曾有で空前の地位を占めたこれ以外の現実の様々な分野で、テロルがどのように表出したかを描くことが疑いもなく必要であろう。この横暴は人間の生命を危険に晒した。至る所で「自由な言葉」が禁圧されただけでなく、「検閲の枷が人間の思想そのものに重くのしかかった」だけでなく、少なからぬロシア人作家が「革命的司法組織の」獄舎と地下室における銃殺で命を落とした。『南部通報』に参画した罪によりクリミアで銃殺されたもっとも人道的エヌエスのA・Π・ルーリエ、アルハンゲリスクの『北部再生』の編集者であったエスエルのジルキーン、『北部の朝』の編集者レオーノフ、「西欧プロレタリアートの眼でソヴェト権力の名誉を毀損した」罪を問われた、オデッサ新聞『現代の言葉』と『南部の言葉』の執筆者エリアースベルグ、『自由な言論』に協力してニコラエフで銃殺されたプレハーノフ主義者バフメーチエフ、『臨時政府通報』編集者でエスデーのマッケーヴィッチ、ノヴォニコラエフスク監獄で死んだA・C・プルガーヴィン、ブトゥイルキでチフスのために落命したB・B・ヴォルク＝カラチェーフスキィ、同じくドゥシェーチキンが頭に浮かぶ。これはたまたま引いた名前である。どれだけいるのか。どれだけの科学者がいるのか。最近国外でアカデミー活動家同盟が公表した死亡者リストに多くの遺漏があるのは避けられない。

当面はこれらの陰鬱な想い出を脇に置こう。われわれはただ住民のテロル化の一形態、あらゆる想像を超えたその残虐さと不条理さを詳しく論じたいだけである。いわゆる「ブルジョワジーの迫害」について述べよう。すべてのインテリにおよんだこの「ブルジョワジーの迫害」は特に南部で際だった。ここでは軒並みの捜索が行われ、ほとんどすべての衣服と下着が奪い取られ、「ノルマに準じて」シーツ一枚、ハンカチ二枚などが残されるだけの特別に指定される日があった。例えば、パリ・コミューン記念日にエカチェリノダールで宣告されたその日は次のように描かれている。「革命前までは貴族、商人、名誉市民、弁護士、将校に、現在では医者、教授、技師、要するに「ブルジョワジー」に列挙される不幸を背負った人々が寝起きするすべての監房に、夜ごと上から下まで武装したボリシェヴィキが赤軍兵士部隊をともなって押し入り、入念な捜索を行い、金と貴重品を取り上げ、性別、年齢、健康状態に関わりなく、ときにはチフスで死にそうな者も収監者を下着一枚で引きずり出し、護衛の監視の下に地下準備室に閉じこめてから、郊外にある様々な建物に運んだ。「ブルジョワジー」の一部は強制収容所に拘留され、一部はカスピ海漁で強制労働をさせるため（!!）ペトロフスク市に送られた。一中夜半にわたり数百人の家族の移住という悪夢のような光景が続いた。……移住者の財産は労働者に分配するために没収された。われわれはそれが実際に労働者の手に渡ったかを知らないが、それは市場に流れ、投機人から元の所有者によって購入されるが、コミッサールの持つスーツが自分の妻や身内のものであると気づくのは日常的現象であったことはよく知っている」

われわれは、特にボリシェヴィキの権力掌握の初期に極端な規模にまでなった勝手なコントリビューツィア［懲罰的課税］の光景も描かなければならない。このコントリビューツィアの不払いは、逮捕、勾留、おそらくは人質の銃殺を意味した。

「革命の事業への貧者の一灯」という、このコントリビューツィアを特徴づけるには、「ブルジョワジー」の集会を前にして行われた、一八年二月のキエフ占領の際の悪名高いボリシェヴィキ司令ムラヴィヨーフの演説を引用すれば充分であるとわたしは考える。

「わたしが到着したのは遅く、敵はすでにオデッサの入り口に迫っている……。諸氏はおそらくこれを喜ぶだろうが、喜んではならない。わたしはオデッサを引き渡さない、……必要ならば諸氏の豪邸に、諸氏の生活に何も残すつもりはない。……三日間で諸氏はわたしに一〇〇〇万ルーブリを納付しなければならない。……もし、諸氏が金を払わなければ、諸氏は困ったことになる。……石をつけてわたしは諸氏を水におぼれさせ、諸氏の家族をめちゃくちゃにする」

おそらく、これは実際にはそれほど恐ろしいことではなかった。このことをペシェホーノフは自分の小冊子『わたしはなぜ亡命しなかったか』の中で明らかにしようとしている。理論と実践は異なったし、ムラヴィヨーフはオデッサのブルジョワジーと社会団体の代表をおぼれさせなかった。だが、例えば、当時わたしが記録した多くの目撃談で裏づけられているエカチェリノダールでの出来事に関する記述によれば、いわゆる「ブルジョワジーの迫害」、あるいは「都市と農村のプロレタリアートの権利の回復という神聖な事業」は、ありもしないだろうと笑い飛ばせるような現象でないのも明らかである。ペシェホーノフにとっての問題は、ムラヴィヨーフの実験から一年後に（一九年五月一三日）ボリシェヴィキによってオデッサで宣言された「平和的蜂起の日々」についてであり、そのとき特別に編成された部隊によって（六〇人以下）、「資産階級から」食糧、履物、上着、下着、金品、その他の余剰の没収が命じられたのである。マルグーリエスの著書『苦悶の年』の中に、われわれは、決定を履行しない者を逮捕し、抵抗する者を銃殺すると脅した労働者代表ソヴェトの命令に則って「平和的蜂起の日々」がどのように実施されたかを特徴づける、多数の資料を見いだすことができる。現地執行委は没収すべき物品を指示したきわめて詳細な指令を作成し、一人当たりシャツ三枚、ズボン下、靴下、その他だけが残された。

「悪魔もここで描かれているほど怖くない」と、このことについてペシェホーノフは書いている。

「住民は彼らにとってもっとも貴重な品を隠匿すれば何が起こるかも分からず、いいようのない当惑に陥り、恐怖にうろたえた。本当にこれはまったく馬鹿げたことだと苦笑するしかなかった。はたして一日で数万人の人々から奪い取り、色々な隙間に隠してある金品を探し出すことなどできるものか。二つのうち一つが起こることは避けられない。ボリシェヴィキ部隊が最初の家で手間取るか、あるいは、組織的強奪が非組織的なものに替わり、街の群衆がそれに加わり、ボリシェヴィキ自身が「暴動」を鎮圧しなければならないかだ。実際に部隊は最初の家で手間取ったが、そこで予期せぬことが起こった。労働者の家で彼らは罵詈雑言を浴びせられ、そこで事態はまたたくうちに銃撃にまで至った。ボリシェヴィキはプロレタリアートの武装蜂起を招かないよう、「平和的蜂起」を急ぎ中止しなければならなかった。……

二〇年には彼らはオデッサで「余剰の収用」を実行するのに成功したと思えるが、わたしはすでにそこにはおらず、それがどのように組織されたのかを知らない。たぶん、多くがいずれにせよ、それを回避することができた。ハリコフでも二〇年に余剰の没収は終了した。初めはすべての家に対して行われたが、次の夜にはもっともブルジョワ的家を探し当て、選別して訪れ、その後は窃盗に対するおびただしい抵抗と無数の訴えを考慮し、巡察は完全に止んだ。わたしが住んでいた家には至らなかった」

オデッサで実際にはその程度であった。マルグーリエスは次のように書いている。「問題は、ボリシェヴィキが労働者やソヴェト平職員を捜索から免除せず、大きな戦術的誤りを犯したことにある」……「平和的蜂起が全市に知られるようになったとき、恐ろしいパニックがはじまった。わたしはブルジョワジーのことをいっているのではなく、労働者のことをいっているのだ。……工場の大部分は操業を止め、「コムニスト」は非合法的狼藉から自分の持ち物を守るため家に逃げ帰った。野蛮なシーンが繰り広げられた。もっぱら青二才と年端の行かない小娘から構成される委員会は呪いと悪口雑言に迎えられ、多くの場合で事態は肉体的暴力と熱湯を浴びせられるまでになった。……激情が燃え上がった。……心ならずも没収を停止させる以外なかった。……そうでなければ抵抗の個々のケースが本物の民衆一揆に転化したかもしれなかった。

昼一時頃（「平和的蜂起」は九時にはじまった）捜索を中止せよとの命令を持った緊急遊撃隊が現れた。翌日執行委は労働者への特別アピールを出した。「……労働者があたかもブルジョワジーを擁護したかのようなことを認めるのは残念である」。そう。悪魔もここで描かれているほど怖くない！　執行委は、ブルジョワジーがかすめ取り隠匿した物をそこに隠しにかかったため、労働者の家で捜索がないと指示することはできなかったと、説明した。労働者にとって重要な事業を損ねる不幸な誤解」が発生した。

これに先立つ一ヶ月前にオデッサに五億ルーブリのコントリビューツィアが課せられた。これもフィクションにすぎなかったのか。他の都市と同様に二四時間以内にオデッサの家から追放することは、決してフィクションではなかった。ヴラヂカフカースにおいて野戦病院に勤務させるため女性たちを街中において力ずくで拉致したのは、フィクションでなかった。セヴァストポリやクリミアの他の都市においてブルジョワジーに課せられた強制労働があったのも、フィクションでなかった。われわれはヂェニーキン特別委資料にこれらの労働の明瞭な記述を見いだすことができる。証人の一人は次のように述べている。「糊のきいたカラーをつけた全男性と帽子をかぶった全女性が労働に送り込まれた」。彼らを街中で拉致し、塹壕掘りのためにグループごとに郊外に追い立てた。「街中での拉致に続いて一軒ごとの夜の手入れが見られた。捕らえた「ブルジョワジー」を警察署に追い立て、朝になると年齢に関わりなく、男性を何十人と貨車の積み込みと塹壕掘りに送り出した。慣れない労働はつらく、働き手の怠惰ではなく、ひ弱さ、ぎこちなさ、高齢のために作業ははかどらなかった。監督者の叱責と鞭も次第に臨時労働者の背中に浴びせられた。女性は兵舎とコミッサールとコムニスト施設が入ることになっていた建物を掃除し洗うために送り込まれた。彼女らを物笑いにしようとの願いから、若い娘の作業命令はセヴァストポリでは聖なる復活大祭週間の初日に出された。娘たちは昼間に突然警察署に呼び出され、ひどく汚れた赤軍兵士兵舎を洗い、整頓し、掃除をするため送り出された。もっぱら女子中学生には晴れ着に着替えることも、ゴミ掃除用の道具を持って行くことも禁じられた。コミッサールは手で便所掃除をするよう拳銃かナガン銃で強制した」

キエフでも「余剰取り上げ」週間が実施された。

「見かけは飽食で怠惰な者を手にかけるだけのようだが、本質的には飢えて困憊した人々に打撃を与える」

訳の分からない基準による勝手な追放、徴発、没収は、それ自体でテロルの表れであるという、ボリシェヴィキ司法の元コミッサールの主張は、これらのコントリビューツィアが次のようなヴラヂカフカースで一八年四月九日に出された命令一九号のような命令をともなうなら、正論である。「コントリビューツィアを払い込んだ、ならびに払い込まなかったすべてのブルジョワジーは今夜八時に冬劇場の建物に出頭する義務がある。出頭しない者は銃殺される」。これはもう言葉の直接的意味でテロルである。『キエフ・イズヴェスチャ』一九年八月二九日号に掲載された、ペーテルスのコムニスト・ジャーナリストとの「会見」からの引用では足りないか。ペーテルスは次のように述べた。「大衆的規模でブルジョワジーの捜索を実施せよとのわたしの命令に、ピーチェル［ペトログラード］労働者がどのように反応したかをわたしは思い出す。二万人近くの男女労働者、水兵、赤軍兵士がこの手入れに参加した。彼らの活動は賞賛を超えていた。……あらゆる捜索の結果、ブルジョワジーから約二〇〇〇発の爆弾（!!）、三〇〇〇個のプリズムつき双眼鏡、三万個のコンパス、その他多くの軍装備品が見つかった。これらの捜索で反革命組織を突きとめることが可能になり、それらは後に全ロシア的規模で摘発された」……

ペーテルスはさらに続ける。「遺憾なことに、わがキエフにはこのやり方がない。……暴利を貪る商人と投機人は価格をつり上げ、都市がきわめて必要とする食糧を隠匿している。夜の捜索時に食糧貯蔵が見つかった。これら貯蔵の登録に関するわたしの命令を遂行しないその所有者は、極刑を受けるであろう」

これもフィクションではない。『イズヴェスチャ』の同じ号に、銃殺された一二七人を生々しく描いたイラストが載せられた。内戦の時期に捕らえられしばしば自分の生命で清算した人質も、フィクションでなかった。撤退のときだけでなく、ソヴェト権力に対する架空の宣伝用陰謀や本物の陰謀が摘発された際の人質も。

7　監獄と流刑

人質と実質的に「人質」と呼べる人たちが、監獄とあらゆる強制収容所に溢れている。そこにはどのような生き方があるか。これについてわれわれは極北にあるこのような収容所の記述から見てきた。この「恐怖の館」は例外だとしよう。そのような恐怖だけが国内で支配的であると想定することはできないであろう。だが、ソヴェト＝ロシア、特に直接チェー・カーの管轄下にある監獄における日常的監獄生活は、ときにはまったく悪夢のようである。「ツァーリ体制の徒刑場でもわれわれはそのように扱われなかった」と、女性左翼エスエルのスピリドーノヴァは一九年に書いた。一七年の十月政変の際にボリシェヴィキ支持の旗幟を鮮明にした彼女であるが。拘置所が溢れたために臨時監獄となったサラトフとツァリーツィンの「艀」で、いかに生活していたか、囚人がいかに維持されていたかを想像するのは、もちろん難しくない。

これらの監獄、これらの強制収容所で、それらの創造主はあざとく人間に対する虐待措置を考案した。二一年のソヴェト監獄に関する回想録の編纂者が書いているように、昔の監獄は現在なら顕著に見られる非常に狡智な虐待とはまったく無縁であった。［ツェレチェーリ時代に有名であった］カラ［極北］、ザレントゥーイ［正しくはバイカル東のゼレントゥーイ］、サハリンは、今日では色あせてしまう。これら全部が諸々の事実の前に霞んでしまう。銃殺された者を埋めるため囚人を強制労働に駆り出し、女性が銃殺後に監房の、彼女らの肉親と思われる血を洗い流し、壁に散らばった脳漿をぬぐい去るよう強いられる。これは、すでに一種の拷問である。だが、虐待は日常茶飯事で、例えば、素手による便所掃除を強いるのだ。このことについてヂェニーキン特別委に提供されたあらゆる決定的証拠が明らかにしている。雑役のためにオデッサでは、「フランス並木通りからのブルジョワ」が特に求められた。原始的でわざわざ選ばれた方法で汚物を清掃する際にむかついたり吐いたりすれば、「銃床で殴られた」。素手による下水口の掃除は、ほかでも日常的やり方であった。ルーズスキィ将軍もこの運命を免れなかった。政治犯を伝染病病棟に収容する（そのようなケースもあった）。フェオドシヤでは街路の掃除のために呼び集めた「ブルジョワジー」にシルクハットを被せ、ピャチゴルスクでは囚人に「犬小屋に行け、番犬」と喚く、など。

虐待行為は実際にあざとく思いつくかのようである。夜の尋問、夜の捜索がそれだ。夜に捕まえ、突然監房を地下に移す。二日が経過して逆に戻す。オデッサ監獄での日常についてこのようにいわれている。……これら夜の捜索、これら夜の監房から監房への移動など、われわれ自身がモスクワで体験した。これが囚人を虐待する特別なやり方、心理的影響を与える特別なやり方でないなら、これはまったくのナンセンスである。

以前エスエルの囚人は全ロシア・ソヴェト中央執行委への上申書で、「強制収容所は、野蛮な懲罰の場所、未曾有の疫病と大量死滅の源である」と語った。ここでも体験者からの誇張はない。われわれはすでにホルモゴールィ収容所での死亡統計を引用した。アルハンゲリスク収容所で、そこに収容されていたクロンシタット兵士五〇〇〇人のうち、二二年には全部で一五〇〇人しか生き残らなかった。そのように、銃殺がなくとも数千のうち数百人しか生き残らない。

ツァーリ時代の監獄でしばしば現在の落書きを見ることができる。「自由剥奪のソヴェトの館」は実際、表向きの生活条件でも以前の「徒刑中央監獄」よりもはるかにひどい。読書だけでなく散歩までも禁ずる規程を掲示したのは、いつ、どこの監獄で、「いかなる規程なのか」

外側から窓を塞ぐため監房はつねに薄暗がりになっているが、特別の鉄製シールドは（鉄格子のほかに）まだ考案されていないモスクワのヴェー・チェー・カー特別部のいわゆる部内監獄の公式規程がそれである。ペトログラードでチェー・カーの監獄が置かれているゴロホヴァヤ通り［二番地、ここに最初のチェー・カーが設置された］の独房は「木製棺桶」（窓がないために日中の光が差さない、奥行き三アルシン［二メートル余］、幅一・五アルシンの監房）の感がある。専制体制の下でそこに三人の囚人、今では一三人から二四人までを詰め込んでいる。ここのシステムはモスクワの「ヴェー・チェー・カー特別部」と同じである。備えつけのキャビネットが独房に転用され、一人の看護婦がそこに拘禁されていた三人の囚人を見つけた。老人、彼の娘と将校であるその夫を。湿って暗い地下室はどうか。エスエルのサモロドーヴァを、バクーで二二年に約一ヶ月間「窓がなく、昼も夜も真っ暗闇の、文字通り墓穴のような深い地下室に」閉じこめた。そのような「窓がなく光もなく、悪臭漂う地下室に」、バクー・エスエル裁判のほかの被告も（労働者とインテリ）審理期間中拘置された。一六歳のギムナジューム生は「一昼夜油まみれの地下室の割れたガラスと釘の上に寝かされた」

昔の監獄では逮捕者は何とか食べることができた。ここではどうか。一八年にモスクワの監獄ではパン八分の一フント［約五〇グラム］と腐りかけの馬鈴薯とキャベツがごく少量入った薄い雑炊《バラーンダ》が出された［原註1］。このような状況の下にあらゆる所で「懲罰」方法と必要な証言を得る方法、一ヶ月間肉親から食品の全面差し入れ禁止、が実行される［原註2］。

［原註1］その後は監獄でパンは〇・五から一フントが出されている。この食事でどれほど満たされたかを、ペトログラードで投獄されていた一人のタムボフ農民の手紙が証言している。「三日で一フントと、シチューでなく、水っぽい《パモーイ》スープのシチューを受け取り、塩はまったく入らず、塩のない水っぽいスープは嫌な味がする」。ペトログラードの『革命的事業』（二号）は二二年二月に同様な言葉で、女性と子供を含めてペトログラードのヴィボルグ監獄に収監されていた二〇〇〇人のタムボフ農民の状態を描いた。「監獄中を人間ではなく何か不気味な影が歩き回っている。丸一日当たり一面呻き声が絶えない。……文字通り人々が餓死している。毎日数人ずつが死んでいる」［この時期、例えば、タムボフ農民は通常三〇〇〇カロリー以上を摂取し、その多くをライ麦パンで賄っていたので、一日一フント以上のパンを食べるのが普通であった］

［原註2］多くの監獄で差し入れの共有化のシステムが実行され、それらは共同分配になった。この結果は容易に想像できる。ペトログラードでは今日までもそのような慣例が存続しているように思える。差し入れは共同分配されるか、看守の懐に入る。

この結果は、監獄病院での完全な衰弱による恐ろしいまでの死亡率であり、それは七五%にも達した。餓死率は四〇%であると、タガンカ監獄長は公式に報告し、それはボリシェヴィキ新聞に公表された。彼らが見聞きする有様に狼狽する若干の「感傷的」ボリシェヴィキがまだ存在した時期に、これは掲載された。「生きている者の墓場」との見出しが、『イズヴェスチヤ』に掲載されたディヤコノーフの論文につけられた。筆者はタガンカ監獄の未決監房について次のように書いた。

「いくつかの監房は三八度から四〇度の熱がある病人で溢れている。ここでは発疹チフスも「スペイン風邪*」患者もごちゃ混ぜである。これらの死にかけの生き物が一週間かそれ以上、床に伏せっている。病院へは送られない。監房の気温は五度から七度で、三度にもなる。何人かの病人は薄い毛布にくるまれているが、それさえない者もいて、外套にくるまっている。シーツも枕カバーもない。汚い板に藁なしのマットレスに似たものが置かれている。二ヶ月間も替えない下着を身につけている。顔はやつれ、肉体はまるで影のようである。眼の表情は、死の順番を待つ人間のそれである。一〇〇人の病人に一人の看護人では、いないも同然である。

あらゆる体制に仕えてこの監獄で二〇年を過ごした医者は、最近餓死のケースが頻繁に見られると語っている。チフスと「スペイン風邪」は毎日数人の命を奪っている。

残りのすべての棟と独房も汚く、憔悴しきった顔つきである。鉄格子から飢えて懇願する眼と痩せた手が突き出される。恩赦と、尋問なしに二ヶ月も、三ヶ月も、裁判なしに一年以上も入獄していることを訴える一〇〇〇人近くの人々の苦しみの呻き声は、眼に入るものを悪夢のようなおぞましい光景に変えてしまう。

こんな事実はもうたくさんだ。

人間の苦悩をわずかでも分かる人には、この恐怖の館に投獄された市民が体験する苦痛でこの光景を補ってもらおう。

そう。鉄格子と四方の壁に囲まれて一ヶ月も拘留された魂は、もっとも忌まわしい犯罪を贖ったのだ。

無辜の人々がどれだけ投獄されていることか。

檻に入れ、ぬくもり、大気、動き回る自由、休息を奪い、ときたま食事を与え、それから救われるのは死しかないような、ゆっくりと餌食にされる生きた寄生虫にしてしまうなら、これ以上完全な拷問を思いつくことができるだろうか。……

これは、わが共産主義共和国にとっての恥辱、われわれにはこれ以上耐えられない醜悪である。

監督官、裁判官、コミッサール、コムニスト、平の官吏、全員がそうである。諸氏には聞こえないのか。できるだけ急いで、流血の悲劇を待たず、生きながら埋葬された墓を暴け。もし早急に何もできないなら、恩赦を使え。

われわれには、自由を求めて発せられる犯罪者の呻きが危険であるというより、むしろ、このような監獄の存在が危険なのだ。共産主義と革命は、そのような「死の館」を救うのを必要としていない。監獄を保護するには別の手段を探そう」

＊一八年春以後スペイン風邪が全世界で猛威をふるい、数千万人にもおよぶ死者を出した。当時は第一次大戦中で、交戦国兵士の交歓や狭い塹壕、兵舎での日常生活、それに大量の避難民や戦争捕虜の群れが未曾有のインフルエンザの流行を引き起こしたといわれる。ロシアも例外でなく、チフス、コレラなどの伝染病とならんでスペイン風邪が大流行した。そして、ロシアでは革命後の慢性的食糧不足による栄養失調のために、スペイン風邪は二〇年に至っても衰えを見せなかった。監獄だけでなく、ロシアの特に地方での劣悪な社会環境も加わり、このような伝染病の死亡率はきわめて高く、ヴォロネジ県で一八年夏にコレラによる死亡率は六五％に達した。そして、この死亡率はさらに高まり、二一、二二年飢饉の中でピークを迎える。

別の論文でこの筆者は次のように書いている。「モスクワと地方のほかの収監所からの手紙は「死の館」の同様におぞましい光景を描いている」

「この醜悪にわれわれはもう耐えられない」……チェー・カー監獄に収監されている人々が、しばしば大量の寄生虫の中で、下着も食事もなしに、数十人が定員の建物に数百人が詰め込まれ、家畜のように粗末に扱われるとき、この言い様は当たっている。……

すでに老齢の二一年にクリミアで逮捕されたもっとも著名で功績のある批評家の一人は、男女が一緒に投獄されていた地下室に入れられた。彼はここで六日間過ごした。横になることができないほど窮屈であった。ある晩に数名の新たな逮捕者が連れてこられ、立つことさえできなくなった。その後刑吏によって銃殺が行われ、いくらか余裕ができた。当初は逮捕者にまったく食事が出されなかった（明らかに、地下室に投獄された全員が絶望に陥った）。一日一回だけ冷たい水が与えられた。食事の差し入れはまったく認められず、それを持ってきた肉親は群衆への空砲の一斉射撃によって追い払われた。……

徐々に監獄に統制がおよぶようになったが、本質的に変化はわずかであった。「生きる者の墓場」と「死の館」は以前の場所に置かれ、そこでは一様に非人間的生活が営まれている。おそらく、いくつかの点では悪化した。監獄での大量の制裁、囚人への懲らしめ、われわれがツァーリ時代にもなかった食事抜き（例えば、エスエルのタラブーキンは一六日間）、何十人、何百人、ときにはそれ以上が食事を取り上げられ、一時モスクワのブトゥイルキ監獄全体で食事が出されず、一〇〇〇人以上が飢えていた。自殺などについても、本当にわれわれはつねに情報を聞いていないだろうか。個人的体験からこのボリシェヴィキ監獄を評価するのは間違っている。われわれのようなタイプの人間は、ツァーリ時代にもつねにある程度まで特権的状態にあった。社会主義者は少なくともモスクワでは一般囚より特別な恩典を享受していた時代があった。彼らは抵抗、ハンガーストでこれを獲得し、一致団結した行動で彼らは自分のために確固としたシステムを築いた。ある時期まではは。というのは、これらの譲歩と恩典に対して高い代償が支払われたので。

現在モスクワに公式に開設されている政治犯赤十字が、二二年に全ロシア・ソヴェト中央執行委幹部会に提出した覚書がある。この覚書は次の言葉ではじまっている。

「政治犯赤十字は政治犯の条件が最近不断に悪化していることに、幹部会の関心を向けるのを義務と考える。囚人の扱いは、ソヴェト＝ロシア領内で起こった激しい内戦の初期に認められた実情に再び近づいた。……一八年のピリピリした雰囲気で起こった過剰行為が、……現在再び日常的行為の中で復活している」……

ロシアにおいて人々はあらゆることに慣れ、監獄にも慣れてきた。そこにしばしば不平も漏らさず、「陰気で土気色の浮腫んだ顔で」、「ぼんやりした生彩のない眼で」、これら何百、何千の囚人が投獄されている。何ヶ月も何年も以前はチェー・カー、現在はゲー・ペー・ウーの地下室と監獄に（日光と空気を遮る特別の鉄製シールドをつけて）投獄されている。「不服従と自立の精神は、ことごとく猛烈に容赦なく追求される」。この状態は、人里離れた地方はいうまでもなく、オデッサ、オリョール、モスクワ、ペテルブルグでも一様であろう。

二一年秋にモスクワからセヴェロドヴィナ県ウスチスィソリスク市に送られた政治的女性流刑者Г・М・ユドーヴィッチは、地方監獄を渡り歩いた様子を活写する。

「夜遅くにわれわれはヴォログダ中継監獄に到着した。……

上部の者が最初から下品でくどくどした小言をならべてわたしたちと面談した。

立て。……

笑うな。歩くな。静かにしろ。……

多くの物を取り上げはじめた。わたしたちのただでさえきわめて苦しい孤立無援の状態で、個々の品は、たとえ無用に見えるスプーンや茶碗であっても、大切な意味を持っていた。わたしたちは怒って抵抗しはじめた。これはもちろん無駄であった。

次にわたしたちは監房に「追い立て」られた。

わたしは指定された女性一般房の扉に行き溜息を漏らした。この信じがたい恐怖は筆舌に尽くせない。ほとんど完全な闇で、ゾッとするぬるぬるとした泥の中に、三五人から四〇人の半分死にかけの生き物がうごめいていた。さらに、監房の壁は大便やその他の汚物で汚れていた。……

昼間は新たな恐怖がはじまる。それは食事だ。もっぱら半腐りの鯉が出された。碾割りは出されず、掠め取られている。ヴォログダ監獄は「中心的」監獄であり、そこを経由して次々と休みなく護送囚人が方々に向かうおかげで、信じられないほどてんてこ舞いで、誰もきちんと炊事をしていない。食器は洗われない。すべての料理に屑が混じっている。「スープ」という名の、濁った薄い味つけされた水が煮込まれる大鍋に、恐ろしい数のウジが群がっている」……

ヴォログダに続いてヴャトカ。

「ここの条件はヴォログダよりもいくらかましに思えた。監房は大きく、それほど汚くもない。
わたしは身体を洗うことを要求したが、まず監房に行き、「そこでたぶんできるだろう」と命じられた。……

大きな女性監房に四〇人がいた。「政治犯」はわたし一人である。監房には板を敷いた折りたたみベッドが九台あった。マットレスも枕も何もなかった。ハンモックと単に土間でボロを纏った何人かがほとんど飢えた状態で、半ば死人となって横たわっている。

セメントの土間だ。ほとんど洗ったことがない。……

ヴャトカ監獄で過ごした悪夢のような夜はほかに思い出せない。無数の虫がいる。女囚は夢を見て、唸り、食事を乞い求める。……多くが高熱である。

朝までに一七人がチフスに感染したことが判明する。彼女らを病院に移すことを考えるが、何もできない。

夜八時に「スープ」が運ばれた。このような物をわたしは見たことがなかった。スープは汚い馬の頭を煮込んでいる。黒っぽい臭い液体に馬皮の欠片、たてがみ、何かねばねばした物、屑が浮かんでいる。……スープの中のジャガイモは皮を剥いていない。

野獣のように貪欲な人間は、この恐ろしいスープに飛びつき、先を争って貪り、ジャガイモの皮に四苦八苦する。……

何分か後に大勢がヘドを吐く。

そのようにして一日が終わり、再び悪夢の夜が訪れる」……

その回想録でユドーヴィッチは、移送直前に病気になり、そのため「服がなく、したがって、北部へ旅行することはできない」旨を書いたしかるべき上申書を提出したことに触れている。この上申書への回答は、「北部への即座の搬送」であった。それはいつものことだ。これは囚人に加えられる虐待の特殊な形態といえる。

例えば、二〇年一〇月一九日にモスクワのイヴァノヴォ収容所からエカチェリンブルグに送り出すため、「強制労働」の既決囚の一団が夜遅く緊急に召集された。送り出された者の中にロシアのすべてのインテリに知れ渡っていた社会活動家たちがいた。これに直接参加した一人が著したこの旅行に関する記述から、数ページでも引いてみよう。「送り出された者の中に（九六人）六、七〇歳の完全な病人がいた。留まりたいとの彼らのあらゆる懇願は無駄であった。挙げ句のはてに、多くは（おそらく大部分が）防寒用上着を持っていなかった。というのは、比較的暖かい日が続き、［一〇月］一九日に吹雪をともなう大雪が初めて降ったので、われわれの多くが草鞋以外に履物がなく、大多数が食糧を何も持っていなかった。集合をあまりにも急がせ、多くが自分の監房に必要な品を取りに行けないほどであった。八時か八時半頃までに搬送される者はガラス張りの廊下に入るよう指示され、そこは非常に寒かったが、一時間以上待たされ、その後で手荷物の検査が行われ、扉の前に連れられ、そこで国内保安軍の厳重な護衛の下に数回点呼を受けてから、街頭に連れ出され、行列は北部鉄道貨物駅（ヤロスラヴリ駅）に向かった。途中で囚人は護衛に乱暴に扱われ、急いで歩くよう求められたが、荷物を担ぐ老人のような人にとって急いで歩くのは困難であった。夜中の一時過ぎに駅に到着した。ここで貨車の用意が整わず、囚人を受け入れ貨車ごとに仕分けするはずの人物がいなかったため、われわれは三時間半以上寒風が吹きさらす吹雪と雪の中で戸外にいなければならなかった（氷点下一〇から一五度であった）。夜中の一時かそれよりも遅くに、アンドロニエフ収容所からの囚人グループ（約三〇人）が連れてこられ、彼らはわれわれと幾分離れて立っていた。彼らの中で故郷への移送のためということで、これより数週間前にイヴァノヴォ収容所からアンドロニエフ収容所に送られた数人の囚人を知っていた（ちなみに、一九から二〇日にかけての夜にエカチェリンブルグに送られた九六人の中に、大多数が「内戦の捕虜」のカテゴリーに含まれる三〇人から三五人のポーランド人がいた）。四時半に貨車への乗車がはじまった。だが列車が発車したのはようやく一〇月二〇日の朝九時か一〇時であったが、それでは何のために集合を急がせ、北部鉄道の線路で氷点下の中に辛い思いをさせて待たせる必要があったのか、理解に苦しむ。

列車は約六〇輌で編成された。というのは、イヴァノヴォ収容所とアンドロニエフ収容所からの囚人のほかに、この直通貨物列車によって、オルドゥインスコエ収容所から約一〇〇人、ノヴォペスコフカとポクロフスコエ収容所から数十人ずつを送り出したので。このほか、この直通貨物列車によって赤軍司令官政治養成所の聴講生約五〇〇人（元コルチャークとヂェニーキン軍の白軍将校）と候補生四五〇人が送り出された（したがって全部でこの最後の二つのカテゴリーを計算に入れれば、一四〇〇から一五〇〇人となった）。軍学校生とその候補について、エカチェリンブルグへの道中とそこでわれわれは以下のことを知ることができた。赤軍司令官の短期（六週間）政治講習に、原則的に赤軍での軍務に就くことが許された白軍将校が派遣された。その軍務までに彼らはこれらの講習を受講しなければならず、そこでロシア共産党の有力活動家がソヴェト権力と共産主義の原理を教え込んでいる。エカチェリンブルグに派遣された軍学校生はすでに講習をほとんど終え、修了と赤軍での軍務に数日を残すだけになっていた。彼らは拘禁状態にあると考えずに、元アレクサンドロフスキー軍学校の建物で生活していた。一九日の直前かその朝に彼らは理由もまったく説明されないまま、突然コジュホヴォ収容所（モスクワから一二か一五ヴェルスタ）に移送され、一九日の夜から二〇日にかけエカチェリンブルグに向かう直通貨物列車に加わった。候補生はこれらの講習に登録するために様々な地方の収容所から連れてこられ、自分の順番を待っていた。すなわち、軍学校生が講習を終了するのを。彼らは自由であった。毎日ただ登録に訪れるだけで、一部は特別の寄宿舎で生活し、またほかの者は民間の家で生活していた。同日、すなわち一九日に、登録に訪れた者はそのままの姿で、すなわち、上着もなしに勾留され、寄宿舎で生活している者が一堂に会する暇も与えず、エカチェリンブルグに追放するため駅に送り出された。列車を編成する車輌は粗末な貨車であった（暖房つき貨車でさえなかった）。

逮捕者の食事はほかの乗客と同じ条件であった。……われわれが貨車で過ごした一二日間に全部でパンが八回（ときには半フント以下）、小片の生肉が二回（自力でコンロを手に入れれば上出来であった）、スプーン数杯の碾割りが二、三回、スプーン一杯のバターが二、三回、三、四個のジャガイモが二、三回、鰊の切れ端が二回、コーヒーが二回、粉砂糖が二回、塩が一回、安煙草《マホルカ》（一人当たり二本ずつ）とマッチ一箱が一回貨車で交付された。コンロがあっても全員が調理することはできなかった。全員がこのための鍋を持っているわけでもなかった。三五人全員がコンロで調理するには非常に多くの時間を必要とし、食糧を受け取るのに長い間待たされて、何人かは文字通り一昼夜以上も食にありつけず、それに、熱湯にする水がつねにあるとは限らなかった。

何人かは収容所から食糧を持参することができたために、それで監獄の食事を補って、彼らは苦しい状況の足しにした。そのような食糧を持たない者は、飢えるか、現金や交換用の余分な品物を持っていれば（全員は決して持っていない）、食糧を購入するかそれらと交換しなければならなかった（ヴャトカ県の穀物生産地帯に出発した途中の三、四日後にそれははじまった）。現金ではほとんど何も手に入れることはできなかった。糸、石鹸、鉛筆、銅製やブリキ製の食器、下着の余りから、文字通りほかに何もないために身ぐるみ剥いだシャツ、上着、毛布、シーツに至るあらゆる物が交換に出された。そのような物々交換によって数時間は飢えが緩和された結果、人々は防寒衣服なしでこの旅を続けることができた」

わたしが考えるに、現在のロシアの政治的日常的状況を充分に知らない人には、三歳の幼児から九七歳の老人に至る（ブトゥイルキには八〇歳のスパイが投獄されていた）囚人を収監するボリシェヴィキ監獄を想像することも難しいだろう。これらが追放された老若男女の群れである。……

現在のロシアの監獄は実際に一面が恐怖である。囚人自身にとってだけでなく、おそらく彼らの肉親にとってはもっとひどい。彼らが身内の死について知るのは偶然でしかない。多くの肉親は自分の子供が死んでいるのか、そうでないのかを知らない。北部に収監されているどこかの強制収容所で愛しい人を見つけることを期待して生きている。肉親は愛する人の遺体を埋葬するという、最後の慰めさえも奪われている。

それとは異なる状況もある。わたしは二〇年の公文書に記録されたモスクワのケースを知っている。チェー・カーは肉親に、テニスクラブ事件で逮捕された一六歳の息子が一二月四日に銃殺されたと通知した。だが、彼が銃殺されたのは二二日であったとの真相が明らかとなった。肉親が彼のために「奔走しない」よう、そのような通知が出された。ラーチスの考えでは、奔走すれば計画的作業が乱され、そのため、ラーチスはしばしば赦免を訴えた者を急ぎ銃殺した。

肉親は囚人について何かを知ろうと期待を抱いてチェー・カー施設にお百度を踏んだが、彼らに情報は提供されず、彼らがどこにいるか分からない。上記の赤十字文書では次のように述べられている。「ヴェー・チェー・カーに肉親が囚人について問い合わせるのは総じて止んでしまった。ときには何週間も肉親は逮捕者について、まったく知らされないままであった。例えば、秘密部の命令により四月一四、一五日（二一年）に大勢が（四〇〇人以下）逮捕された者の肉親は、三週間にわたり必要品（まず食品）を差し入れることも、彼らの居所を知ることもできなかった」

銃殺される日を指折り数える、投獄されているこれら人々の心理を想像して欲しい。これは一個人からさらに多数の身寄りを含めた一種の拷問でなければ、一体何だろうか。

ときにはチェー・カーによって大量に実行される逮捕の理由がどれだけ雑多かを想像することも難しい。ソヴェト権力のヒューマニズムを証明しようと、ラーチスはその統計に一八、一九年にチェー・カーに逮捕された一二万八〇〇〇人という数字を引いている。「これが広いソヴェト＝ロシア全部である。あらゆる機会を捉えてわが俗人が叫んでいる、自由奔放なやりたい放題はどこにあるのだ」。公式情報によれば、一九年にロシアの監獄の収容定員が三万六〇〇〇人であったことを考えれば、ラーチスが引用する数字は少なくないであろう。だが、死亡率の統計ならびに逮捕者の統計は、その表向きの入念さと詳細さにもかかわらず、極端に少ない。実際、どこか小さなキネシマに囚人一〇〇〇人を持つ強制収容所があるなら（監獄は現在まったく稼働していない）、オムスクの近くだけでも強制収容所に二万五〇〇〇人の囚人を数えているなら、昔の修道院のほとんどが監獄に替わったロシア全体について話をすれば、数十万といわなければならないのは明白である。念を入れて何百人もの無辜の人々が逮捕されるときに、チェー・カーあるいは同じことだがゲー・ペー・ウーによって独自の逮捕の方法が実行される場合に、監獄はつねに満杯になった。

ラーチスは自分の論文で次のように書いた。一八、一九年に逮捕者の半分以上が釈放されたが、「われわれは、どのような訳でそのような大勢が無実の罪で逮捕されたのかと尋ねられる」。「施設や連隊や軍学校が丸ごと陰謀に巻き込まれるときに、起こりうる過ちを避け事案の慎重な審理過程で無実の者を選別し自由の身にするには、全員を逮捕する以外の方法がないので、このようなことが生じている」

おそらく、全世界でボリシェヴィキ権力だけが、犯人を突き止めるそのような方法に到達した。いわゆる人権の不可侵性、これは「ブルジョワ的偏向」以上のものではないということだ。連隊丸ごとが、施設丸ごとが。

……モスクワにいるわれわれは、一晩で例えば、職権濫用の罪で住宅部の職員一〇〇〇人が実際に逮捕されたり、ある家や施設で待ち伏せにあった一〇〇人が逮捕されたりしたことについての証人である。「政治にまったく関わりを持たない、たまたま居合わせた人々が大勢捕らえられ、そこでこれらの人々は長い期間投獄されるという、頻繁に広く適用されている待ち伏せのシステムが作り出す醜悪なやり方を指摘せざるをえない。われわれは待ち伏せで逮捕された者が一ヶ月以上尋問を受けなかったという大量のケースを引用することができる」と、政治犯赤十字の報告書は述べている。例えば、モスクワの美術品店ダツィアロでの待ち伏せの際に、六〇〇人の購入者がチェー・カーに連行された。以前ブトゥイルキ監獄に、来賓、御者などを含めて婚礼に訪れた全員が連行されたことがあった。投機が行われていたニキーチン通りの食堂で四〇〇人が捕らえられた。そのようなことがあらゆる都市で起こった。このような張り込みはときには大がかりとなった。例えば、オデッサで二一年七月に張り込みの際に、一万六〇〇〇人が逮捕されたといわれている。逮捕者は三日間勾留された。『全般状況』特派員はこの大量検挙を、ソヴェト選挙期間中に望ましからぬ分子を排除しようとしたためであると説明している。『最新ニュース』は、ノヴォロシスクから到着した人の言葉を引いて、この都市では定期的に特別「監獄の日」が設けられ、その日に住民の誰もが外出する権利を持たなかったと、報じた。この日に大量検挙が行われ、あらゆる年齢と階層の人の群れがチェー・カーに連行された。

「ソヴェト＝ロシアで人々はある特定の行動に対してのみ逮捕される」と、公式文書にラコーフスキィ［ウクライナ共和国人民委員会議議長］は書いた。そのようなことは公式文書だけに書くことができた。現実はもちろんこの確言にいささかも合致しない。

「ヴェー・チェー・カー予審判事によって一ヶ月間で事件の審理は終了しなければならないと規定した、一九年二月一日づけ全ロシア・ソヴェト中央執行委幹部会決議は、完全には遵守されていない」と、赤十字の覚書は断言する。

そのようなことはつねに起こった。例えば、一八年にペーテルスは、逮捕された二〇〇〇人のうち（一〇月二九日）全員が尋問を受けたと言明したが、実際には人々は何ヶ月も尋問なしに勾留され、チェー・カー自身でそのような実際の混乱を処理することができなかった。そのようなことが一九年にも、二二年にチェー・カーがゲー・ペー・ウーに再編された頃にもあった。全ロシア・ソヴェト中央執行委のしかるべき布告の中で、逮捕者は四八時間以内に尋問を受けなければならない、逮捕の日から二週間以内に彼らは罪状の告知を受けなければならない、二ヶ月間で勾留または釈放または裁判所送致の予審を終了しなければならない、二ヶ月を超える勾留のためにソヴェト＝ロシアの最高立法組織の特別決議が要請されると、公式には宣言されたものの、そのようなことは今でも続いている。

ソヴェト的「人身保護法 habeas corpus act」を信じる者は無邪気だ。この方面では例外もない。

逮捕の統計について、ボリシェヴィキ自身の公式資料さえ、どれだけ少なく見積もっても、勝手な逮捕がいささかも減っていないことを示している〔原註1〕。第一〇回ソヴェト大会に提出された内部人民委員部と司法人民委員部の報告資料によれば、二二年一二月一日現在で行政的流刑にある政治犯は一万六三八人を数え、政治犯は四万八八一九人と算出された。これらの情報は中央ロシアの分だけである。二三年七月一日で、刑務所中央管理局のリストによれば、逮捕者は七万二六八五人を数え、彼らのうち三分の二が政治犯に該当した。われわれが持つ一九年の死の統計と比べて、囚人の構成も本質的には変わらなかった。収監者の四〇％が労働者と農民であった〔原註2〕。テロルは現在まで階級的性格を持たなかった。これは〔ボリシェヴィキ〕専制体制を特徴づける権力掌握のシステムにすぎない。

〔原註1〕二三年五月のメンシェヴィキの「清算」の際に、三〇〇〇人以上、モスクワだけでも一〇〇〇人以上が逮捕された。そのような「清算」が三〇の都市で行われた。七月には新たな「抑圧の波」が広まり、数百人、おそらく数千人の犠牲者を出した。

〔原註2〕二三年中の最高革命裁判所の活動に関する上で引いた統計も同じ結果を示している。インテリ三四、農民二九、ブルジョワジー二六、労働者一一％。

二二年以後になると流刑は異常な規模で適用されるようになった。過去の遺物のすべてが復活する。トゥルハンスク［クラスノヤルスク県］、ナルィム［トムスク県］・クライとソロフキ島が。「極北か、飢餓状態にあるトルケスタンか、周りから隔絶されパンや初歩的文化の片鱗さえない、奥深い田舎町か村で、多くの流刑囚は文字通り死滅を運命づけられている」と、ロシアにおける政治犯と流刑囚支援ベルリン協会の最近のアピールは指摘する。

さらに最近北海沿岸にあるポルタミンスク強制収容所が世間の注目を集めた。そこに昨年（二二年）末からモスクワやその他の都市から大勢の囚人が移送されるようになった。

ポルタミンスクにおける流刑者の全般的生活条件は次のように描かれている。

「収容所は、ペチカも、板寝台もなく、ごく少量が配給される以外淡水がなく、満足な食糧も医療援助もまったくない元修道院の半ば朽ちた古い建物に設営された。ポルタミンスクは年に二度の泥濘期［春と秋の降水の季節で、ぬかるんだ道は通行不能となる］になると数週間あらゆる交通から遮断され、流刑囚は近隣から完全に隔絶される……」

だが、ポルタミンスクは不備であることが分かった。近年はソロフキ島が流刑の中心地となった。現在二〇〇人以上が辛酸をなめているこの新たな流刑地について、次のような記述がある。

「島の一デシャチーナ［約一ヘクタール］の土地が囚人に割り当てられた。そこからの出入りは厳禁され、この規程に違反すれば無警告で銃殺せよとの命令が警備隊に出された。……航行の停止とともに、島はほかの世界と隔絶される。

人々に肉体的および精神的死の運命を負わせ、「共産主義」権力は特別な厳しさでロシアの徒刑と流刑の悲劇的歴史においても、未曾有の生存条件を作りだしている」

ソロフキ島におけるこの「赤色徒刑」を特徴づけるのに、『革命的ロシア』三一号に掲載されたロシアからの手紙は次のように述べている。

「革命以前の徒刑と異なるおもな点は、管理部全体、監視、護送班などすべての指導部が上から下まで（管理部長を除き）、この収容所に服役している刑事犯から構成されていることにある。彼ら全員がもちろん選りすぐりの分子で、おもに窃盗、強請、虐待などの犯罪で有罪となったチェキストたちである。あらゆる社会的、法的統制がまったくおよばないそこでは、これら狡猾な活動家の全権に「赤色」徒刑にある無権利で物言わぬ住民が委ねられている。……裸足でまともな服もなく飢えた人々が歩き回り、一日最小限で一四時間働き、あらゆる過失に対してこのような悪巧みに富んだ上層部の判断で、杖、小枝による殴打、単なる懲罰房送り、「石の袋」、食事抜き、「むき出しで蚊に晒す」ことによる懲罰が加えられる」

社会主義者が投獄されているサヴヴァチエヴォ隠遁所は島の奥にあり、それは一デシャチーナの土地と湖の一角を占め、有刺鉄線の柵に囲まれている。「そこの七〇人を収容できる館に現在は様々な社会主義者とアナキスト二〇〇人が生活している。この囲い込み地内で彼らは完全な自由が与えられている。彼らの内部事情に管理部はいささかも介入しようと試みることなく、彼らは飢えることも、病気になることも、正気を失うことも、まったく自由に死ぬこともできる。管理部長ノグテーフとの会話は、徹頭徹尾粗野で露骨で厚顔である。彼に要望を提出しようと試みたとき、彼はほぼ次のように応えた。「君たちはそろそろ、われわれが勝ったということを理解すべきで、君たちは敗れたのだ。われわれは君たちがうまく行くように配慮するつもりはまったくないし、諸君の不満はあずかり知らぬ」。多くが飢えるおそれがあったが、彼は「わたしが思うに、これが絶望的になるまでに、すぐにでも首をくくる方が君たちにははるかに簡単だ」と応えた。ソロフキ島までは苦しくて長い道中であるため、何とか生きてもらおうと肉親が物質的援助を彼らに与える可能性はなく、官給は彼らを餓死させないほどしかない。重篤患者と狂人は医療援助を受ける機会を完全に奪われ、うるさくて狭い一般監房に置かれている。彼らが移動できる可能性はまったく絶望的である。島に病院はあることはあるが、その医者は懲罰で送られたチェキストである。……

だが、囚人にとって何より恐ろしいのは獄内の条件ではなく、八ヶ月間外界との交渉が断たれることである。この期間がどれだけかは分からない。現在ソロフキからの手紙は宛先に届いていない。現在シベリアのエスエルを縛って力ずくで別の島の、彼らがサヴヴァチエヴォの同志からも完全に隔絶された隠遁所に連れ去った」……

拙著の出版からようやく一ヶ月半がすぎた。そこで、予期していた「恐ろしいこと」が起こった。われわれはソロフキでの自殺を知っている。われわれは死ぬまでの大量の虐待についても公式情報から知っている。今年の『イズヴェスチヤ』三四号に小さな活字で次のような、「ソロフキでの出来事について」の報道がなされた。「二三年一二月一九日一八時に、ソロフキ強制収容所のサヴヴァチエヴォ隠遁所の中庭で、囚人と、彼らが居住するこの隠遁所を見張っていた赤軍兵士部隊との衝突という悲惨な事件があった」。事件調査特別委議長のソ連中央執行委幹部会員スミルノーフが伝えているところでは、衝突の結果、六人が殺されるか怪我が元で死に、二人が負傷したが「危険はない」

調査特別委の設置とその簡潔な公式報道の事実から、われわれは全世界から見放された彼方で演じられる悲劇の実態を判断することができる。そのようなものが社会主義者の運命である。ソロフキでのほかの政治犯の運命はどのようであるか。……『社会主義通報』の特派員の記述がわれわれにすべてを物語っている。

「ソロフキには社会主義者用の強制収容所のほかに、さらに特別の監獄、いわゆる「クレムリン」が存在する。……社会主義者の刑務所から完全に隔離された「クレムリン」はまったく特殊な世界である。ここには旧い慣習、旧い嗜好、旧いモラルを持つ犯罪人が集中している。そこに「エコノミスト」、すなわち、収賄、窃盗などの「経済的事案」で訴追された人々が送り込まれる。だが、ここには政治犯、聖職者、「反革命家」なども収容されている。

「クレムリン」での体制の恐怖は、開放監房であるにもかかわらず、筆舌に尽くしがたい。容赦なく殴られる。些細なミスで懲役者は殴られる。棒切れは監督官だけでなく、懲役者集団の長にも支給される。制裁は残忍である。むき出しで「蚊の大群に」晒したり（夏に）、横になることもできない暗い部屋に（窓はそれほど小さい）一、二週間閉じこめたり、冬に寒さで氷が張っている風呂場に入れたりする。配給は掠め取られるので、食事はひどい。

女性の有様は本当に悲惨である。彼女らは男性よりもさらに無権利状態に置かれ、出自、教育、習慣に関わらず、ほとんど全員がまもなく身を持ち崩さざるをえなくなる。彼女ら全員が「現物で」貢ぎ物を徴収する管理部の支配下にある。……女性はパンの配給と取引される。このため壊血病や結核とならんで、性病が広く蔓延している。

要するに、囚人の完全な無権利状態と、日常生活のもっとも恐ろしい光景、飢餓、殴打、虐待、悪罵を含めたまったくの奴隷状態の収容所である。……

この制度は、たとえ、もっとも重大な刑事犯にのみ適用されるとしても、ボリシェヴィキにとって最大の恥である。打ち負かされた政敵がそのような状況に置かれているとき、怒りの言葉でこの下劣な行為をとがめるだけでは不充分である。

これらの人々が例えばセメントーフやコヴァリョーフのような政治犯を人間的尊厳の蹂躙の罪で裁くことができるとは。彼らはここの刑吏よりましではないか」

いや今では、もっと悪い、一〇〇倍も悪い。過去には少なくとも厚かましい偽善はなかった。現在では「ツァーリ時代の徒刑の刑吏」が裁かれ、フィンランド、ラトヴィア、ポーランド、フランスなどで行われた「暴力と抑圧に対して」賑々しい抗議が送りつけられ、ブルジョワ監獄にいるコムニストへの暴力についての激越な論文が書かれ……人間性と人間の生命に対する前代未聞の規模の暴力が行われているのだ……

ソロフキでほとんどイワン雷帝の時代から修道院に伝わっていた有名な「石の袋」が復活した。これらの袋に（石壁の狭く深い洞穴、光はまったくなく、「曲げて」人間をやっと押し込めることができる）現在「一週間、ときには二週間」囚人を閉じこめている。

＊　＊　＊

詩人ポローンスキィの日記から採った、一八七六年のトルコの蛮行に関連する悪夢のような暴力が描かれたページにエピグラフとして載せられた言葉と、ペトログラードでコミンテルンにより出版されたロシアに関する小冊子にある、フランスのコムニスト、パスカルの言明を不本意ながら比べてみたい。彼は次のように書いた。「テロルは終わった。厳密にいえば、それは決してなかった。フランスにとってある一定のイメージを与える「テロル」というこの言葉に、わたしがこの「恐ろしいチェー・カーの」自制、優しさ、いうなれば、善意を観察するとき、いつもわたしは失笑してしまう」。拙著に関する論文にA・C・イズゴーエフは、「人間屠場」とタイトルをつけた。「諸氏が人間の残虐非道のこの過去帳を読むとき、……人間性と人間社会に関するもっとも基本的理解が諸氏の中で揺らぐであろう」……読者諸氏が確信したように、二二年九月六日の『最新ニュース』に人間の暴力につねにあまりにも敏感なE・Д・クスコーヴァが、「公然とした恐怖が止んですでに二年が経った」と書いたのは完全に間違っていたと、わたしは考えている。

8 「誇りと名誉」

チェー・カーの構成、犯罪行為、挑発行為、「革命的司法制度」

あらゆる党派とそれらの基調の精神的堕落は当然なことにチュイルリー宮殿に合流し注ぎ込む。

ゲルツェン（一八五〇年）

「チェー・カーは共産党の誇りと名誉である」と、かつてジノーヴィエフが語った。あらゆる評価は主観的で、「チェー・カーは、わがソヴェト組織が提供できる最良のものである」と確言したラーチスは、もっと正しいとわれわれには思える。われわれの観点からいえば、これはボリシェヴィキ体制全体に対する宣言である。

至る所でチェー・カーの実際的行動からほとばしる、抑えようのないやりたい放題や厚かましい暴力の行使は、そこで活動するスタッフによって多くの部分が説明される。どんな政治的狂信によっても、われわれがこれまでのページで読んだことを説明できない。生来の狂信者とサディストだけが、権力支配に貪欲で虎視眈々としている社会からのつまはじき分子だけが、大がかりな血まみれの事業に邁進し、実行することができる。健全な精神は、この五年間にロシアで演じられた血の滴る狂宴の重苦しい雰囲気に消耗したはずだと、わたしは考えている。

心理学者にとっても、歴史家にとっても、われわれにひどい制裁を下したチェキストのタイプを研究するのは特別な関心を引くであろう。ヤーコヴレフ、スタソーフ、サモイローヴァ、オストローフスキィなど、チェキストのトーガをまとって現れる理想的コムニスト全員が、おそらく、社会心理学と社会病理学で充分な研究対象となっていない〔原註〕。だが、これらの問題は当面われわれのどちらかといえば統計的記述の領域に含まれない。サディストだけが血まみれの事業を行い、この流血に愉悦し、未来永劫に誉れ高いチフリスの論集『チェー・カーの微笑み』の筆者が行ったように、それを詩で讃えることができる。彼にとって、

生きた骨の折れる音ほど、
大きな喜び、優る音楽はない。
だからこそ、わが眼差しが恋い焦がれ、
荒々しいまでに胸に激情がたぎりはじめるとき、
その判決文にわたしはしたためたいのだ
臆せぬ一言を。「壁に向け、撃て」

〔原註〕理想的女性コムニスト、サモイローヴァ、コンコルディヤ・グロモーヴァ（同志ナターシャ）はエカチェリノスラフで何百人もの死刑判決に署名し、懲罰遠征隊を組織した。ソロヴィヨーヴァは一八年のセヴァストポリ将校の銃殺を鼓舞した一人。

感傷と残虐はこうも頻繁に互いにつきそう。エイデュークは、叙情的感傷に流れやすい詩人であるが、「革命的事業」の名の下に手ずから人々を殺害することができる。……

アリストクラートとブルジョワ階層出身のチェキストの別のタイプを特徴づけるには、社会病理学の歴史から特別な章を構成することもできよう。そのような者は存在する。だが、おそらく彼らについて語るのは時期尚早であろう。というのは、現在では過ちは避けられないので。

チェー・カーはそれが存在したその当初から、犯罪的、完全に刑事犯的分子が浸透しなければならなかった。ヂェルジーンスキィは二二年二月一七日づけの覚書で、「革命権力の懲罰機関は、非常権力が整える人民革命的裁判官と予審判事の透明で清廉な機構を提供すべきであった」と語った。すべきであったと、二二年に

語るのはすでに遅すぎて、こうなってしまった事実を語るべきであった。この機構のボスは続けて言明した。「チェキストは入念に党員から選抜され、イデオロギー的に清廉でその過去に非難の余地のない人物から構成された。なぜなら、職員のそのような質的に優れた要素の下でのみ、チェー・カーは革命的プロレタリアートから（?!）託された責務を遂行することができる」。実際にこうであっても、ロシアにおける新たな政治警察の創造主によって築かれたやりたい放題の雰囲気によって、優秀な分子さえも放埒になるのは避けられなかった。チェー・カーの歴史編纂者ラーチス自身が活動家の日常的な更迭を認めなければならなかった。「どんなに誠実な人間であるか、彼がどんな澄んだ心の持ち主か、もっぱら神経系統に影響を与え倫理観を鈍化させる状況下で行われるチェー・カーの活動は、おのれの本性を悟らせる。この活動条件に影響されないチェキストはごく稀である」。ラーチスの証言によれば、チェー・カーの活動は、「性格的に強くない若いコムニストの多くに」破壊的な影響を与えた。

ヤロスラヴリ県チェー・カーに元水道工の予審判事がいた。初めの頃彼は「立派に働いたが、その後に飲みはじめた」。「彼には友人のアコーディオン弾きがいて、彼らは一緒になって酔っぱらった。そこで彼は酔って逮捕者の尋問に出かける。彼は退屈しないよう友人を誘った。一人が尋問し、もう一人がアコーディオンを弾く。……彼は読み書きがあまりできなかった。正式の決議書を書くことができず、ようやく金釘流で書き上げた。「銃殺だ」」。チェー・カーの日常的なこの叙事的光景は、論集『チェー・カー』にある論文「監獄生活の素描」の筆者とともに県チェー・カーの地下牢に勾留されていた、このヤロスラヴリ県チェー・カーの元予審判事の一人［A・ベグレーニエフ］によって描かれている。……

チェキストはあらゆる点で新たな「共産主義」社会の特権的分子である。完全な権力というだけでなく、日常生活での物質的条件においても。

モスクワ「のルビャンカ」にあるヴェー・チェー・カーは一種の国家内国家である。それは接収した社屋の数十にもなる多くの部屋を持つ。自前の仕立屋、洗濯屋、食堂、床屋、長靴屋、鍛冶屋などがある。地下貯蔵庫と倉庫には食料品、ワイン、その他の没収品の膨大な蓄えがあり、それらは職員の消費に回され、しばしば記録にも残らない。……飢餓の時期にもそれぞれのチェキストは、砂糖、バター、小麦粉などの特別配給を受けていた。すべての劇場はヴェー・チェー・カーに無料券を送ることが義務づけられている。……

他の都市でもわれわれはもちろん、同様なものを眼にすることができる。チェー・カーがスタヴロポリに出現するなら、それはもちろんキスタ・ホテル内に。オデッサでも「チェー・カー・アーケード」が作られ、そこには床屋、映画館を含めてその施設の住人にとって必要なすべてが揃っている。ジトミールのチェー・カーは自分の劇団まで持っている。

「酔っぱらったチェー・カー水兵とベルトに大型拳銃を差した若造のスタイルは、まもなく歴史遺産となるだろう。法学者と大学中退生からなるスマートに洗練された予審判事が彼らに替わる」と、『全般状況』に書かれた。これはおそらく実情に沿っている。特に地方でチェキストの構成は徐々に変化している。だが、これらの「ちやほやされ、洗練され、新しい服でめかし込んだ」、貧困の一般的雰囲気からかけ離れた人々が、「自分の捕虜の生死を自由に差配し」、いっそう醜悪になっている。

「チェー・カーの名は轟くだけでなく、清廉でなければならない」……

モスクワだけでも様々な施設に特権的配給を持つ全体で二万人ほどの（?!）エージェントを数えたときに、こんなことがありえたであろうか。ヴェー・チェー・カーだけで一九年に直接の職員は二〇〇〇人以上で、彼らのうち四分の三はラトヴィア人であった。ラトヴィア人は総じてチェー・カー施設で特別な地位にある。彼らは家族丸ごとここに勤務し、新しい「コムニスト体制」のもっとも信頼できる信奉者である。これは一種の「外人親衛隊」であり、モスクワではチェー・カーは「ラトヴィア人世襲領《ヴォトチナ》」と呼ばれた。『左翼エスエル通報』は、ラトヴィア人によるチェー・カーへのこの志向を次のように特徴づけている。「ラトヴィアからアメリカに行くように、金儲けのためにモスクワのヴェー・チェー・カーに出向いている」。しばしばほとんどロシア語もできないラトヴィア人男女が尋問し、捜索を行い、調書を書いている。「珍妙な」事件の経緯が話されるが、彼らの話し相手にとって決して珍妙なことではない。

理想的人々も召集されるが、大多数は屑が入った。「チェー・カーに犯罪分子が浸透している」とクルィレーンコは断言している。あまりにも大勢が至る所に。そのようなことは避けられなかった〔原註〕。

〔原註〕レーニン自身の証言によれば、共産党内で「しかるべき人間一〇〇人に対して出来損ない九〇人」というのは、チェー・カーについても同じである。その際、レーニン自身はこの事実にむしろ同調的であった。また〇五年に彼は、「党は上品な娘たちの寄宿舎ではない。……これとは違う汚らわしい奴がわれわれにとって、まさに汚らわしいがために有益になることもある」と語った。

トルケスタンのサーカスピエロあるいは売春経営者は、チェー・カー活動家のスタッフを特徴づける全体的基調の例外ではない。だが彼らは、おそらくオデッサでチェー・カー予審判事となったヴラヂーミル・アレクサンドロヴィッチ公の元御者であるプーズィレフが犯罪者でなかったように、犯罪者とはならなかった。続いて、傑出した予審判事の中に、その後に露見した大勢の匪賊、殺人者、盗人、詐欺師がいた。そのような事実はあまりにも多い。われわれは何十もそれらを引くことができる。論集『チェー・カー』にも少なからぬ事実がある。例えば、エカチェリノダールで行動していた盗賊団のアジトはチェー・カー予審判事クリモーフの家であることが発覚した。同チェー・カー秘密作戦部のエージェント、アリベールトはクバニ大学生を含めた青年同盟の代表を務めていたが、この盗賊団の首領であることが判明する。すでに公表された「特別委員会」資料の中にこれに関する大量のデーターがある。過去と現在の盗賊たちが勢揃いするのを目の当たりにする。モスクワでもチェー・カーの活動家が「匪賊運動」に関与していたことが分かった。オデッサでは、一九年にチェー・カー職員の一人が証言しているように、作戦部の職員の中に「多くの刑事犯」がいて、彼ら「自身が捜索の命令を出し、強請を働き、掠奪を行っていた」。われわれはこれら匪賊をソヴェト管理部の責任ある人物の中にも見ることができる。オデッサでは明らかに対象を南部に拡大したことで、特に明瞭な実例が多かった。ヂェニーキン特別委で尋問された法学者の一人は次のように語っている。「犯罪分子は速やかにソヴェト権力に馴染み、非常に密接に連携した。……チェー・カー書記同志ミハーイルは有名な追いはぎのミシカ・ヤポーンチクその人であるとの風聞が市内に流れたが、五月二五日（一九年）の『労働者代表ソヴェト・イズヴェスチャ』四七号にこの風聞への公式の反論が掲載され、この反論の中でミシカ・ヤポーンチクは「名うての強盗」と名指しされた。数日経って新聞で、『コムニスト』だったと思うが、自分はミシカ・ヤポーンチクの別名を持つが、全生涯を共産主義の理想に捧げ、ブルジョワからだけ強奪したとの、ミハーイル・ヴィンニーツキィの書面が掲載され、さらに時間が経過して、同志ミハーイル・ヴィンニーツキィは大きなキャリアを積むようになった。自分の泥棒・強盗団を特別連隊、第五四ソヴェト連隊に変え、この連隊の指揮官に任命された。……コムニストの動員がはじまったとき、ヤポーンチク連隊の政治委員に、執行委の中心人物で主要な創造力の同志フェーリドマンが任命された」

オデッサの強奪者コトーフスキィは、われわれに対しては赤軍師団長の顔をしている。このコトーフスキィは寛大さで抜きんでていた。だがほかの人々は野蛮なままである。ツァリーツィン・ソヴェト管理部の元部長、オーシプ・レートニィ何某も同様であり、彼は後に無数の殺人と強盗を行った匪賊団の首領となった。バクーの革命裁判所議長ハジ＝イリヤース、彼の補佐、現地チェキストも同様で、彼らは反革命との闘争を装って掠奪と強請にふけった組織に参加した罪で二一年に銃殺された。ハジ＝イリヤースは当然にも自分の革命的良心にしたがって裁判を行い、自分で死刑判決を下し、この判決を執行した。彼らによって殺害された者はまったく驚くほどの数字が挙げられる。

「賄賂と偽造は旧ブルジョワ体制の不可避的随伴物の二つである」と、誰かが一八年の『チェー・カー週報』に書いた。ソヴェト権力が比較的最近に賄賂と闘う特別「週間」を宣告しなければならないときに、今このことを繰り返すまでもない。

チェー・カーのあらゆる組織の合法的活動を監視する目的を持つ統制監視委員会の重責に就いていたコーサレフ何某の、最高革命裁判所における審理を指摘すればおそらく充分であろう。以前彼は強盗目的で老婆を殺害した罪で、徒刑一〇年の判決を受けていたことが明らかになった。二〇年にコーサレフは冷凍野鳥肉貨物とごまかして薪貨物を配送した罪で裁判を受けた。二二年にモスクワ革命裁判所で、匪賊の過去を持つ地方裁判所の守備隊司令タラブーキンの事件が審理された。強請で彼は裁かれた。タラブーキンは彼の補佐と共謀して宝石商を殺害し、二〇〇〇万ルーブリの貴金属を奪った。

ときには管理体制内部でもボリシェヴィキ権力は、あまりにも目にあまる収賄、露骨な強奪などを犯したそのエージェントを厳しく処断した。それでもこれは、全体として完全な非合法的行為のうちの例外にすぎなかった。ヂェルジーンスキィの代理を勤めていた時期のザークスが行ったように、ソヴェト機関全体を損なうこれら「蛇蝎」の容赦のない撲滅をアピールしながらも、同時にこれら「蛇蝎」なしでは機関は存在できないことをはっきりと自覚していた。銃殺判決を受けた犯罪者を監獄から釈放し、直ちに大きな任務を与えたケースを、どれだけ記録することができるだろう。

＊　＊　＊

「挑発という旧特別警察の旧弊なやり方は、チェキストにより非難されている」と、すでに一八年一〇月にペトログラードの北部州チェー・カー協議会で、ペトログラード・チェー・カー議長は厳かに宣言した。実際には、ペーテルスによってでっち上げられた「白衛軍委員会」（後に『プラヴダ』自身がそのように認めた）に招待されたモスクワ駐在イギリス領事ロッカートの事案からはじまり、チェー・カー「機関」の活動全体がもっとも粗野な挑発行為の上に構築され、それに上からお墨つきが与えられた。二〇年一二月五日にヂェルジーンスキィの署名をつけた特別機密命令が「特別部」に送られ、その第五項で「わが領内における外国スパイ機関をもっとも速やかに暴く目的で、架空の白衛軍組織をでっち上げること」が勧告された。

明らかに、この回状によってラーチス自身が偽のチリ、ブラジル領事とつるんで、キエフにおける卑劣な政治的挑発行為の創始者となった。これら偽領事はチェキストから選抜され、国外逃亡を整えたようにして挑発に乗った人物に「革命的法の裁き」を与えたのである。全ウクライナ・チェー・カー特殊軍団政治部機関紙『赤い剣』一号に、ウクライナ・ソヴェト政府でのブラジル共和国代表、アリベルト・ペトローヴィッチ・ピッロ伯を首謀者とする、キエフで摘発された「大いなる」陰謀に関する公式報道が掲載された。公式報道によれば、ピッロとさらに四人が銃殺された。「この組織に関係する残りの人物について捜査は続行される」と、公式報道は締めくくられた。銃殺された者の中に、「情宣活動の目的でコムニスト・グループが偽名で出かけることを、クレマンソー*に警告するためフランスに出国しようとした」として告発された、P・П・ポプラーフスカヤがいた。ピッロ伯はもちろん銃殺されなかった。なぜなら、彼こそが挑発者であったことは今では周知の事実なので。だが、チェキストのうち誰が実在しないピッロ伯になりすましたのかは、いまだ謎のままである。外国新聞は、二〇年にオデッサで活躍していた「シテールン男爵夫人」何某についての報道を伝えた。これもボリシェヴィキの挑発のやり方にとって興味深い示唆に富むページである。引用した新聞特派員の言葉によれば、シテールン男爵夫人はコンスタンチノープルから筋金入りの女性コムニストとして到着し、彼女について現地の『イズヴェスチャ』は、ボリシェヴィキの領袖と讃えた。……ドイツ大使館エージェントに彼女は「本当の」顔を明らかにした。彼女はすべてのドイツ国民を連れ出すため、ドイツから到着した国際赤十字女性代表であるという。偽造パスポートでロシア人もついでに連れ出した。貴重品を「没収される」おそれがあるため、シテールン男爵夫人にそれらを保管して貰うようにと申し入れがあった。出国予定日に彼らは、「シテールン男爵夫人」の指示によってチェー・カーに逮捕された。「オデッサでは全体的に挑発行為に頼った」と、ヂェニーキン特別委で証人は語っている。「あぁ、もちろんこれ全部が仕組まれたことだとしても」と懐疑論者は語る。だが、ブラジル「領事ピッロ」は仕組まれたことではなかった、と。モスクワにはデンマークまたはスウェーデン赤十字の自称「代表」であり、「白軍に」非常に関心を持つデンマーク人がいた。わたしは彼が関係を持とうとした人たちを知っているが、彼らはおそらくその純朴さのためにペテンにかかった。

＊（一八四一～一九二九）。フランスの政治家、ジャーナリスト。左翼急進主義者でドレフュス事件の際に彼を弁護したことは有名。しかしその一方でフランスの帝国主義を推し進め、次第に右傾化し、第一次大戦後の対独講和では強硬論を主張した。

アナパ「黒海沿岸にある」事件はもっぱら挑発行為によって創り出され、そのことについてわれわれはすでに触れなければならなかったが、ここではヴラヂカフカース・チェー・カー・エージェントの助けを借りてアナパからバトゥーミに逃亡しようとした六二人が、テーレク州チェー・カーの決定により銃殺された。事件はその状況から見て非常に暗示的である。男爵ジュッセルマン大佐を長とする一二人の最初の逃亡者グループはヴラヂカフカースで暖かく迎え入れられ、そこを経由して彼らはバトゥーミに向かった。彼らに住居があてがわれ、食事が出され、酒が振る舞われ、劇場や映画館にも案内された。ジュッセルマン自身は家族とともに、そこがチェー・カー議長の家とも疑わずに、生活していた。そのときにはすでに一〇〇人の大きなグループが組織されていた。……「喜劇」は終わった。……つねに必然的に銃殺で終わった。……『最新ニュース』特派員は、ベッサラビヤとの国境地帯で逃亡する「ブルジョワジー」と「白軍兵士」をそのような手段で捕獲するのが二一年に非常に広く普及していたと、伝えている。ベッサラビヤで入獄している親戚は、誰か「信頼できる人物」を呼び寄せるよう耳打ちされる。故意か偶然か、推薦状を持った「信頼できる人物」はルーマニア・チェー・カーの手に落ちる。そのエージェントは推薦状を使って旅行を段取りし、すべての証明書が揃ったところで「犯罪者」を逮捕する。

医療受入委員会のコミッサールも挑発者であり、その事件で二〇年夏にモスクワで言語道断な銃殺が行われたことが確認されている。二一年八月のオデッサにおける、いわゆる「エフスタフィエフ陰謀」の組織活動家はオデッサ・チェー・カーの守備隊司令であったし、挑発行為なしにはペトログラード・タガンツェーフ事件は起こらなかったし、そこでのチェー・カー・エージェントは水兵パニコーフであった。明白な挑発行為はペテルブルグ協同組合事件でもあった。二一年にスモレンスクでポーランドを利する巨大な「陰謀」が唆され、すでに述べたように、それによって一五〇〇人以上が逮捕された。キネシマ郡［イヴァノヴォ＝ヴォズネセンスク県］での二一年の農民蜂起の際に目撃者は、制服着用のオムスク・チェー・カーからの挑発エージェントが登場したと話している。そのような挑発行為はサラトフにおける二一年三月の「エスエル・メンシェヴィキ蜂起」にも見られた。

刑事事件、ソヴェト紙幣贋造の罪で二一年に銃殺されたアナキスト、リフ・チョールヌイ、ファニ・バローンなどの事件は示唆的である。これに関して、ベルリンのアナキストは小冊子に次のように書いている。「処刑された同志は、彼らが問われた犯罪事件にまったく無関係であっただけでなく、ソヴェト紙幣贋造の構想はモスクワ・チェー・カーから持ち込まれたことが判明した。その二人のエージェント、シチェーイネル（カメーヌイ）とチェー・カーの運転手は、数人の犯罪者と連絡を取って裏切らせる目的で若干のアナキストに近づき、贋造紙幣の印刷と行使の仕事を企んだ。これはモスクワ・チェー・カーの承認と指導の下になされた」

アナキストについて先に引いたレーニンの電報を想起しよう。この事件は起こるべきして起こったのだ。

ロシアに関するまったく正しい概説書でドイツ人コムニスト、フリードリッヒ・ミンクが指摘したように、「チェー・カー」はそのあらゆるやり方と心理的圧力の方法を備えた旧特別警察である。

『全般状況』は次のように報じている。「オデッサでヴェー・チェー・カーの新たな支部が設置された。フォンタン通りにあるコネリスキーの一戸建て別荘に公式にはロシア共和国保健人民委員部統計部が開設されたが、その直接の任務は外国の諜報活動と軍事的反革命との国内闘争である。この施設のトップにオデッサ県チェー・カー参与でヴェー・チェー・カー特別部員の「傑出した」ザコーフスキィ（ラトヴィア人）が就いている。「ベッサラビヤ、ポーランド、ガリツィアの駐在官」という重要で重責のポストにモスクワの「チェキスト」であり、「専門家」として特別にオデッサに派遣されたミハイローフスキィが就いている。大佐の娘で、「リャーリカ」とか「アドーチカ」の異名を持つ彼の同棲者クセーニヤ・ヴラヂミローヴナ・ミハイローフスカヤ（旧姓フォン・ヘルンフロス）も同様に少なからぬ責任あるポストに就いている。彼女は駐在官補佐で全ロシア「レギストゥープ」（軍事スパイ行為を行う登録管理局）のメンバーである。

この施設の指導者の手に、ベッサラビヤとポーランド国境地帯のスパイ活動の全ネットワークが握られている。

保健人民委員部の部局は、内実を明かすことなく広く活動している。中央と違いを際だたせるために、時々刻々とソヴェトに対する偽の陰謀が創り出されている。

そのようにして、最近彼らによって偽装された白衛軍スパイ組織が摘発された。「アドーチカ」はその愛くるしい顔のおかげで将校と近づきになり、将校組織の存在を屈託なく彼に話し、だめを押すため「保健人民委員部統計部」のタイプライターに周到に準備されている、その崩壊が近づいている（ルーマニアからヴラーンゲリの攻撃?）憎むべきソヴェト権力を転覆させるためすべての反ボリシェヴィキ勢力の結集を訴える宣言文を読み上げるよう申し入れ、もし、純朴な将校がまだ不信を抱いているなら、落ちぶれた将校を支援するためにあたかも組織の名で提供されたようにして「アドーチカ」が差し出す現金によって最終的に愚か者を籠絡し、彼自ら若干の朋友に「組織」の存在を明らかにする。そのようにして「組織」のメンバーになりたいと思うか、その存在に同意するようなグループが形成される。目的は達成され、背後からミハイローフスキィ、ザコーフスキィ、「チェキスト」部隊が登場し、グループは逮捕される。軍事的反革命のための審理は開かれず、もっとも恥ずべき挑発行為の無辜の犠牲者は銃殺される」

「チェー・カーは革命の守護神である」……ボリシェヴィキ陣営でその縮小や規範の導入に関する議論が起こるとき、警察局の長い実践経験から案出された、旧い排除のやり方が舞台に登場する。実際に存在するか、あるいは存在しない反革命的陰謀が明るみに出される。「チェー・カーは革命の守護神である」。おそらく、「コムニストの」アゼーフ［秘密警察のスパイであったエスエルのテロリスト］が現れる。

モスクワのヴェー・チェー・カーに「犯罪者」特別参謀部が存在する。一二、一四歳の子供が特別に使われ、彼らは仕事に対して現金、プレゼント、菓子を受け取る。チェー・カー秘密エージェントの機能を引き受け、人生を買い取るように何十人もが誘いを受ける。このためどれだけの悲劇が生じていることか。B何某は父親を逮捕すると脅され、チェー・カーの提案に同意する。良心の呵責に耐えきれず焼身自殺をはかる。……無辜の人々を告発した後で首を吊った一人の女性の自殺について、『タイムズ』特派員は有名なコラム「今日のロシア」で同様なことを語っている。彼はさらに続ける。「ゲー・ペー・ウーの同類を捜すには、中世の暗黒に遡る必要がある」

挑発行為は下部層でも盛んである。共産党「労働者反対派」自身が証言しているように、根拠があって労働者陣営では、コムニスト細胞は「コムニストのイヌ」と呼ばれている。監獄はいわゆる「密告屋」で溢れている。死刑判決で終わった収賄、偽造、窃盗などの無数の重大事件が、それぞれの事件に対する割増金に個人的に利害関係を持つエージェント自身によってでっち上げられた（投機事件の摘発に対し予審判事は全俸給の五％を受け取った）。わたしは例えば、特別な日常生活でモスクワの現地チェー・カーが起こしたある事案を知っている。二人の予審判事がP何某の所で酒宴をしていたときに、辛辣な物言いをした主人と客を逮捕した。Pの妻は予審判事補Πに訴えた。彼は事件のあらましを書いてチェー・カーに送った。幕引きは意外であった。彼はチェー・カーに訴える「権限」を持たないとの理由で、逮捕された。その結果、彼はノヴォスッパスコエ強制収容所に入った。

　大量捜索、逮捕、張り込み、待ち伏せのシステムは、論集『チェー・カー』の編者の一人の言葉によれば、「チェキストの自給自足」の特別な方法である。これは嘘なのか。一九年一二月九日の新聞に掲載された、モスクワ・ソヴェト自身の示唆的声明が回答になるであろう。そこには、待ち伏せが行われたすべての家は、「まったく完全に破壊」され、「一切合切盗み出された」と、書かれていた。

　そうなのだ。多くのチェー・カー組織は実際、最初のボリシェヴィキ司法人民委員、エスエルのシチェーインベルグが名づけたように、「匪賊的で火事場泥棒的」であった。そして、これら「匪賊的で火事場泥棒的組織」を摘発しはじめると、彼らはチェー・カーの真の推進者と指導者の中に権威ある庇護者を見いだした。すでに一八年九月二二日にペーテルス自身が擁護に乗り出し、『ヴェー・チェー・カー週報』第二号に次のように書いた。「最近ソヴェト権力の敵どもは収賄、偽造、でっち上げの告発に関して下劣な中傷を再び広げはじめている」……彼は続けていう。「もし、職権濫用のいくつかのケースがあったなら、失神している場合でない。新人類は司法的英知に慣れていなかった」。あらゆる告発は、「ブルジョワジーの良心のない嘘である」と宣告された。

　また別のチェキストは『週報』第五号で告発に応えて、穏やかな物言いでこのように述べる。「もちろんわれわれは強力である。というのは、ペテン師は世故に長けた連中で、弱い者の尻馬には乗らないので」。地方の商人は逮捕され、現金と引き替えに釈放され、再び逮捕され、最終的には銃殺されていると、エリストーンがカーゾンへのある報告書でペルミにおける一般的やり方について述べた後では、これは驚くほどのことでなかろう。

クバニ・チェー・カーは相当の現金を手に入れる目的で、投獄のシステムからまぎれもない生業を作りだした。ヂェニーキン特別委の多数の証拠が語っているように、オデッサでは大金を積めば釈放された。モスクワも例外ではなかった。

チラスポリ［ヘルソン県］・チェー・カー、ベッサラビヤと国境を接するその他のチェー・カーは、逃亡者を国外に移送することでまぎれもない生業を作りだした。C・M・C何某は現地チェー・カーのこの活動を次のように活写する。ルーマニア・チェー・カー特別部守備隊司令がその先頭に立っている。

「すべてのドニエプル河岸の町と大きな村は、「弩級戦艦」に乗るようにベッサラビヤに運ぶともちかけるブローカーで一杯である。「正直に」働く、すなわち、有力なチェキストに賄賂を贈るまともなブローカーに出会った人は幸いである。だが、辺り一面に仲介人のふりをしてチェキスト自身が非常に巧妙に立ち回っている。犠牲者は河岸に出かける最後の瞬間に、「突然」待ち伏せに遭い、逃亡者と彼の財産が取り押さえられる。普通は外国通貨か金である彼の財産は、不首尾に終わった国事犯の重要証拠物件なので、通常はそこで取引がなされ、逃亡者は解放される」……

「この展開で特に汚れ役をチェキストとならんで、いわゆる「地下活動家」が演ずる。公的に彼らは地下活動のためにソヴェト権力によってベッサラビヤに送り込まれた情宣活動家とプロパガンダ活動家である。

彼らはおもな「運び屋」でもある。彼らの一人が送り出しの方法をはっきり告げる。「ルーマニア・チェー・カーに出頭し、証明書を提示しろ。そこでおまえは登録され、文書、ルーマニアのパスポート、外貨が与えられ、移動すべき正確な時間と場所が指示される。ルーマニア警備兵には共産党の党員証を提示するだけでよい」

ウクライナの大都市それぞれが固有の国境町、自分の「ヨーロッパへの窓口」を持っている。

「ヨーロッパへの窓口」はしばらく閉じられる。

二一年初めにはオデッサとキエフでポドリヤ県にある国境沿いの大村が広く利用された。春にこれら大村の一つ（カメンカ）近くで発見された洞窟に散らばる八〇体の死体のニュースで、ドニエプル沿岸は持ちきりであった。これらは逃亡者であることが判明し、彼らは最近までベッサラビヤにいたと思われていた。

だが、チェー・カーはこれでも満足せず金持ちのお得意様を必要とした所では、旅行は非常に円滑に行われていた。すでに朝から町全体が「国越えがある」と知っていた。午後三時までに市内全域で身の回り品や袋などを持った家族連れが街頭に現れ、全市に知れ渡った集合場所に向かった。チェー・カーの公式代表が登場し、頭数を数えた（子供二人で大人一人分）。次いで、荷馬車に荷物が積まれ、女性と子供が席に着き、街を通って渡し場に向けて出発した。

そのようなことが、ある晴れ上がった日に首脳部が充分稼いだと認めるまで二、三ヶ月続いた」

統制するためにチラスポリで、「定められた関税（一人当たり四、五〇〇〇旧ルーブリ）を事前に支払わずに、氷を渡ってベッサラビヤに逃れようとする不心得者を懲らしめる公式ハンティングが夜ごと行われた」

捕獲された者には、「今度は寒気で凍えない」よう「焼きを入れる」。裸で氷点下に連れ出され、棒やナガン銃で背中を打たれる。ここで挑発行為は八重の花を咲かせる。……

二三年二月一六日にモスクワのニキータ並木通りで、『最新ニュース』特派員の報道によれば、ゲー・ペー・ウー政府調査特別委の調査官の一人、スクヴォルツォーフ（元労働者）が自分でこめかみを撃って落命した。彼の傍らに以下の内容のロシア共産党中央委幹部会宛ての書付の入った封緘されていない封書が見つかった。

「同志諸君！　勤労人民の偉業を防衛するというわが主要施設の事務仕事をはっきりと知り、裁判資料を調べ、同志ウーンシリフトの説明によれば、党の利益にとってきわめて必要なものとして、われわれの状況を強化するために意図的に許容されているやり方を調査して、共産主義の崇高な原則の名の下に適用され、共産党の責任ある活動家に列せられるわたしが無自覚に関わった恐怖と下劣な行為から、永遠に身を引くのを余儀なくされた。この罪を死によって償い、わたしは諸氏に最後に訴える。わが偉大なる教師マルクスの姿勢を手遅れにならないうちに思い出し、彼を汚してはならない。大衆を社会主義から引き離してはならない」

この「懺悔」に何か加える必要があろうか。……

＊　＊　＊

以前は、チェー・カー活動で実行される厚顔なやり方が、少なくともそのいくつかは旧いインテリ的心理にあまりにもなじまなかった特に初期に、良心的ボリシェヴィキは存在した。初期の頃はか細い神経の、ペーテルスの性格づけによれば、「弱腰」の人々は、共産党だけでなく全プロレタリアートの名の下で行われる血まみれの虐殺への精神的責任に耐えることができなかった。人質に関する歴史的回状の立案者ペトローフスキィが、チェー・カーはソヴェト権力を構築する事業に組織的従属関係のほかに「堕落しか」持ち込んでいないと、認めなければならなかった一九年初めには、このような演説が新聞にも掲載された。

チェー・カーはその行動を法律の条文ではなく、自らの革命的経験と良心に則っていると、一八年一二月にペーテルスは宣言したのを、われわれは知っている。これは何を意味するのか。このことについて以前レーニン自身が次のように語った。「革命の目的、自らの願望を達成するためには、すべてが許される」［原註］。『赤い剣』一号で、この機関誌編集者のレフ・クラーイニィがしたり顔でこの言葉を繰り返した。「われわれにはすべてが許される。なぜなら、われわれは世界で初めて何らかの隷属と迫害の名でなく、すべての自由と奴隷解放の名の下に剣を振り上げたので」。歴史の輪廻は繰り返され、真理と倫理が変わった。「われわれのモラルは新しい」……そしてわれわれはこの最初の歴史的輪廻の結果としてロシアに出現した、世界で類を見ない奴隷状態を見ている。

［原註］ボリシェヴィキはこのようにモンタニヤール派［フランス革命時の急進的共和主義グループ］の用語を模倣する傾向がある。ここでレーニンは決して発案者でなく、彼は文字通りコロー・デルボワの言葉を繰り返したにすぎない。

「法的保証はブルジョワ的偏見であるとの与太話を止めるときだ」……監獄の「生きている者の墓場」に抗議した際にわれわれがその名を知ったディヤコノーフは、一九年二月に次のように書いた。「はたして諸君は、正真正銘の労働者と農民それにコムニストが、反革命家ではない人物を監獄に閉じこめ、好きなように裁判に引き渡し、銃殺するような制度の廃止を求める刑務所や工場から鳴り響く声を聴かないのだろうか」……これは「私的制裁と無法状態」であり、この論文の筆者は、革命が殺人権を与えた時期があったと、あらかじめ断り書きをつけた。

古参ボリシェヴィキのオリミーンスキィ［一八九八年からの古参党員］は次のように書いた。「赤色テロルについては様々な意見があろうが、現在地方で創り出されているものは、赤色テロルではまったくなく、完全な刑事犯罪である」。彼は例えば、以前「泥棒でチンピラ」であった一六歳の少年が、農村で人を殺す権利を得たといった現象を指摘した。

ジノーヴィエフによって「共産党の美と誇り」と命名された施設の代表自身が、この批判にどのように対応したかは、示すに値する。オリミーンスキィの言葉は、彼らにとって「臆病な子供の」戯言にしか思えない。「インテリは何もできず、すべてが焼き直しの言葉を喋ったり書いたりするだけで、誰とも論争できないと、率直にいう必要がある。……与太話が生まれるくらいなら、意図的に官庁間のいがみ合いを作らせろ」……「官庁間の」いがみ合いとは、勝手に死刑判決を下すチェー・カーの権限を制限すること、それを内務人民委員部と司法人民委員部の統制下に従属させること、すなわち、ある程度でもその活動に制限を加えようとする問題提起であった。「チェー・カーの活動を法的枠内で実行するのは馬鹿げている」と、チェキストの一人、シクローフスキィは『週報』で回答している。チェー・カーを効果のない法令に従属させようと要求する者は、「ブルジョワジーに買収された」者だ。この論争に、血まみれの活動においてチェー・カーと競い合う革命裁判所の創設者であるクルィレーンコも熱心に参加した。

「革命的司法制度」に合法性を導入しようという御旗の下に、最終的にこの党内紛争は進行したのか。行政的処罰は「茶番裁判」に替わり、そこで生死の問題をチェー・カーと同じメンバーが決定した。良心に基づき多くの無辜の血を流した国家主席検事の嗜好を満足させる形式だけが問題となっている。元ボリシェヴィキ司法人民委員シチェーインベルグが確認しているように、裁判所はチェー・カーの「色あせたコピー」でしかない。「裁判所はソヴェト権力の敵への制裁である」とジトミール裁判所の入り口に公式に銘記されている。

　この論争にチェー・カーが実際どのように反応したかを、中央での論争中に増加した銃殺が物語っており、まさにその時期に、ペトログラードで大公ニコライ、ゲオルギー・ミハーイロヴィッチ、ドミトリー・コンスターノヴィッチ、パーヴェル・アレクサーンドロヴィッチが銃殺された。……ボリシェヴィキ新聞で、闘争に勝利したのは誰か、チェー・カーか、その反対者か、という論争があった。現実がはっきりとした解答を出した。変革があったが、本質は以前のままで、「赤色テロル」のやり方は不変であった。そして、われわれが著名なチェキストの一人、モローズの「あらゆる生活の分野でチェー・カーが鋭い目を光らせなければならない」との言葉を思い起こすなら、現代ロシアにおける現実の精神的、心理的状況は理解できる。そこではツァーリ時代の旧特別警察《オフラーナ》と憲兵の分署とそっくりに、政治的スパイのための特別指令を出し、このスパイのために特別訓練コースを持つゲー・ペー・ウー分署が行動している。この施設の修了生の多くがチェー・カーの積極的活動家を構成している。彼らを現代の得体の知れないページに記載する必要がある。ここでは次の問題提起をするのがより正しい。ヴェー・チェー・カーへの「特別な委託のため」、コミッサール、イグン・アルツィシェーフスキィとある艦長の君主主義的エージェント、ミハーイロフの逮捕から生じた「ボリシェヴィキと君主主義者」間の関係に関する報道を、『全般状況』が非常に刺激的に扱ったのは「正しいのか」。上で引用したヂェルジーンスキィの回状にしたがえば、あらゆる形を採った背信行為《アゼフシチーナ》がはびこっているに違いないということだけは、われわれは疑いようがない。

　二一年五月にプスコフから『リガのメッセンジャー』特派員は次のように書いた。「われわれは生きているのが恐ろしく、それぞれの家で、それぞれのアパートで、それぞれの街で、スパイが蟻のようにうごめいている。……それぞれの家に、同居人を厳しく観察しているコムニストが住んでいる。……互いに恐れ、家族の中でさえ兄弟が互いに彼はコムニストでないかと疑心暗鬼で、ちょうど監獄にいるような気分である。このスパイの忌まわしい蟻塚でもがきながら、われわれ全員が消耗しくたびれはてた」。これを補足して、暗示的な『一二年一月における秘密全権の任務』というタイトルを持つ公式文書を引用することができる。文書はエージェントに次のことを命じている。

一、工場管理部とホワイトカラー労働者を監視し、彼らの政治的見解を正確に掌握し、彼ら全員の反ソヴェト宣伝とプロパガンダについて報告する。

二、カード・ゲームや飲み会を装った（だが、実際は別の目的を持つ）すべての集まりを監視し、できるだけそれらに潜入し、集まりの目的と任務、参集者の姓名、正確な住所を報告する。

三、ソヴェト施設で働くホワイトカラーと彼らの会話を観察し、彼らの政治的雰囲気を把握し、勤務外の彼らの行き先と不審なことすべてを直ちに報告する。

四、すべての仲間内のサークルとインテリ市民家族の夕べの集いに潜入し、彼らの気分を掌握し、それらを組織した者と夕べの集いの目的を探り出す。

五、地方のホワイトカラーが郡、中央、国外と何らかの接触を持たないかを調査し、気づいたことすべてを正確に詳細に報告する。

血にまみれたチェー・カー五周年記念日にジノーヴィエフは、「ヴェー・チェー・カーの手に収められた剣は頼りになるものであった。ゲー・ペー・ウーの文字は、ヴェー・チェー・カーの文字より敵どもにとって恐ろしい。これは国際的規模でもっともポピュラーな文字である……」と述べた。以前、『総割替』誌の中で、第三部から国家警察局への名称変更は「ロシア社会における最大の笑いものの」行為といわれた*。ジノーヴィエフがこのようにはっきりと総括した、ヴェー・チェー・カーからゲー・ペー・ウーに替えた「改革」をなんと呼ぼうか。……ロシアの日常語でヴェー・チェー・カーの文字は「すべて《フシャコム》の人間《チェロヴェーク》の破滅《カプート》」の文字に置き換えられた。日常的ウイットがゲー・ペー・ウーの新しい文字をどのように置き換えるのか、われわれは知らない〔原註〕。だが、国際的にこれは、カウツキーの言葉によれば、民主主義全体が嫌悪して関係を絶つべき「メドゥーサの頭」の象徴である。われわれの良心は、アナトール・フランスの「あらゆる革命は愚かな犠牲者を決起させる」との箴言に安堵することはできない。

［原註］わたしは、「神よ、故人を許したまえ《ガスポディ・ポミルイ・ウソプシフ》」という人口に膾炙した言い回しを聞いたことがあった。

＊ニコライ一世の時代に特別警察である皇帝官房第三部が設置され、それは一九〇八年に内務省警察局に再編された。

あるとき『モスクワ・プラヴダ』は、「退場前に全世界に扉をぴしゃりと閉める」というトロツキーの約束を繰り返し、「われわれに替わる者は廃墟と墓場の死の沈黙の中で建国しなければならない」と書いた。

ロシアにはすでにこの墓場の死の沈黙が定着してしまった。

「何十代もの過去の世代が見聞することもなく、また、われわれのずっと後の子孫が歴史教科書を読んでおぼろげながら思い当たるようなことを、われわれは茫然自失の状態で知り、われわれは霞んだ眼で見てきた。……

不可思議な、ときには理解しがたい死を、われわれはもう恐れない。なぜなら、それはわれわれの第二の人生になったのだから。人血の反吐が出そうな匂いも、われわれを動揺させない。なぜなら、その重苦しい飛沫が、われわれが息をしている大気に充ちているので。処刑に向かう無数の行列にわれわれはおののかない。なぜなら、われわれは街頭で撃ち殺された子供の断末魔の痙攣を見、損傷し息の絶えたテロリストの狂気の犠牲者の喉元を見て、おそらく、そのようにしてぎりぎりこの世に留まったので。

われわれは慣れ親しんだ通りの光景に慣れているように、このような光景に慣れ、人間の声ほどに銃声に耳をそばだてることはない。

それが、死を克服した人に対して国は沈黙し、その張り裂ける胸から抗議や絶望という自然な絶叫がわき上がらない理由である。国は何とか物理的に内戦のこの忘れがたい四年間を堪え忍んできたが、その損なわれた魂は死の虜になった。

おそらく、そのため、銃殺され拷問室で虐待されたロシアは現在でも沈黙を守っている……」

優れた論説「死の船」［論集『チェー・カー』に所収］の筆者はこのように書いた。

われわれは沈黙しているが、サラトフ渓谷、ハリコフとクバニの拷問室、ホルモゴールィ「死の収容所」から、死者はわれわれに声に出して語っている。

いいや。死んだ者は黙っていない。

コンラーディ裁判についていくつか　むすびに替えて

わたしはローザンヌ裁判に実際に参加しなかった。だが、この裁判のためにロシアにおけるテロルを特徴づける資料を提供できるかとの、ポルーニンの弁護人オベールから照会を貰ったとき、わたしが個人的にヴォローフスキィの殺害にどう関わったかとはまったく無関係に、わたしがコンラーディの行動を復讐の行為であるとか、政治的行為であるとかを判断するのと無関係に、知っていることを告知する義務がわたしにはあるということは、政治的原則にも心理的にもまったく疑う余地がなかった。わたしの倫理観にとって、裁判で誰が誰と政治的損得を清算しようとどうでもよかった。「恐るべき真実だが、真実には違いない」、そしてあらゆる政治的状況下でもこの「真実」を公然と語ることが必要である。まさに民主主義とは、人間的尊厳というこのもっとも偉大な定理を最初に自覚することでなければならない。

不実な人々はこの視点を殺人への教唆と呼んだ。わたしには、ひどく軽蔑している作家と論争する趣味はなかった。というのは、彼らは思想や言語に関わりなく、作家的良心の基本的信条 credo を捨てたのだから。納得できない人々を説得する趣味もわたしにはなかった。というのは、ゲルツェンが述べたように、「人間が納得したいと思わないときに、筋を通すことは難しい」ので。

だが今ではいくつかのことを述べなければならない。

実際、他人に対する「モラルの盲人」と呼ばれ、社会的モラルの問題で自分の政治的先入観をまだ克服することのできない人々だけが、例えば、エスエルを含む人質をモスクワが処罰するおそれがあると、西欧の社会主義者へエスエル党が最近アピールを出したように、ローザンヌ裁判の社会的意義を単なる「政治的意趣返し」に貶めることができる。「ポルーニンとコンラーディを擁護するロシア反革命の陣営と、殺害されたヴォローフスキィの位牌を擁護する革命のボリシェヴィキ的歪曲の陣営との」泥仕合で、「われわれ、ロシアの社会主義者＝革命家はなすべきことはなかった」と、エスエル党の外国組織は書いた。「われわれは横暴と赤色テロルというボリシェヴィキ体制の不倶戴天の敵である。……われわれは一再ならずボリシェヴィキに全人類的良心の裁判を前にし、専制体制の下でわが祖国の何世紀にもわたる呪詛であった管理の方法を再生することに対し、それも主観的な別の目的のためだけに（ママ）、また、彼らの精神全部に致命的に背馳する方法によって社会主義の偉大なスローガン（!!）を実施することに対して責任を問うた。だが、われわれは、何世紀にもわたり神聖視されてきた旧体制の専制《デスポティズム》を擁護するためだけに、甦ったボリシェヴィキ専制に反対の声と武器を持つ手を挙げる人々にこの権利（!!）を認めない。コンラーディとポルーニンはわれわれにとって英雄ではなく、モラルの盲人であり、彼らは政治的意趣返しのために、すべての被迫害者に自由な民主主義国家を提供する避難所の神聖な権利を犯罪的に濫用したのである」……

「新たな恐怖と新たな殺人の有害な種を」蒔くあらゆる政治的暗殺に断固とした有罪判決で対処することができるし、おそらく、そうしなければならない。おそらく、暴力を排斥する倫理観は、いかなる状況下でも復讐や報復行為を決して倫理的に正当化しない。それを目的にしては何も成就されなかった。おそらく、死という恐ろしい問題を、人間は合理性の観点から扱う権利さえ持っていない。……だが、われわれの日常的なありふれた心理によれば、それでも、人間的良心に対する犯罪を行い、自ら死に臨む殺人者だけは道義的に正当化される。そのため、人間の流される血に対して自ら責任を取る決断と勇気を持つ者は、自分にはこの復讐行為をなす権利があると思う者は、暴力が行使されているところで復讐しなければならない。おそらく、テロリズム的闘争の路線に立つ人間は、このために「避難所の神聖な権利」を侵す権利を持たない。

だが、なぜ、政治闘争で昔からテロリズム的闘争の路線に走った政党が、「全人類的良心」を発揮する「権利」はそれだけが持つと考えているのか。

そして、その血がロシアの大地にしみ込んでいる数千の受難者、数千のテロルの犠牲者のための復讐にロシア市民と愛国者を駆り立てる、この犯罪的ともいえるヒロイズムの誘惑をコンラーディから取り上げる権利を誰がわれわれに与えたのか。

ヴォローフスキィの暗殺者は、「社会主義の偉大なスローガンの実施」というまやかしのやり方に報復したのではないことは議論の余地はない。だが、人間の生涯にはさらに強力な何かがあり、汚された祖国への愛の気持ちをコンラーディから取り上げる権利を誰が与えたのか。彼の言葉によればそのために彼は犯罪を決行したのだ。「耐え難き個人的侮辱と苦難に対する復讐で我を失った」者とコンラーディを呼ぶ権利を誰がФ・ダーン*に与えたのか。

スイスの民主的法廷にいた陪審員の「小市民的」イデオロギーは、国際的政治情勢の難しさにもかかわらず、最高の客観的真理を理解するまでに高まり、被告に対する法廷の政治的共鳴や反感と関わりなく、殺人者に無罪判決を下すことができた。

なぜか。ベルリン管区裁判所が二一年にトルコ宰相タラアト＝パシャの暗殺者、若きアルメニア人の学生タリイリヤンに無罪判決を下したのと同じ理由によると考えられ、当時この判決は、人民大衆の法意識と合致する公式裁判の判決として、エスエル新聞でも、ドイツ自身の民主的新聞でも迎え入れられた。

ローザンヌ裁判の目の前で明かされた実情は、あまりにも恐ろしいものであった。それでも、「革命と反革命の政治的確執」でなく、ボリシェヴィキ的実情が裁かれた。司法的形で結実した「人間的良心」によって、おそらく初めてようやくボリシェヴィキ的テロルは声を大にして弾劾された。この無罪判決は、依然として暴力を生み出し続けている人たちに、きみも死ぬのだということを銘記させる memento mori に違いない。

ある人々が好むように「何百万の勤労大衆の」声を引き合いに出すのは脇に置くのがよかろう。それらを引き合いにしない者がいるだろうか。かつてルイ・ブランが述べたように、これは輿論の悪用である。

わたしは個人的には間違った「民主主義者」で、間違った「社会主義者」であることもありうる。というのは、ダーン氏の意見によれば、あらゆる民主主義者は「まさに反革命が被告席に座らされ、大衆に辱めを受ける」ように、全力を尽くさなければならないからであるが、わたしはこの「民主主義的」立場を本質的に理解できないし、わたしはそのような場合に「民主主義的」、「社会主義的」先入観を拒絶するのを恐れない。

わたしは最近ロシアに関する著書を素晴らしい文章で締めくくった、女性コムニストともいえるフランス女性作家オデット・キューンの言葉を思い起こす。「わたしは、ヨーロッパの諸政府に、ソヴェト＝ロシアと交渉する際にロシアにおいてこれらの恐怖の中で生きている人々のために、中世の地獄の形を採り、それをも超える現存の体制を緩和するようあらかじめ要求するよう説き伏せている」。この瞬間にもわたしの眼前をこの現実が、おそらく忌まわしく得体の知れない過去ではなく、むしろ、ぼんやりとした未来が、通り過ぎている。

上で引用したヨーロッパの社会主義者へのアピールは次の言葉で締めくくられている。「この場合、沈黙はおそらく新しい残虐行為、新しい犯罪を黙認することを意味する。世界的で全人類的良心の居丈高な声によって、ずっと以前から残酷にも宿命となっている犠牲者の頭上で邪悪にロープを操りはじめた刑吏の手を止めさせてもよいではないか。まだ遅くはない」

そのような瞬間に、「ファシズム」の感化力は「世界的で全人類的良心」へのわれわれのアピールを弱めるだけである。

＊（一八七一～一九四七）メンシェヴィキの指導者の一人。十月政変後は全ロシア中央執行委員となるが、「食糧独裁」に反対し、次第にボリシェヴィキとの対立を深め、二二年に反革命活動の廉で国外追放。

本書に関する若干の解説

あとがきに替えて

梶川伸一

1　メリグーノフについて

本書の背景について述べるなら、まず著者であるセルゲイ・ペトローヴィッチ・メリグーノフ（一八七九〜一九五六）について若干触れなければならない。彼は旧貴族の出自で、モスクワ大学歴史文学部在学中に学生運動に参加し、同時に様々な雑誌の編集にも関わり、一九〇七年以後人民社会主義（エヌエス）党員となる。エヌエス党とはおもに都市インテリからなる、ナロードニキの流れをくむ政党であるが、政治闘争の手段としてテロルを否定する点でエスエルと一線を画する。彼の政治的立場は当然にも十月政変には否定的であり、そのため政変後はいくつかの反ボリシェヴィキ闘争に関わり、チェー・カーによって再三逮捕され、チェー・カー資料に彼の名前はしばしば登場する。まずは「ソヴェト権力の武装転覆」などをおもな目的に掲げた、カデット、エスエル、エヌエス党員から構成される「再生同盟」の代表的活動家として名前が挙げられ、一八年の彼の逮捕の後、「秋にはモスクワでの「再生同盟」の活動はいくらか沈静化している」といわれたように、彼はチェー・カーには名の知れた優れた活動家であった。次いで、一九年四月にこの「同盟」と同様の目的を持つ、「民主主義」をスローガンに掲げた反ボリシェヴィキ組織「戦術センター」が発足し、その設立メンバーとして「同盟」からメリグーノフらが参加した。しかし、二〇年に「戦術センター」関与の罪で彼は逮捕され、死刑判決を受けたが、禁固一〇年に減刑された後、女性ナロードニキ活動家ヴェーラ・フィグネルやクロポートキンの尽力によって最終的に釈放された。その当時、二〇年三月のチェー・カー供述調書の中で彼は自分の立場について次のように語っている。「革命の当初からわたしはいわゆる［社会主義政党の］連合の熱烈な支持者であり、それにこそ革命的建設の正しい道があると考えていた。同時に、幻想を作り出し革命を破滅させるだけのあらゆるデマゴギーの断固とした敵であった。エスエルの戦術は明快な手本となった。ボリシェヴィキ十月政変はそのような基盤に築かれていない。歴史的展望の中で現状を評価するなら、ソヴェト権力は内戦の勝利者となり、西ヨーロッパと相互関係を築きつつあるにしても、現在の「共産主義」がわれわれのところで多少なりとも安定した国家体制となっていることを示す客観的データがあると、わたしは今でも思っていない。ソヴェト権力の著しい成功は、住民からの共感ではなく、ロシアの社会的勢力の分裂状態と、辺境の動きで支配的な反動政策によって説明されると、わたしには思える。実際われわれは、それが最終的には崩壊するのが避けがたい運命にあるとしても、プロレタリア独裁ですらない」[★1]

このような視点が本書を貫いているといえるであろう。彼は本書で自身が語っているように、二二年一〇月に国外に亡命し、同志とともにエヌエス国外委員会を設立し、歴史・文学雑誌『余所で』を発行し、革命と内戦期のソヴェト体制を批判し続けた。この中でもっとも包括的なボリシェヴィキ体制批判の書が、本書『ロシアにおける赤色テロル』である。筆者が序文で書いているように、三部作を予定していたとのことであるが、結局は二三年にベルリンで発行された『赤色テロル』を増補改訂して、二四年にそれが出版されただけに終わった。もちろん本書はソ連時代には反革命的禁書扱いであったが、この本が一九九〇年に最初にロシア国内で発行されたのが、ソ連崩壊の直前であったのは象徴的である。

2　「十月体制」とチェー・カー

本書の主役は「赤色テロル」の実行機関としてのチェー・カーである。確かにそうではあるが、賢明な読者ならメリグーノフは弾圧システムの醜悪な実行機関としてのチェー・カーを強調するあまり、レーニンへの言及が異常に少ないことにお気づきになるであろう。チェー・カーがレーニンの直轄組織であったことをここで改めて指摘しよう。それはまさにレーニンの意志を体現する機関として、十月政変直後から機能したのである。政変直後の非常事態に対処するため生まれた非常委員会がレーニン支配の下でより強化され、存続し続けたこと自体が異常事態なのである。本書で生々しいまでに描かれている「赤色テロル」を行使することでこの機関は肥大化し、紛れもなくボリシェヴィキ権力の支配構造の要となった。その犠牲者の多くは無辜の民衆であり、これらの事実は民衆にとっても「十月革命」にとっても悲劇の根源となった。「赤色テロル」は「十月革命史」の裏面史ではなく、まさにその歴史そのものである。

そこでわれわれは、「赤色テロル」を導きの糸に、「ロシア革命」の悲劇の歴史を紐解かなければならない。いささか長すぎて、ほとんどの読者諸氏には不要な煩わしい典拠註が多数あるのは、以下で示す事実が、決して荒唐無稽な想像の産物ではなく、公文書などにより裏づけられていることを確認してもらう以上の意味はない。

一九一七年旧暦一〇月二五日（新暦一一月七日）にペトログラードではじまったいわゆる「十月革命」により、ソヴェト臨時政府の樹立が宣告された（以下の叙述は新暦で表記）。当初ボリシェヴィキと左翼エスエルの連立ではじまった新政権がまず直面したのが、飢えたペトログラード住民による食料品店や倉庫などの掠奪と、ボリシェヴィキ権力に反対する労働者による工場の操業停止であった。旧政府の官僚たちも官庁内での業務を引き渡さず、新政府は完全な機能不全に陥った。そのため「労農政府を認可するのを拒否する国立銀行職員」の逮捕、資産の没収に至るサボタージュする企業家との闘争、ブルジョワ的反革命との闘争などに関する人民委員会議［レーニンを首班とする閣僚会議］の命令が一一月下旬から一二月にかけて矢継ぎ早に出された。このような状況下で一二月一九日の人民委員会議はヂェルジーンスキィに悪質な政府内のサボタージュを鎮圧するための非常特別委（チェー・カー）の設置を委ね、翌二〇日の人民委員会議でヂェルジーンスキィによる「サボタージュとの闘争非常特別委」の組織化とスタッフについての報告の後、「人民委員会議付置全ロシア非常特別委」の設置が決議された。チェー・カーとは非常特別委のロシア語の頭文字である。こうして、チェー・カーは、人民委員会議の直属機関として設置され、一八年一〇月二八日に全ロシア中央執行委幹部会で承認された条令によれば、「チェー・カーは人民委員会議の組織であり、内務、司法人民委員部と協力して活動する」と規定され、弾圧司法機関としての陣容を整えた。

大方の予想に反するかもしれないが、二二年初頭にヴェー・チェー・カーが内務人民委員部に移管されゲー・ペー・ウーと改称されるまで、それが人民委員会議の直轄であったということは、後者がレーニンの意志が強く反映された機関であった以上、チェー・カーの行動に直接責任があるのはレーニンである。とはいえ、実務的にはチェー・カー議長と内務人民委員をヂェルジーンスキィが兼務したため、彼はチェー・カーの象徴的存在となった。まもなくモスクワの中心街にほど近いルビヤンカにあるホテル・セレクトとロシア保険会社を接収して、大きな広場をほぼ囲むような威容な建物にチェー・カーが置かれた。このときすでにそれは三五個大隊、四万の兵力を持っていた。★2

一党独裁と「赤色テロル」による支配が展開されるにつれ、チェー・カーはそれへの批判を封じて非常大権を持つに至った。一九年二月八日づけでロシア共産党中央委員会はすべてのコムニストに、「中央委は、チェー・カーを批判する同志がしばしば実務的党議の範囲を逸脱しただけでなく、チェー・カーが党の指令と統制の下に党の直轄組織として設置され、存在し、活動していることを失念し、しばしばまったく聴くに堪えない言動に至ることを、遺憾ながら確認せざるをえない。かような批判は現状を改善するのに役立たず、党の意志の弱体化を招くだけである」と、チェー・カーへの無条件の服従を指示した。内戦の終了とネップへの移行によって（これは農民への宥和政策といわれているとしても）、チェー・カーは様々なキャンペーンの実施といっそう深く関わるようになった。ネップが公式に宣言された二一年一二月の第九回全ロシア・ソヴェト大会で、レーニンはそのようなヴェー・チェー・カーを高く評価するとともに、それを改造する必要があることを公言し、この改造にレーニンは積極的に関わった。党中央委政治局案とヴェー・チェー・カー参与会案とは隔たりがあったが、レーニンは後者の改造案を支持し、人民委員会議組織として懲罰機能を残すことを主張した。チェー・カー議長代理ウーンシリフトはレーニンとこの問題に関する書簡を交わし、チェー・カー問題が審議される二二年二月二日の政治局会議への出席をレーニンに求めたが、病状の悪化のためにレーニンはこの会議に出席できなかった。同会議はヴェー・チェー・カー改造案を審議し、ウーンシリフトにゲー・ペー・ウー条令案の作成を委ねた。中央委決議に基づくヴェー・チェー・カー改造案は二月六日の全ロシア中央執行委幹部会会議に持ち込まれ、布告として採択された。それにより、これまで人民委員会議組織であったヴェー・チェー・カーは清算され、新たに内務人民委員部の下に国家政治管理局（ゲー・ペー・ウー）が設置され、それは旧組織の指導部と軍事力をそのまま受け継いだ。★3

3　「赤色テロル」による農村支配

チェー・カーが絶大な権限を持った理由は明白である。ボリシェヴィキの指導と統治に反対する民衆の抵抗を暴力的に押さえ込む必要があり、このような民衆の弾圧が階級闘争の行使として正当化されたからにほかならない。そしてこれらの民衆運動は白軍や反革命、ましてや、外国列強とはいささかも関係がなかったために、すなわち、ボリシェヴィキの反民衆的政策そのものに根ざしていたため、内戦が終了して反革命の脅威が去ったとしても、むしろそのときから大規模な農民蜂起が至る所で勃発した。このような体制の本質は、戦時共産主義からネップへの移行があったとしても基本的に不変であった。こうして「赤色テロル」の行使は、十月政変直後から戦時共産主義期、ネップ期を経てスターリン時代に至るまで一貫した統治システムとして機能し、「十月革命」直後から多くの悲劇を生み出した。

一八年春は、各地でソヴェト権力が樹立したソヴェト権力の確立期であると、通史では説明されている。しかしながらそれらの多くは、ソヴェト権力とは村スホード（村会）に至る旧地方自治組織の看板替えか、赤軍などの軍事力を背景とする旧自治体からの権力奪取であった。こうして地方でソヴェト権力が樹立されたとしても、それで新政府が直面する最大の難問、食糧危機は解決されなかった。なぜなら、当時のソヴェト

＝ロシアはペトログラードとモスクワの両首都はいうまでもなく、中央も地方も、戦争による穀物生産の縮小や穀物商業の解体などさまざまな理由で、モスクワに北西に接するトヴェリ県でも、一週間に一フント半［六〇〇グラム余］のオート麦が郡食糧委から放出されるが、それでは糞に似たパンしか焼けない、「県人口の約六六％が飢え、その数は不断に増加し、トヴェリ県は最大の飢餓に支配されている」と惨状を訴えたように、ロシア各地が飢えにあえいでいた。★4 飢えた「都市プロレタリアート」に穀物を供給するため地方ソヴェトに穀物の供出を命じたとしても、地方ソヴェトは地元住民への供給を優先し、中央権力による供出命令を拒否し、地方での穀物調達は完全に行き詰まったのである。食糧危機が深まるにつれ、穀物をめぐる中央と地方、都市と農村の対立はいっそう激化した。

　中央への穀物搬出命令を拒否するソヴェトを「地方分離主義」として断罪し、一八年五月に「食糧独裁令」が出された。これは次のことを意味した。第一に、地方の利益を優先する地方ソヴェト権力の自治権を奪い、上意下達の中央集権体制を整え、第二に、おもに中央の都市労働者から編成される食糧部隊による武力による強制的穀物徴発を制度化したことである。事態はさらに進行する。食糧独裁を「農民への宣戦布告である」と見た左翼エスエルは閣外に去り、共産党独裁がはじまった。それはソヴェト体制の変質をも意味した。党中央委機関紙『貧農』紙上では四月一三日づけで「村のオオカミ、富農＝クラークを抑えなければならない。では誰が彼らを抑えるのか。地方ソヴェトがこれを行わなければならない」と報ずる巻頭論文を最後に、地方ソヴェトを積極的に評価する論調は消えてしまった。「十月革命の理念」は失われ、実質的にソヴェトなきソヴェト体制が出現し、また、共産党独裁は農村における階級闘争の強化を目指すようになった。先のトヴェリ県の例のように、様々な機関紙・誌に地方での飢餓の実情が公然と掲載されただけでなく、一八年四月にも「完全な飢えのために多くの地方で住民は半月で二フントの穀物しか受け取らず、農民は絶望に陥っている」などの請願を持った大勢の、穀倉地帯といわれたタムボフ県からも、農民代理人がレーニンに窮状を訴え、食糧人民委員部［食糧の調達と配給を司る官庁］にも非常に多くの農村代表が訪れ、地方の危機的食糧事情を完全に知りながらも、「農村における階級闘争」の名の下に、都市労働者から編成される軍事部隊による暴力的食糧徴発のシステムが動き出した。革命に連帯する貧農＝「農村プロレタリアート」は幻でしかなく、飢えた共同体農民は一丸となって武力による強制的穀物調達に反対し、各地で農民蜂起が勃発した。まさに双方に多数の死傷者が出る本物の内戦がはじまった。こうして一八年夏に特に穀物生産地帯を中心にして農民蜂起が吹き荒れ、それらはことごとく「赤色テロル」による血の弾圧で終わった。★5

一八年八月初めに食糧独裁と貧農委員会に反対してペンザ県で勃発した農民蜂起に対し、レーニンは県執行委宛てに八月九日づけ電報で、「クラーク、坊主、白軍兵士に容赦のない大量テロルを行使して、疑わしい者を強制収容所に収監すること」、翌一〇日の電報では、「最大限のエネルギー、速やかさ、無慈悲によってクラーク反乱を鎮圧し、〔……〕決起したクラークのすべての財産とすべての穀物を没収すること」を命じた。この電報までに蜂起はすでに鎮圧され、反乱の首謀者はすでに地方当局により銃殺されていたが、レーニンはそれ以上の血を求めたのである。これに続いて別の郡で発生した蜂起に対しても、レーニンは県執行委を激しく譴責した一九日づけ電報で、「すべての執行委員とコムニストに、彼らの責務は容赦なくクラークを鎮圧し、蜂起した者すべての穀物を没収することであると伝えよ」と徹底的弾圧を指示した。サラトフ県には、徴収に対して命をかけて責任を取る「二五、三〇人の人質を」富農から取るよう命じた。反乱を鎮圧したオリョール県リヴヌィ郡執行委に二〇日づけの電報で、「決起したクラークからすべての穀物と財産を没収し、クラークの中から首謀者を絞首刑にし、〔……〕富農から人質を取り、郷ですべての穀物余剰が集荷されるまで彼らを勾留する必要がある」と、指示を与えた。もちろん、「クラーク」とは暴力的穀物徴発に抵抗する農民の呼称であることは改めていうまでもない。飢えた農民を斟酌することなく、これらの電報によってすでに「赤色テロル」が胎動しはじめ、人質、処刑の文字が溢れ出す。

これらの電報は、もっとも基本的な文献資料であるロシア語版『レーニン全集（第五版）』に掲載されている。★6 これを読んで、ウリーツキィの暗殺やレーニン自身の暗殺未遂に応えて公式に「赤色テロル」が宣告されたとの主張や、一九年末の第七回ソヴェト大会で「赤色テロル」は外国列強の進撃から引きおこされたとのレーニンの報告を、まだ信じることができるであろうか。さすが、『全集』への掲載もはばかられた、ペンザ県の農民蜂起に関する八月一一日づけ現地ソヴェト執行委議長宛ての次の書簡はどうか。「同志諸君！クラークの五郷の蜂起を容赦なく鎮圧しなければならない。革命全体の利害がこのことを要求している。というのは、今や至る所でクラークとの「最後の決戦」が行われているので、手本を示さなければならない。一、一〇〇人以上の名うてのクラーク、富農、吸血鬼を縛り首にせよ（必ず民衆が見えるように縛り首にせよ）、二、彼らの名前を公表せよ、三、彼らからすべての穀物を没収せよ、四、昨日の電報にしたがって人質を指名せよ。周囲数百ヴェルスタ［数百キロ］の民衆がそれを見て、身震いし、悟り、悲鳴を挙げるようにせよ」。恐怖によって民衆を支配しようとする「赤色テロル」の本質が、そこにはっきりと示されている。★7

こうして一八年後半は蜂起が起こらないにせよ、食糧部隊の蹂躙などで騒然とした状況下で農村における党活動がはじまった。だがその実態はきわめて心許ないものであった。ヴャトカ県からこの時期の党活動について、例えば、「党組織はまったく存在しないことを確認しなければならない。郷に党細胞があっても、それは住民からまったく隔絶している」と報告され、そのため党の農村支配には暴力がともなった。その実行機関がチェー・カーであり、そのやり方が「赤色テロル」であった。以下で引用するいくつかの実例は、モスクワのアーカイヴに保管されている同様な資料のごく一部でしかないことを、あらかじめお断りしなければならない。

同県ソヴェトスク郡では一八年八月以後党組織が設置されたが、その活動を保証するには、一二人の地方警備中隊、一二人のチェー・カー部隊、一一人の郡民警を駐留させなければならなかった。すでに至る所で農民への血まみれの弾圧がはじまっている。ノリンスク郡の情勢は全権によって次のように報告された。八月に「多くの村で穀物専売を実施することに反対して騒擾が発生した。ズイコフスカヤ郷で郡食糧委主任が住民により捕らえられ、殺害された。これら騒擾を［チェキストの］ジリャーリスが鎮圧し、彼は個人的に鞭打ちの刑罰を加え、誰彼かまわず四七万二〇〇〇ルーブリのコントリビューツィア［勝手な課税］を徴収し、その際に一人が銃殺され、多くが負傷し、四〇人が逮捕された。一九年一月一日までにチェー・カーによって四二人が銃殺され、現在は勝手な捜索、徴発、没収は止んでいる。人質は二六人、監獄に七一人がいる」。このような事例は地方だけではない。モスクワ県でも穀物調達には銃殺をともなう。「ヴェニョフ郡パドホジェモ村で、食糧部隊への武装襲撃に参加した罪でチェー・カー判決により三人の殺人教唆者が銃殺され」、そのほかのクラークに五万プード［一プードは約一六・四キロ］の科料が下された。食糧隠匿者にも容赦はない。納屋に隠匿した麦粉四プード、碾割り五プードなどが摘発されたため、北部鉄道保安特別コミッサールはチェー・カーにより銃殺された。これも一八年八月の出来事である。民衆の窮状はそこではまったく考慮されなかった。カルーガ県マロヤロスラヴェッツ郡は伝染病も猖獗するひどい飢餓状態にあり、ある村の執行委は穀物の供出を拒否したため、チェー・カーに逮捕され郡チェー・カーに護送された。彼のその後の運命については不明である。

「赤色テロル」は民衆の残虐な報復を招く。六月の事件についてペルミ県オハンスク郡チェー・カーは次のように報告する。「クラーク匪賊は、ペルミ管区執行委議長を殺害した。彼は郷ソヴェトで眠っているときに、近づく群衆の物音で目が覚め、通りを逃げ回っているところを銃撃され、屍体は切り刻まれて墓地に運ばれた。群衆は彼のほかに、オハンスク供給部指導官、彼の兄弟、赤軍兵士三人らも殺害した。［……］被害者の数を確定するため、惨殺された犠牲者を掘り出すことが命じられた。屍体は下着だけの裸の状態で埋められ、斧とシャベルで無惨にも切り刻まれ、頭部は割られ、指は切断されていた。このほか逮捕者の供述によれば、赤軍兵士の一人は生きたまま土に埋められた」。「白色テロル」に関しては、次のような実例がしばしば新聞で報道された。これはドン管区に隣接するサラトフ県ノヴォウゼンスク郡の村が舞台である。村に駐屯していた二四〇人の赤軍部隊は圧倒的に有利なコサック軍団に包囲され、内通したクラークによって村に侵入したコサック軍団との白兵戦の末、赤軍部隊は粉挽小屋への退却を余儀なくされた。そこでコサックは郷ソヴェト議長チュグンコーフの捜索をはじめ、援軍を要請するため村から離れたチュグンコーフとチューリコフを捕らえ、「旧い習慣によりコサック兵の鞭刑が行われ、チュグンコーフは四つ裂きにされ、チューリコフは耳、鼻、顎を切り取られ、背中から肉をはぎ取った後に殺害された。この日に多数のボリシェヴィキ活動家が銃殺された。僧侶は感謝の祈りを捧げ、銃殺された同志に呪いを浴びせた。三日後に粉挽小屋に隠れていた赤軍兵士は降伏を余儀なくされた。彼らは丸裸にされ、寒い穴蔵に押し込まれ、そこで彼らは水も食事もなしに三日間放置された。その後斃死した家畜を投げ込んでいた村の大きな窪地に連れ込まれた。窪地では一〇人ずつが銃殺された。刑吏の下手な射撃のおかげで、多くの同志は傷ついただけで死ななかった。だが、九六人全員が窪地に集められ、窪地が埋められた。傷ついた受難者から断末魔の呻き声が上がった」。この記事はコサックの残虐さと僧侶の悪行を暴くステレオタイプの内容ではあるが、「白色テロル」も「赤色テロル」も、敵への恐怖心と報復から生ずるために、そのやり方は同様である。だが、「赤色テロル」は権力による犯罪であることが、決定的な相違である。[★8]

一八年後半にロシア全土で暴力的支配を構築したボリシェヴィキ政府は、一九年一月に農産物調達の新たな制度として、地方の需要を完全に無視した食糧割当徴発制度を導入した。大戦と内戦によって労働力と役畜を奪われて困窮する農民経営は、多くの場合に家畜の飼料や播種分までも「余剰」として取り上げられ、この制度によって窮乏化はいっそう加速した。彼らは革命の領袖レーニンに次のような実情を訴えた。「穀物が不足するため、われわれは穀物の命令を遂行できません。家族は破滅の運命にあります。穀物はなく状況は破滅的です。食糧がまったくないために、動揺がはじまっています」。だが、このような訴えが叶えられることもなく、割当徴発の徴収は農民の抵抗を前提として、軍隊の出動をともなう臨戦態勢で実施された。二〇年八月にペンザ県に次の手続きで割当徴発の実施が命じられた。「一、［……］ペンザ郡で割当徴発は県軍事委と国内保安軍旅団により選抜された軍事部隊の支援で行われなければならない。二、これらの郡で郡食糧会議はまず、一、二、三のもっとも穀物が豊かでクラーク的な郷を選定し、一〇月一日までに算出されたすべての割当徴発を速やかに組織的に遂行しなければならず、もし抵抗があるなら、武装力と抵抗する者から一〇〇％の徴発を適用し、世帯主を逮捕しなければならない。それが正確に実行された作戦行動の後に、ランクの低い次の郷に移り、それらの郷で調達がどのように実施されるか、国家割当徴発に抵抗する者がどのような処罰を受けるかを明らかにして、あらかじめ郡の農民への命令、アピールを作成する」。プスコフで見られたように、軍隊とともにチェー・カーも出動する。穀物割当徴発の強化のため「全県に軍事部隊、おもに第七軍特別部の騎兵隊と県チェー・カーが派遣された」[★9]

このような農村からの暴力的収奪の結果は、農村の完全な荒廃であった。「どうせ取られるなら、何も植えない方がましだ」として、農民は畑への播種をやめた。そして何より、播種しようにも彼らの手元には播種用の穀物は残されていなかった。これらの情報は無数にある。二〇年春にヴャトカ県ウルジューム郡では、割当徴発が一二〇%遂行された結果、播種用の穀物はなくなった。ウファー県ビルスク郡では、力のおよばない割当徴発が課せられたため種子と飼料は残されなかった。ヴャトカ県ノリンスク郡から「与えられた穀物量はほかの郷に比べて不当に重く、割当徴発を完遂するため遠征部隊は武器の威嚇の下に、貧農をも斟酌せずに、すべての食糧と種子を奪い取り、住民は危機的状況に陥り、迫り来る春蒔き用の種子不足のために住民はパニックを起こしている」と報じられた。種子不足は収穫不足、すなわち、飢饉の前触れである。[★10]

二〇年にいくつかの農業地帯を襲った旱魃があっても、権力は容赦しなかった。リャザニ県カシモフ郡では凶作のために、農民は穀物以外を食べてかろうじて種子を残していたが、郡食糧委はそれでもすべての穀物を徴収した。トゥーラ県チェルニ郡やヴォロネジ県ザドンスク郡では、播種用穀物が食糧に転用されないよう、播種と種子調達が完了するまで製粉所が閉鎖され、多くの住民はパンが焼けずにパニックになった。食糧を奪われたのは農民だけでなく労働者にもおよんだ。都市労働者への供給制度はまったく機能せず、担ぎ屋となって搬送するわずかな穀物が彼らの唯一の食糧源であったが、それさえも闇食糧取締部隊やチェー・カー部隊によって没収された。ヤロスラヴリ県のソヴェト職員は、一年半分の労働者の稼ぎである家族用の麦粉がチェー・カーにより不法に没収されたことを、レーニンに訴えた。[★11]民衆の窮状は内戦の終了とともに深まった。

二〇年一一月末に内戦は基本的に終了し、割当徴発が農業生産に悪影響をおよぼし、おもに地方活動家からその廃止の声が多数挙がっていたにもかかわらず、割当徴発を基本とする戦時共産主義政策は継続された。要するに、レーニンをはじめとして当時のボリシェヴィキ指導部は、民衆の疲弊と困窮に目をつむり、「共産主義」の勝利に酔いしれ、それに一気にたどり着こうとはかない幻想を夢見ていたのであった。その幻想の犠牲者はつねに民衆であった。[★12]

内戦の終了にともない赤軍の動員解除がはじまっても、ボリシェヴィキ権力の軍事的抑圧が減退することはなかった。元々、赤軍は様々な弱点を抱えていた。赤軍への召集を呼びかけても、動員はわずかであった。一八年末にトロツキーは、兵役忌避者は八〇％までの高い比率となり、彼らはライフル銃を持って緑軍に合流していると、レーニンに訴えた。兵役忌避者（召集に応じない者、部隊からの脱走兵）は銃殺、彼らの隠匿者は連帯責任で厳罰に処するなどの措置が適用されてもこの流れは止まなかった。また、ほとんどの赤軍部隊の装備も食糧事情も劣悪であった。二〇年二月の赤軍部隊に関する報告書は、ヤロスラヴリ第三中隊では二月の二日間で「パン一フント、スープ一杯、ピロシキ三個のほかには何もなく」、この部隊は「全員がぼろを纏い、草鞋を履いて」厳冬の中を行軍し、モギリョフ第四中隊は、「装備はまったく与えられない。裸足で行軍し、草鞋もない。給与はもう三ヶ月間受け取っていない」などと指摘した。八月にシベリア軍事食糧局［労働者食糧部隊の本部］は、制服が支給されるはずの部隊は旧い夏服のまま一ヶ月間着の身着のままで、冬装備を受け取れないなら部隊は活動を停止すると訴えた。一〇月のチェー・カー報告は、装備と衣服がないために、寒さの到来とともに脱走兵が著しく増加した事実を指摘した。九月のヴェー・チェー・カー参与会会議で、脱走兵が出ないよう国内保安軍部隊への監視を強めることが決議された。★13 トロツキーが赤軍建設をいかに自画自賛しようとも、人民軍としての赤軍は編成される前に崩壊していた。強制的農民召集兵を基本とする赤軍兵士は、ボリシェヴィキと「共産主義理念」を共有することは決してなかった。そして、それを埋め合わすように革命裁判所巡回法廷、革命軍事評議会、革命委員会などの弾圧司法・懲罰機関が二〇年後半までに各地で設置され、機能していた。司法的弾圧と行政的弾圧と、われわれにはもう区別がつかなくなっている。戦時共産主義がいわゆるネップに移行する二一年春までに、ロシア全土がこのような弾圧機関におおわれていた。

4 生存をかけての農民蜂起

革命後の農民運動の原動力を、奥田央は「農民のぎりぎりの生存」の要求であると、コンドラーシンは、農民は内戦にともなう権力の厳しい経済的破壊政策に対する「自己防衛的性格」であると、日本とロシアの代表的農民史家はほぼ同様に指摘する。[★14] ほとんど慢性的な飢えにさらされ、それでも革命権力、反革命勢力を問わず農民に降りかかる穀物や家畜の徴発、労働力や家畜、荷馬車の動員などが、日常的に農民の生存権を脅かし、彼らは必死に身を守ろうとしても将来の生存権が失われたと感じたとき、自己防衛の最後の手段が農民蜂起であった。

タムボフ県で二〇年八月下旬に発生したいわゆるアントーノフ蜂起は、その規模においても継続期間においてもソヴェト＝ロシア最大の農民運動であったが、その弾圧には徹頭徹尾「赤色テロル」があふれていた。より正確には、穀物の徴収方法自体が「赤色テロル」的やり方であった。ロシア有数の穀倉地帯として中央黒土地帯にあるこの県は、割当徴発による中央権力の組織的掠奪がはじまる以前から様々な地方の徴発部隊によって掠奪され、すでに飢餓が現れていた。「徴発に不満を持つ農村のクラークは、秋蒔きの耕起をひかえるよう農民をそそのかしはじめる。どうせ徴発されるのだ」との声が囁かれる。リペツク郡では一八年の秋蒔き収穫はひどいと認められたが、食糧部隊による徴発は続いた。一九年一月に最初の割当徴発が実施されたとき、この郡ではライ麦、オート麦、ジャガイモはすでに現地の必要量を大きく割り込んでいたが、割当徴発は容赦なく課せられた。県内の全体的凶作にもかかわらず、一九年八月からはじまる一九／二〇年度の割当徴発は、県食糧委が算定した穀物割当量二六〇〇万プードに対し、食糧人民委員部は三一一〇万プードに増量してはじまった。[★15]

そこに県食糧コミッサールとしてゴーリディンが登場する。食糧部隊への挨拶の中で、「彼は穀物徴発の際に誰にも、実母にさえも情けをかけないよう勧告した。だが兵士は実際に「誰にも情けをかけていない」。強情であったり最後の穀物を引き渡すのを拒否したりする場合には、人質を捕らえ、すべての郷執行委と村執行委の議長を逮捕し、郷が穀物を納付するまで市内のどこかの寒い部屋に彼らを閉じこめる。釈放されるには、農民はしばしば「余剰」を引き渡すために穀物をほかで買い求めなければならない。だが県内に穀物は少ないので、いくつかの郷で農民は自分たちの「ノルマ」を購入によっても充足することができず、種子を引き渡すか、自分の消費のために残しておいた「ノルマ」を引き渡しても、これでも不足するなら、黙って処罰を待ち受ける。「さあ殺せ、銃殺しろ」。農民の大量銃殺のケースが県内の三、四ヶ所であった（二年間にタムボフ郡ドゥホフカ村で二人が殺害され、一人が負傷し、一人は「見せしめのため」銃殺された）。農民の自殺のいくつかのケースも記録されている。タムボフ郡の村の一つで（名前は覚えていないが）、現地「コミッサール」が自殺で命を絶った」と、エスエル県組織は伝えている。

ボリソグレブスク郡には食糧部隊長マルゴーリンの名前が轟き渡る。彼は過度の鞭打のため革命裁判所によって逮捕されたが、タムボフ当局は彼の釈放を命ずる。鞭打ちで満足することなく、彼の命令によりルサノフスカヤ郷で偽の銃殺が挙行される。逮捕された村ソヴェトメンバーが納屋に勾留され、彼らのうち一人ずつが連れ出され、壁の前に立たされ、命令が下された。「発射用意！　撃て！」。食糧軍兵士が空に銃撃し、恐怖に動転したソヴェトメンバーが失神して倒れた。次に、彼らの衣服をはぎ取り、寒い納屋に閉じ込め、彼らは零下二六度の中に放置された。殴打によって大勢の人々が死んだ。県の至る所で同様なやり方が認められた。ウスマニ郡からは、「農民を鞭打ち、彼らを寒い納屋に閉じ込め、農民から奪った穀物で部隊長は農民に密造酒を造るよう強いた」事実が報告された。

だが、このような農民への「赤色テロル」は個々の活動家の過剰行為ではなく、権力による「組織的犯罪」であったことは、彼らは特に処罰されることもなくほかの地方に転出し、このような行為が繰り返されたことからも明らかである。ゴーリディンはアルタイ県の指導的食糧活動家となり、シベリアでの食糧税の徴収に関わった（そして、そこで農民に殺害された）。マルゴーリンは食糧人民委員部全権としてサマラ県で割当徴発の遂行に努め、その結果多くの郷は播種なしになり、彼らを未来の大飢饉が待ち受ける。

タムボフ全県で二〇年の春蒔き播種は壊滅的で、そのため収穫は完全な凶作であった。ボリソグレブスク郡では播種分の収穫さえなかった。このような地方の実情について、キルサノフ郡の郷執行委員議長はレーニンに次のように訴えた。「現在郷にいる食糧部隊は割当徴発により穀物を一〇〇％汲み出している。貧農の大部分は凶作のためそれを遂行することができない。どれだけかの播種面積は［……］軍事部隊が通過する際に全滅した。そのような穀物の汲み出しは住民に［消費］基準と種子を残していない。割当徴発を履行できない者から、繁殖を考えずにすべての家畜が徴発されている」[16]

農民経営は崩壊し、未来に生きる望みも絶たれた。革命によって実現されたと思われた彼らの長年の夢ははかなくも破れ、ボリシェヴィキへの憎悪が高まり、収穫期がきても膝丈もないライ麦の生育を見て絶望に陥った彼らは命を賭して立ち上がった。アントーノフ運動への直接的参加者は、その支配領域の人口の一〇%程度であり、多くの農民は程度の差こそあれ蜂起の目的に共鳴しても、平穏な農耕を捨てきれず、運動への直接の参加を回避したといわれる。[17] しかしながら、アントーノフ蜂起軍は地勢を熟知していただけでなく、農民一般大衆によって鎮圧軍接近などの情報を得て、食糧などを受け取り、匿ってもらうなど様々な「後方支援」を獲得することで、長期にわたって戦局を有利に展開することができた。多くの農民反乱がそうであるように、それが必然的に持つローカルな特性はその強さでもあり、弱さでもあった。ソヴェト文献ではクラーク的エスエルによってこの蜂起が準備され指導されたと繰り返し指摘されたが、現在の研究者は、エスエルは中央でも地方でもそれに直接関わりを持たなかったと異口同音に指摘する。まさにアントーノフ反乱は民衆蜂起であった。

八月一九日に約五〇人の武装した脱走兵がタムボフ郡カメンカ村付近で食糧部隊を襲撃した。翌二〇日に別の脱走兵のグループがソフホーズを襲い、労働者を殺害し、馬を盗んで逃げた。二一日に追撃する食糧部隊は武装グループと衝突し、それに合流した援軍ともども騎馬蜂起兵の奇襲によって粉砕された。戦闘に参加した脱走兵と一五〇人の村人は赤旗を掲げてカメンカ村に凱旋した。付近の農村に急使が送られ、その後に開かれたスホード（村会）で、コムニストと割当徴発に反対する蜂起がはじまったと宣言された。

カメンカ付近でソヴェト部隊が粉砕されたとの知らせはその日のうちにタムボフ市に届けられ、八月二一日深夜に県執行委幹部会会議が開かれ、県チェー・カーの下に蜂起鎮圧の作戦参謀部を設置することが決定された。中央から全権代表が派遣されるまで、これが反乱鎮圧の指揮を執ることになる。増援部隊が派遣され蜂起は沈静化したように思われたが、八月三〇日早朝にカメンカ地区全域で大規模な蜂起が新たに発生した。狼狽した県チェー・カー作戦参謀部は翌三一日午前五時二〇分に以下を軍事部隊長に下令した。

「匪賊的直接行動や匪賊の隠匿への関与が認められる村落に対して、容赦なく赤色テロルを実施するよう命ずる。

そのような村落で［……］一八歳以上の市民を人質として取るよう命ずる。もし匪賊的直接行動が続く場合に、人質は銃殺されることを住民に宣告する。

そのような市民の財産を完全に没収する。

彼らが寝泊まりする建物を取り壊し、それができない場合には火を放つ。

犯罪現場で捕獲した匪賊を銃殺する。

同様に、県執行委幹部会決定にしたがい、匪賊運動への関与が認められる村落は非常食糧コントリビューツィアが課せられ、その不履行に対してすべての市民のすべての土地とすべての資産が没収されることを宣告する。

彼らは強制的に追放され、成人男女は強制労働収容所に、子供は内戦終了まで孤児院に収容される。

この命令はスホードで読み上げられすべての村落に掲示される」

アントーノフ蜂起に対し、こうして早々と「赤色テロル」が公式に宣言された[★18]。

現地軍では蜂起を鎮圧できず、県執行委は中央に割当徴発の遂行には増援部隊が必要であることを再三要請したが、中央からの本格的介入は著しく遅れた。さらに当時すでに最高決定機関となっていたロシア共産党中央委政治局会議で、不可解なことに、この問題はまったく取り上げられなかった。二〇年一二月末に出された「タムボフ県における反乱運動が長引く理由に関する」報告書で国内軍参謀部特別委は、その理由として「共和国の対外事情［ポーランド戦争］を考慮しても、国内軍参謀部である中央司令部は現地司令部の要請に必ずしも熱心に耳を傾けず、実質的に援軍の派遣を遅らせた」中央司令部の失策と、「一二月一日までタムボフ司令部と［革命］軍事評議会から共和国国内軍司令官に軍事状況と運動の性格に関する一遍の状況報告も提出されなかった。受け取ったあらゆる報告は非常に曖昧で、むしろ、楽勝気分であった」とする現地司令部の状況判断の甘さを指摘する。アントーノフ運動の専門家サモーシキンも、アントーノフは住民に支持されていないとの嘘の情報をタムボフ当局は中央に送りつけていたと指摘する。だが、一〇月一九日づけでレーニンは国内保安軍司令官コールネフとヂェルジーンスキィに、「同志シリーフチェル〔県執行委議長〕はわたしに、タムボフ県での蜂起の強大化と、わが兵力、特に騎兵の弱体を伝えている。もっとも速やかで（模範的）根絶が絶対的に必要である。

いかなる措置が執られているのかをわたしに通知するようお願いする。大きなエネルギーを発揮し、多くの出兵が必要である」と指示したように、彼はアントーノフ蜂起の深刻さを充分認識していたように思われる。だからこそ、アントーノフ軍によって地元の工場地区が占領された際にヂェルジーンスキィに、これに責任あるチェキストとコールネフを軍事裁判で厳罰に処せと、レーニンは苛立ちを隠せず命じたのであった。★19

中央からの軍事介入が大幅に遅れた理由として、ソヴェト軍の軍事力はこの時期には物理的にも精神的にも限界であったことが挙げられる。二一年二月に党員有志の党中央委への書簡は、「最近の動員解除は、軍の極端な弱体化を招き、その戦闘能力を徐々に減退させ、個々のケースではそれはゼロになっている。そのような状態で赤軍はソヴェト権力の当てになる保塁となりえない」と指摘する。動員解除の遅延は民衆の不満をかき立て、強制動員された兵士は脱走兵となってアントーノフ軍に合流し、反乱軍を補強させる結果に終わった。六月の鎮圧軍の状態について革命軍事評議会の報告書は、食糧と装備がないため戦闘能力は低い、「数日にわたって配給を受け取らず、そのため農民から（匪賊の家族と彼らのシンパ）最後の食糧を取り上げるのを余儀なくされている。実働部隊の装備はひどい。休むことなく匪賊を追撃している部隊の衣服は完全にぼろぼろになり、大部分は裸同然である。〔……〕赤軍兵士は数週間、数ヶ月も風呂に入らず、汚い川や沼地で身体を洗い、再び汚れたぼろぼろの下着を身につけていた」。軍隊の士気と戦闘能力は著しく低下し、ボリシェヴィキ権力に残された効果的闘争手段が「赤色テロル」であった。「赤色テロル」とは何か。二〇年二月のチェー・カー協議会でヂェルジーンスキィは次のように演説した。われわれが敵を殺すときは、「彼が悪人だからではまったくなく、ほかの人々に恐怖を与えるため、われわれはテロルという武器を行使する」

二一年一月から反乱鎮圧の新しい段階がはじまる。このときから、この問題はようやく地方から中央に移された。一月一日の党中央委組織局会議で、タムボフ県の軍事状況に関するヂェルジーンスキィの報告が行われ、一月一二日の中央委総会で農民の気分に関する問題が審議された際に、凶作を被った農民を緩和する特別委と、匪賊運動を速やかに根絶する任務を持つ特別委の設置が決定された。一月末にタムボフで開催された党県協議会にブハーリンらの指導的コムニストが派遣され、二月二日の中央委政治局会議でタムボフから帰還したばかりのブハーリンの報告が行われ、そこで二つの重大決定がなされた。第一は、困窮する農民と地方の政情に重大な関心を払い、これら諸県で農民の食糧状態を緩和するための措置を採ること、第二は、タムボフ反乱の鎮圧を指導するため全権アントーノフ＝オフセーエンコを現地に派遣することである。前者はタムボフを含むいくつかの県への割当徴発停止命令をもたらし、後者はアントーノフ蜂起鎮圧に中央が本格的に介入する態勢作りであった[★20]。

二月一六日にタムボフに到着したアントーノフ＝オフセーエンコは、レーニンの提案により自身が議長を勤める中央執行委全権特別委を設置し、これが実質的にタムボフ県での全権を掌握した。三月の第一〇回党大会で決定された食糧税の導入は大々的に宣伝されたものの、農民は「現物税は割当徴発と同じで、名前が違うだけだ」などと懐疑的で、四月に全権特別委は、「諸君は、現物税は以前の割当徴発とそっくりであるとの疑念を持ち、諸君の敵、アントーノフ軍、エスエル、その他の犯罪者は森に潜んで、諸君にこのことを信じ込ませた」として、農民に「以前の割当徴発と似ても似つかないことを分からせる」アピールを出さなければならなかった。二一年二月に四万に達したアントーノフ軍の総勢は、それ以後減少し続け五月までに二万一〇〇〇人、七月半ばには一二〇〇人までになったとしても、「ネップ効果」を過大評価することはできない。増派された赤軍の攻勢や春の畑作業は、その理由の一部であるが、もっとも大きな理由として、アントーノフ軍と地元住民との関係の変化と、「赤色テロル」の強化を挙げなければならない。

まだアントーノフ軍が比較的小規模であった時期には、ソフホーズや穀物倉庫の掠奪などで蜂起軍を維持することができたが、すでにそれらは掠奪し尽くされ、拡大した蜂起軍をまかなうには、必然的に強奪の対象を一般農民へと拡大しなければならなかった。それに加え、徐々に忍び寄る飢饉の脅威は、この状況をいっそう深刻にした。また、蜂起軍の活動区域が拡大するにつれ、機動力を発揮するために軍の主力は歩兵から騎兵に移り、そのため畑仕事に不可欠な馬匹を農民から徴発する機会が目立つようになり、農民の間にアントーノフ軍への不満が高まった。★21

最終段階は軍司令官トゥハチェーフスキィの登場である。彼の軍功について語るなら、危機の二一年冬に遡らなければならない。

5 「赤色テロル」による民衆弾圧

この冬は例年以上に猛烈な寒波に襲われ、ロシア全土で燃料が不足し、鉄道輸送は止まり、工場は操業を停止し、暖房のために木造家屋や生垣が壊された。食糧貨物は立ち往生し、食糧危機は極限に達しようとしていた。特にペトログラードで状況は深刻で、工場は原料と燃料がないために閉鎖され、三万の労働者が路頭に投げ出され、食糧配給は停止された。二月二一日に信管工場で開かれた労働者集会で、人民主権への移行が決議された。二月二四日にはいくつかの工場にストが拡大し、ヴァシーリエフ島に集まった二五〇〇人以上の労働者に守備隊からの銃撃が容赦なく浴びせられた。ジノーヴィエフを議長とする防衛委員会が設置され、共産党ペトログラード委員会はこの状態を「反乱」と認定し、翌二五日に市内に戒厳令を布告した。二月二六日づけ『ペトログラード・プラヴダ』に掲載された防衛委のアピールには、「スパイに用心せよ！　スパイに死を！」の見出しがつけられた。ペトログラード守備隊の一部は労働者の鎮圧を拒否し、武装解除された。この運動はまもなく軍事力で粉砕されることになるが、当局はこの不穏な情勢が、ペトログラード沖にある重要な海軍基地、クロンシタット要塞に伝播しないようあらゆる措置を採ったが、無駄であった。要塞の水兵は、ペトログラードにおける労働者の圧殺に強い衝撃を受け、労働者の銃殺の風聞が広まり、コムニスト独裁への憎悪をいっそう募らせた。なぜなら、彼らの多くは故郷からの手紙などで、ボリシェヴィキが力ずくで自分たちの家族から最後の穀物と家畜を奪い取っているのをすでに知っていたので。

こうして、二月二八日に主力戦艦《ペトロパヴロフスク》と《セヴァストポリ》で採択された決議は、全島集会で圧倒的多数により支持された。この決議は、基本的に「十月革命」で謳われた諸権利の回復であり、一党独裁を非難するが、政府転覆を求めたものではなかった。しかしながら、三月四日づけ国防会議は、この運動はフランス反革命情報部と元ツァーリ将軍によって企てられた「黒百人組的〔極右的〕エスエル」反乱であると宣告し、完全な軍事的制圧の準備に取りかかった。いつものように事件に無関係な者や家族が人質として捕らえられ、クロンシタットが陥落した後も人質の逮捕と収容所送りは続いた。三月五日に反乱鎮圧命令が出され、その司令官に任命されたのがトゥハチェーフスキィであった。これ以後もトゥハチェーフスキィは「赤色テロル」の執行人として再三登場する。

要塞攻撃は、第一〇回党大会の開会日である三月八日に指定された。レーニンはこの大会で「反革命の容赦のない鎮圧」を報告するはずであった。だが、その思惑ははずれ、懲罰軍は大損害を出して退却し、党大会の代議員も鎮圧のために動員するはめになり、党大会の議事日程が大幅に変更されるという醜態を招いてしまった。このときの敗北の大きな理由は、攻撃への不服従、クロンシタットの要求を支持する赤軍兵士の気分にあった。ここでも「赤色テロル」が猛威をふるう。これら不穏分子は辺境地に軍用列車で送られ、その首謀者と見なされた者は即決裁判で直ちに銃殺された。三月一八日朝までに要塞は赤軍兵士の手に落ちた。当局は戦死、行方不明、負傷した赤軍兵士の数を秘匿した。バルト海の氷上で倒れた屍体の多くは陸に引き上げることさえできなかった。氷が溶けるとともにフィンランド湾の水域が腐敗汚染される危険が生じた。三月末にフィンランドとソヴェト＝ロシアの代表の会見で、フィンランド湾に放置された死体の除去についての問題が解決された。

クロンシタット守備隊への懲罰がはじまった。蜂起時に要塞にいたこと自体が犯罪と見なされた。即決裁判で有罪の判決を受けた者の中に捕虜はいなかった。なぜなら、彼ら全員が現地で射殺されたので。攻撃の後、バルト海の氷上やクロンシタットの街頭に放置された負傷した水兵を助けることは、厳罰の脅しの下に禁じられた。

何十もの公開裁判が行われた。《セヴァストポリ》と《ペトロパヴロフスク》の水兵は特に厳罰に処せられた。三月二〇日の非常三人委員会会議で、《ペトロパヴロフスク》水兵一六七人の審理が行われ、全員に銃殺の判決が下った。クロンシタット蜂起の鎮圧場面でも「赤色テロル」が荒れ狂ったが、無辜の人々への懲罰は遅れてやってくる。七月五日づけのトロツキーへの書簡で、第一〇回党大会でクロンシタットに関する報告を行った党中央委員ヤロスラーフスキィは、アナキストはこの反乱に反対しなかっただけでなく、クロンシタットのスローガンを大々的に広め、「周知のように、モスクワのレオンチエフ小路で地下アナキスト・グループによって爆破が挙行され、その結果、党モスクワ委書記と数人の女性コムニストを含む前衛的コムニスト一三人が死亡した」ことから、アナキストは白衛軍組織と密接な関係があることは明白であるとして、彼らへの弾圧を求め、本文にもあるようにこの時期多数のアナキストが逮捕された。★22この爆破事件は二年ちかく前の、一九年九月の出来事であった。「赤色テロル」は虎視眈々と好機を待ち受ける。

二一年四月二七日の党中央委政治局会議で、タムボフ管区軍司令官に革命軍事評議会の推挙によりトゥハチェーフスキィが任命され、彼に軍事的全権が付与されたが、このことは革命軍事評議会の議事録には記載しないとされた。★23トゥハチェーフスキィは五月一二日にタムボフに着任し、その日のうちに軍事部隊への機密文書「匪賊運動根絶に関する命令」、「命令一三〇号」、それを補足する全権特別委決議「匪賊の家族の人質と財産没収に関する命令」を次々と出し、その中で、匪賊の家族を人質に取り、匪賊が二週間以内に出頭しないならその人質をシベリアの強制収容所に送り、財産を没収するなどの「赤色テロル」を宣言した。六月九日の全権特別委会議で彼は、討伐軍の態勢はようやく六月に整えられたが、「命令一三〇号を実施する活動は困難である。[匪賊を]家族が通報するのを拒否し、財産を分散し、匪賊の家族はすでに逃げ出した所もあり」、ソヴェト権力に対する農民の気分は上辺は好意的であるが、内面は敵意を抱いていると、厳しい現状を報告した。「赤色テロル」は厳しさを増し、六月一一日づけ「全権特別委命令一七一号」で頂点をきわめる。そこで全権特別委議長アントーノフ＝オフセーエンコと軍司令官トゥハチェーフスキィは次のように宣言する。「エスエル匪賊を根絶やしにするため、以前の個々の訓令を補足し、全権特別委は命ずる。
一、自分の姓名を告げることを拒否する市民は、その場で裁判抜きに銃殺される。
二、武器が隠匿されている村落に［戦闘］区域政治特別委または地区政治特別委の権限により人質を取る判決が宣告され、武器を引き渡さない場合には彼らは銃殺される。
三、隠匿武器が摘発される場合には、家族の最長老の働き手がその場で裁判抜きに銃殺される。
四、家に匪賊を匿った家族は逮捕され、県外に追放され、彼らの財産は没収され、この家族の最長老の働き手がその場で裁判抜きに銃殺される。
五、匪賊の家族または財産を隠匿する家族は匪賊と見なされ、この家族の最長老の働き手がその場で裁判抜きに銃殺される。
六、匪賊の家族が逃亡した場合に、彼らの財産はソヴェト権力を信頼する農民の間で分配され、残った家屋は焼かれるか解体される。
七、この命令は厳格に容赦なく実施される」
さらに、翌一二日に出された「軍司令部命令〇一一六号」は、「匪賊が潜む森林を窒素性ガスで浄化し、窒素性ガスの雲が森全体に完全に飛散し、そこに潜む全員を根絶するよう」毒ガスの使用を命じた。この非人道的命令は長い間威嚇の文書でしかないと解釈されてきたが、軍事アーカイヴに「八月二日カライ＝サルトゥイコフスカヤ郷キペツ村北西の砲撃で榴散弾六五発、榴弾四九発、化学弾五九発が発射された」証言が残されているという。
鎮圧軍の増強に加え、アントーノフ＝オフセーエンコ自身が「もっとも恐ろしいテロル」と評した命令一七一号は、アントーノフ軍に決定的打撃を与えた。トゥハチェーフスキィは懲罰活動について次のようにいう。「もっとも悪質な匪賊村で気分を転換させ農民に匪賊を引き渡すようにさせるため、厳しい銃殺に頼らなければならなかった」★24
これ以後様々な公式会議で「赤色テロル」の効果が臆面もなく次々と披瀝される。六月二二日の全権特別委会議では次のように報告された。「パレフカ［村］で［銃殺の］判決がきわめて上首尾に適用された（カメンカ村でのように）。八〇人の最初の人質はいかなる情報も提供するのをきっぱりと拒否した。彼らは全員銃殺され、人質の第二陣が取られた。この集団はまったく強制なしに匪賊、武器、匪賊の家族についての情報を提供し、何人かは命令一三〇号による作戦行動に直接参加することも申し出た。同様な作戦行動を実施するためパレフカから第二区域政治特別委が向かったイノコフカではパレフカでの作戦行動についての噂がすでに伝わり、人質を取る必要もなかった。住民は喜んで特別委を迎えた。一人の老人が息子を連れてこういった。「もう一人の匪賊をどうぞ」。至る所にもっとも強力な転換がある」。多数の村に火が放たれ、蛮行が繰り返される。それでも戦闘区域特別委は七月六日に、謀反人幇助者への極刑の適用について、「ソヴェト権力は、市民が改心し、平和的勤労に戻り、匪賊に対抗することを期待して、今日まで彼らを寛大に扱ってきた。これらの期待は失せ、ソヴェト権力は彼らに今や厳格な措置を適用するのを余儀なくされている」という。これに応えるかのように、銃殺の範囲がますます拡大する。農民蜂起は基本的にはローカルな利益を擁護する性格を帯びていたので、中央権力の影響力を断つため、電信施設や橋梁の破壊は通常の戦術であった。そのため、七月九日づけで全権特別委は橋梁破壊について、「重要な橋の最寄りにある村落住民から、五人以上の人質を取り、橋が損傷を受けた場合に彼らを直ちに銃殺しなければならない」と命ずる。

キルサノフ郡特別委会議で、駐屯軍に敵意を持つ村で、「四〇人の人質が取られ、村落に戒厳令が布告され、赤軍兵士部隊によって包囲され、強制的に匪賊と武器を引き渡すために二時間の期限を定め、不履行の場合には人質を銃殺するとの命令が出された。全体集会で決定と命令を宣告すると農民は激しく動揺したが、匪賊を捕獲するための支援に積極的に参加する決心がつかず、銃殺に関する命令が執行されることに懐疑的であるのは明白であった。定められた期限が過ぎた後、スホードに出席した農民の目の前で人質の二一人が銃殺された。「五人委員会」の全員、全権、軍事部隊幹部士官などが臨席した公開銃殺は、市民を震え上がらせた。

銃殺の終了後、群衆はざわつき喚声が轟いた。「忌々しいやつらのためにひどい目に遭っている、引き渡せ、誰でもいい」、「もう黙ってはいられない」。群衆から名乗り出た代表が捜索と山狩りによって武器と匪賊の探索を行うのをすべてのスホードに認可するよう要請した。認可が与えられた」というオシノフカ村の例、「五人委員会」は村を「根絶することを決定し、赤軍兵士家族を除き、住民を一人残らず退去させ、彼らの財産を没収し、彼らをほかの村に移動させ、匪賊家族から接収した納屋に閉じ込めた。高価な資材、窓枠、ガラス、フレームなどをきっちり取り外した後で、村に火を放った。火事の間実弾が束ごと燃えさかり、爆弾の破裂に似た大爆発が見られた。

このような措置は地区全体に大きな衝撃を与えた。シャブロフカ、カシルカなどカレエフカに隣接する残りの村落は、移住の準備をはじめ、特赦の請願を持って代表が訪れ、彼らを救うのは匪賊と最後の武器を引き渡すことであると代表に言い渡した」実例などが報告された。

「赤色テロル」の恐怖によって民衆を圧殺したアントーノフ蜂起の鎮圧について、これ以上述べる必要もないであろう。航空機、装甲列車、装甲自動車、毒ガスなどの近代兵器が大量に投入されたが、鎮圧に「赤色テロル」がもっとも効果的に作用したのは疑いない。

6　強まる飢饉の犠牲

農民反乱だけでなく、二一年のソヴェト＝ロシア一面が深刻な飢饉におおわれた。このときの大飢饉についてソヴェト時代の文献では、サマラ県を中心にヴォルガ流域地方の深刻な被害についての言及がもっぱらで、ほかの地方、特に辺境地での大被害は秘匿されてきたが、実際にはこの飢饉はきわめて広範囲におよんだ。

タムボフを含めて多くの諸県ですでに二〇年の収穫に凶作が認められていたが、割当徴発から現物税の移行は事態を改善せず、さらに食糧危機を悪化させた。なぜなら、二一年二月末に中央ロシアで食糧割当徴発は基本的に停止されたが、夏にはじまる現物税による徴収まで食糧調達を待たねばならず、国家に残された食糧備蓄はすでに乏しく、配給は完全に停止した。その緊急措置として三月末に出されたのが農産物の自由取引認可の布告であった。国家供給が不可能なら、民衆に自由に食糧を探させるしかなく、それが担ぎ屋を合法化したこの布告であった。要するに、民衆は飢饉の中に棄民として投げ出されたのである。これがネップの始まりとされる自由取引認可の実情である。そのうえ、タムボフ県には鎮圧軍を扶養する義務が課せられたが、匪賊に掠奪された農村にすでに食糧はなく、通過する食糧列車の連結を切り離して労働者と軍隊を養い、ボリソグレブスク郡では突撃企業でさえ、労働者への配給は破滅的状況で、労働者の半分は飢えのために病に伏せ、残り半分は働けない有様であった。このような光景がロシア全土で認められた[★25]。

今年の春は通年よりも早くはじまり、すでに異常な旱魃の予兆が見られた。春先から六月下旬までほとんどの地方で雨が降らなかった。未曾有の旱魃が飢饉の最大の理由であるのは間違いないが、割当徴発による農村の疲弊、農業技術の後進性などが加わり、その被害を、特に辺境地で拡大させた。民衆は春先からはじまる旱魃に無力であり、例えば、タムボフ県テムニコフ郡やオムスク県タラ郡のようにロシア各地で、僧侶を中心に雨乞いの祈祷の行列が認められた。これが効果をもたらすことはなかったにせよ、民衆が教会を最後の拠り所とする光景を、権力者は苦々しい思いで眺めていたであろう。

収穫後も未曾有の旱魃のため事態は改善されなかった。それでも食糧税の徴収は、技術的にいくらかの遅れが見られたが、予定通り八月にはじまり、そこでは旱魃や凶作は考慮されなかった。そのため、飢えた農民は税の供出に頑強に抵抗した。税納付を遅らせようとする兆候が見られる場合に、直ちに軍事部隊と革命裁判所巡回法廷を行使せよとの国防会議政令に基づき、抑圧的措置による徴税はその当初から広く適用された。割当徴発の再現ではあるが、大飢饉の中での徴税はいっそう困難であった。匪賊運動が続く中で徴税キャンペーンを開始したヴォロネジ県では、県チェー・カー部隊と食糧部隊による活動が行われた。二二年一月にオムスク県では、農民は代用食と屍肉を食べているような飢餓状態で、税の減量を再三訴えたがそれも叶わず、税の遂行まですべての製粉所が閉鎖され封印された。ノヴォニコラエフスク県では税の支払いのために余所から運び込まれた穀物を闇食糧取締部隊が没収した。飢饉の下でこれらの措置は民衆の餓死を意味したが、権力がそれを考慮することはありえなかった。シベリアではコムニストへの非難が次のように公然と語られる。「コルチャーク［白軍を率いた提督］が県チェー・カーに替わっただけで、おまけに、二年目には穀物を支払わせている」

この悲劇のもっとも象徴的地域がウクライナであった。ロシアのほとんどの県で二一年二月に割当徴発は停止されたが、ウクライナでの穀物調達は継続された。しかしながら、燃料不足で穀物貨物列車は至る所で立ち往生し、マフノー農民運動の主要な攻撃対象となった食糧活動家と食糧機関は失われ、実質的にウクライナでの割当徴発も停止した。そして三月末に自由取引の認可に関するロシア政府の布告が公表されるや、担ぎ屋の群れや労働者組織が堰を切ったようにウクライナを含む穀物生産地方に溢れた。四月には「最近ウクライナの運輸を根本から解体し、未曾有の大量の担ぎ屋が溢れている」、「緊急措置が執られないなら、担ぎ屋の波は、ウクライナの主要な穀物諸県での調達活動を最終的に崩壊させる」など、ウクライナ共産党中央委から再三このような非組織的担ぎ屋行為を停止させるようにとの要請が出されたが、抑えようもないロシアからの飢民の波によってウクライナにある余剰はすっかり汲み出された。★26

これに追い打ちをかけたのが、ウクライナの特にステップ諸県に忍び寄る異常気象であった。二〇年の夏は早霜で、冬は積雪が少なく突風が雪と大地とともに秋蒔き穀物を根こそぎにし、二一年の凶作を予想させるのに充分であった。春が訪れても降水量は異常に少なく、四月末から二ヶ月以上も一滴の雨も降らなかった。それに猛暑が続いた。すべての穀物は干上がり、通常の丈にまで成長せず、多くの場所で春蒔き穀物から実も藁も収穫できなかった。ウクライナ全体で戦前には一八プードを悠に超えていた一人当たりの食糧用穀物量は、飢饉地区では五プードに満たなかった。

未曾有の大凶作の下でも、ボリシェヴィキ権力は農民からの現物税の徴収に躊躇しなかったが、そこでの徴収は二重の負担を農民に強いることになる。第一に、もちろん、飢民から最後の食糧源を奪うことはいうまでもないが、それだけではない。第二に、このときの現物税はほとんど根拠のない収穫予想に基づいたために、実際よりはるかに高い税率が設定されたことである。戦前のウクライナの穀物総収穫は一一億二五〇〇万プードであり、二一年の収穫を政府は七億五〇〇〇万プードと見積もったが、実際には四億五〇〇〇万プードしかなかった。後に飢餓県と認定されるステップ五県は、戦前の平均収量四億プードに対し八二〇〇万プードの収穫しかなかった。こうして設定された現物税はきわめて重い負担としてウクライナ農民にのしかかった。ロシア農村でも同様である。大凶作は自然災害であったとしても、大飢饉は人為的である。[★27]

二一年夏からウクライナでも飢饉は顕著になった。飢餓は村落内で急速に広まり、荒廃した農村には何も残されず、猫や犬、それに油粕やトウモロコシの芯などの代用食が通常の食事となった。粘土や雑草も食べた。これら食糧がなくなったとき、飢饉の最終局面が訪れる。人々は農家の屋根に葺かれた藁、長靴、馬具の革を食べはじめる。彼らが耐えている非人間的苦痛は彼らを非人間的にし、そのように野獣になった人々は屍肉を食用にし、カニバリズムに至る。民衆の悲劇は常に至る所で同じ光景で幕が閉じられる。

飢饉はボリシェヴィキによる人為的＝政策的段階から、次いで犯罪的段階へと移る。二一年八月に飢餓民援助のためにロシア政府と非政府団体であるアメリカ援助局（ＡＲＡ）との間で行われたリガ交渉で、そこは相対的に豊作であるとの理由で、ウクライナは援助対象地域に含まれなかった。飢饉にあえぐキルギス共和国のうちアクモリンスクとセミパラチンスク県は、中央ロシアのための調達対象県になったために飢餓地区に認定されなかったように、ウクライナもそこがシベリアとならんで主要な穀物調達地域に設定されたため、そこでの飢饉は秘匿された。

シベリアではコルチャーク軍が崩壊した後も、ボリシェヴィキ権力によるいっそう暴力的穀物徴収が続き、その全域が二〇年一二月四日まで戒厳令下に置かれた。これはシベリアの飢饉の大きな要因になり、それにもかかわらず現物税は厳しく徴収され、農民の抵抗に対して「赤色テロル」が頻繁に行使された。これについては、アルタイ県ルブツォフスク郡についての二一年一二月末に関する県チェー・カーの極秘報告を引くだけで充分であろう。「トポリノエ村で食糧部隊員によって農民三人がナガン銃で殴られ、アクテフスカヤ郷で食糧活動家により数人の農民が殴打され、同郷で食糧コミッサール代理と食糧活動家により農民が鞭打たれ、ギレフスカヤ郷で食糧活動家により何人かの農民が下着だけで寒い納屋に閉じ込められ、ロクテフスカヤ郷で食糧活動家により不払い農民が逮捕され、灼熱の部屋に閉じ込められ、何人かは意識不明のままそこから担ぎ出された」。これはいわゆるネップ体制下での話である。

ARA代表は二一年一一月二三日づけ書簡で、ウクライナの飢饉を調査しようとのARAの提案に対し、ロシア側はウクライナには飢饉は存在しないとの理由でそれを拒否した事実を挙げ、ロシア政府の対応を非難した。ウクライナのステップ諸県（ウクライナ南部）、ザポロジエ、ドネツ、ニコラエフ、オデッサ、エカチェリノスラフ県が飢餓地区に認定されたのは、現物税徴収キャンペーンが基本的に終了した二二年一月一日のことであった。二二年八月に出されたARA報告書はニコラエフ県の飢饉の惨状に触れ、「ニコラエフ地区で飢饉を引き起こした原因を以下にまとめることができる。二一年の凶作、前年までの収穫からの備蓄の欠如、ニコラエフ地区自体が飢饉であると判明するまでヴォルガ流域に引き渡すため割当徴発が実施されたことであり、中央ウクライナ政府は二二年一月一日までニコラエフ地区を飢饉地区に認定しなかった」事実に言及した。

飢餓民援助の遅れはウクライナでの飢饉の被害をきわめて甚大にした。ソヴェト政府の飢饉に関する公式資料集によれば、二二年五月にザポロジエ県で飢民は七五％に達した。「ヘルソン［飢饉地区に認定されていない］では七万人の人口のうち三万人しか残らず、後は死につつあるか四散した。ときには村全体が死滅した」。大飢饉であることを知りながらも現物税を取り立て、飢餓民援助を拒絶し続けた国家的犯罪の結果がこれであった。[28]

7　飢饉援助と教会弾圧

ボリシェヴィキ権力による中央ロシアでの飢餓民の救済はきわめて緩慢であった。二一年六月二六日づけ党中央委機関紙『プラヴダ』は巻頭論文で、歴史的飢饉の一八九一年を超える二五〇〇万人の飢餓民援助の組織化を訴えたものの、七月一八日づけ全ロシア中央執行委幹部会令により「飢餓民援助特別委（ポムゴル中央特別委）」を設置する以外、具体的援助活動はまったくなされなかった。ポムゴルの活動資金と援助フォンドは国家援助と地方の原資で賄うとされたが、実際には民衆からの寄付（自発的または強制的）、賃金からの天引き、罰金の徴収などからの拠出に頼るしかなかった。

このような危機的状況下で、総主教チーホンを先頭にロシア正教会はこの活動に迅速に対応した。通説では七月一二日にマクシム・ゴーリキーが飢饉援助を訴え、これを受けて合衆国商務長官フーヴァーは七月二三日づけ電報でARAがロシアを支援する用意があると声明し、本格的飢餓民援助活動がはじまったとされる（この実現のためのリガ協定は難航し八月二〇日にようやく調印された）。だが実際には、チーホンはゴーリキーの声明より一日早い七月一一日にロシアの信徒と世界の人民に飢えたロシアの支援を訴えていた。彼はまた八月五、一七日の当局への書簡で、教会は飢民を自発的に援助し寄付集めを組織する用意があること、組織的寄付集めと配分のために教会委員会が設置されたことを声明し、教会による飢民救済事業の認可を求めた。八月一七日のポムゴル中央特別委幹部会は「それらの活動を有益と認める」と決議したが、これはチーホンに通知されなかった。レーニン、トロツキーらは教会の救済活動への関与にかたくなに反対したため、教会による援助活動はおおやけに認められず、チーホンの言葉によれば、「八月一五日からわれわれに暗黙裡に認められた寄付集め」が行われたが、いくつかの地方では寄付集めの罪を主教が問われ、逮捕されるような厳しい状況下にあった。一般の寄付が途絶えはじめた冬に、一二月八日の党中央委政治局会議は、飢民援助に参加する旨の宗教団体からの請願を認めるが、このことは公表しないことを決議した。だが、それには厳しい条件がつけられ、あまりにも遅く出された認可であった。[★29]

飢餓民用の穀物を外国で買い付けるための貴金属などの徴収は、教会から貴重品を強制収用する際の口実となったように、特に重要な意味を持っていた。そのため、モスクワ組織のようないくつかの前衛的コムニストは、飢餓民援助の先頭に立ってすべての金装飾品と貴金属を強制的に拠出することを決議した。このような動きに対する党中央委の反応は驚くようなものであった。二一年九月一二日の中央委組織局会議はすべての県委への以下の機密回状を採択した。「個々の委員会によって提起された、党員による金、貴金属の強制的引渡しに関する決議を中央委は不適切な方法と見る。そのような決議は、党細胞に組織解体の要素を持ち込み、不充分にしか鍛え上げられず、不屈でもなく訓練を受けていない同志に、自分の持つ貴重品（婚約指輪、家族の記念品など）を隠匿するために（通常はきわめてわずかな量）様々な口実を作り出させている」ことを理由に挙げ、このようなキャンペーンを破棄するよう命じたのである。ソーリッツの編纂になる原案では、「金装飾品と貴金属の強制的引渡しに関する一般的決議を出すのは余計なことであり、コムニストが金装飾品と貴金属を保管しているという望ましからざる印象が作り出される」との理由づけがなされた。こうして、多くの民衆が塗炭の苦しみで呻いているそのさなかに、コムニストの財産は守られたのである。そもそも、二〇年二月三日づけ決議により、「インゴットの金、プラチナ、銀とそれらの製品、宝石貴石、真珠からなる全貴重品」を全ソヴェト施設と公務員は国家保管所《ゴフラン》に引き渡すことが義務づけられている以上、これら貴金属を持つこと自体が違法行為であった。ボリシェヴィキ幹部の厚顔さにはあきれるしかない。[★30]

実質的な飢饉援助を、ボリシェヴィキの仇敵である帝国主義列強と教会に依存するしかなかったことが、飢餓民の援助を悲劇的結末に導く大きな要因となった。

二一年八月二五日の党中央委政治局会議でリガ協定によって到来する外国人を監視する特別委がレーニンの提案により設置され、一二月三一日の政治局会議でＡＲＡ機関の監視がさらに強化され、中央でも地方でも権力の疑惑と妨碍という困難な状況の下で、二二年から本格化するロシアの飢餓民救済活動は、ＡＲＡを筆頭にもっぱら外国援助組織によって精力的に実施された。例えば、二二年五月にバシキリア共和国でポムゴルは飢民の一四％を、ＡＲＡは二四％を扶養していた。このような救済活動が続く中で、二二年九月に全ロシア中央執行委議長カリーニンは、収穫の後「飢饉は収束した」ことを宣言し、ポムゴル中央特別委は解散され、新たに「飢饉後遺症との闘争委員会（ポスレドゴル）」が設置され、罹災した経営の復興などがそのおもな任務に掲げられた。だが、多くの地方で二二年収穫後も飢饉は克服されず、キルギス共和国では二二年の播種面積は二〇年の半分しかなく、サマラ県では二二年の収量は一人当たり九プードを超えなかった。ヴォチャーク州から、二二年の収穫は農村住民一人当たり九プード以下で、「現状から住民は自力で抜け出すことができない」と訴えているように、餓死者をともなう飢饉は依然として各地で認められていた。[★31]

あまりにも早い飢饉の終息宣言により外国による援助活動は二三年夏に停止したが、その背後には教会弾圧の動きが隠されていた。十月政変直後から、「赤色テロル」の主要な対象は反革命運動とならんでロシア正教会であった。一八年夏から聖職者に対するボリシェヴィキの本格的テロルがはじまり、殉教者の数は急増した。聖職者と信徒は人質として銃殺されただけでなく、権力により「反革命勢力」として分類された。一連の十字架行進がトゥーラ、ハリコフ、タムボフ県シャツクで銃撃を受けた。一八年七月三〇日布告により、教会の鐘を鳴らすこと自体が革命裁判所の判決により処罰された。ヴェー・チェー・カーの不完全な資料によれば、一八年に司祭八二七人、一九年には一九人が銃殺され、六九人が投獄された。実際の数字ははるかに多い。一万一〇〇〇人が弾圧を受け、そのうち九〇〇〇人が銃殺されたといわれている。チーホン自身もソヴェト権力の転覆を幇助した廉でチェー・カーの尋問を受け、自宅軟禁状態が続いた。★32

教会に救済活動を認可する一方で、この間に教会弾圧の態勢は秘密裡に進行していた。この策動がいつはじまったのかを正確に特定するのは難しいが、その中心人物がトロツキーとレーニンであること、二二年二月一六日づけの、教会資産から金銀宝石のあらゆる貴重品を収用し、それを飢餓民援助のために財務人民委員部に引き渡すことを命じた中央執行委布告よりはるかに先立つことは確実である。トロツキーは、教会からの資産の没収を急ぐこと、この遅延は犯罪的であるとした二二年一月一二日づけのレーニンへの極秘書簡に続き、一月三〇日づけのレーニン宛ての極秘書簡で、ゲー・ペー・ウー報告書によれば現在使われていない修道院から金銀が押収されているが、現在機能している教会からの収用は特に重要な任務であるとの自説を展開した。この措置はタタール共和国で先行し、すでに一月二四日づけ同共和国ゲー・ペー・ウー議長の極秘草案では、飢餓民援助の基金を形成するため「赤色商人」からの営業税の徴収や罰金の強化とならんで教会資産を没収する方針が確認されていた。

ここで特徴的なことは、教会貴重品の収用を通しての教会弾圧政策は、形式的には当時の最高決定機関である党中央委政治局会議で決議されたが、実質的には党指導者間の極秘文書のやりとりの中で方針が先決されていたことである。二二年以降になると決議や議事録に機密、厳秘、極秘の文字が頻繁に現れるようになる。超《アルヒ》秘密の文書までも存在する。これだけでも、きわめて異常な現象であるが、さらに、後で触れる三月一九日づけレーニンの厳秘書簡では、教会弾圧政策の立役者はトロツキーであったが、彼を表舞台に登場させず、カリーニンだけを矢面に立たすよう指示が与えられた。民衆からはもちろん、党員大衆からも秘匿された、秘密と嘘で塗り固められた醜悪な政治体制がここに成立する。[33]

教会祭礼に直接関わる貴重品の収用に危機感を抱いたチーホンは、二月二八日づけで次のように訴えた。「われわれによって飢民救済全ロシア教会委員会が創設され、すべての寺院と残りの信徒グループの間で飢民救済に予定された金銭の徴収がはじまった。だがかような教会組織はソヴェト政府によって余計なものと見なされ、教会によって徴収されたすべての金は政府委員会への引渡しを要求された（そして引き渡された）。［……］飢饉で死に絶えつつあるヴォルガ流域住民にできる限り援助しようと願い、われわれは礼拝に必要のない値打ちのある教会の装飾品と物品を飢民のために犠牲にするのを教会教区会議と集会に認めさせることができると考え、このことを今年二月一九日に特別アピールとして教徒住民に通知した」と、これまでの教会の活動を総括した後、チーホンは、それでも実施されようとしている、「教会の精神的指導者に対する政府新聞での激しい攻撃に続く、聖なる什器、その他の礼拝用教会物品を含むあらゆる貴重品の寺院からの収用」は、「神聖冒瀆の行為」であるとして厳しく論難した。[34]

このときからボリシェヴィキ権力と教会との対立は決定的となった。飢餓民援助がボリシェヴィキにとって絶好の機会を与えたというのは、単に飢民救済基金が教会資産を没収する際の表向きの理由となっただけではない。飢饉が頂点を迎えようとする二二年春になると、農村一帯は「赤色テロル」に蹂躙されただけでなく、飢饉によっても民衆は心身ともにまったく疲労困憊し、彼らには教会弾圧に抵抗する力は残されていなかった。このため、教会資産の没収過程で個々の抵抗は認められるとしても、これを原因とする大規模な民衆の直接行動は発生しなかった。まさにレーニンとトロツキーは絶好のタイミングをはかったといえる。

特定の地方を選抜して、没収すべき教会財産目録作りの作業が三月にはじまったが、このキャンペーンは、中央委書記モーロトフの言葉によれば、「あまりにもわずかで、遅々として進まず」、聖職者が政治的に勝利するおそれがあった。各地から民衆の頑強な抵抗を示すゲー・ペー・ウー極秘報告が送られた。「タムボフ県（三月八日）。農民の気分は教会資産の収用に関する布告のために思わしくない。エラチマ郡のある村で教会資産の登録に関する特別委は、農民によって放逐された。別の村では農民は聖職者と一緒に、教会資産収用に関する特別委議長を殺害することを決議した」。「カルーガ県（三月九日）。教会資産の収用に関する特別委は至る所で活動に着手した。聖職者は反革命的情宣を行っている。タルサ郡の郷の一つで農民の公然とした直接行動があり、部隊が派遣された」。もちろん、これに抵抗したのは農民だけではない。オデッサでは労働者だけでなく共産主義青年同盟員《コムソモール》の間でも、これに対する憤激の声が挙がった。ペトログラードでは教会貴重品収用に関する特別委は、集まった信徒大衆によってカザン寺院から放逐された（三月一四日）★35。

　このような状況下で、三月一五日にイヴァノヴォ＝ヴォズネセンスク県シュヤ市で一つの事件が発生した。同日現地の県チェー・カーが、「シュヤ市で民衆の群れは教会貴重品徴収郡特別委に作業をさせず、特別委員に暴力を振るおうとする試みがあった。衝突は収まり、特別委は近日作業に取りかかるであろう」と通知したように、事件そのものはことさら深刻なものではなかった。だがレーニンの政治的判断は異なっていた。レーニンは三月一九日づけ中央委書記モーロトフへの厳秘書簡で党中央委政治局員に次のような指示を与えた。翌二〇日の政治局会議にレーニンは出席できないため、そこで政治局員に指針を示したのがこの文書であり、コピーを取らずに全員に回覧して、賛成か反対かをメモ書きして戻すように、との指示がその末尾につけられた。異常な手続きであった。

「[……] 黒百人組的聖職者の影響力のあるグループの秘密会議でこの計画が案出され、まったく着実に採択されたのは明白である。シュヤでの事件はこの全体計画の発露と適用の一つでしかない。

[……] まさに現在、飢饉地域で人が食べられ、通りで何千でないとしても何百の屍体が横たわっている現在だからこそ、犯罪的抵抗を弾圧するのをためらうことなく、もっとも苛烈で容赦のないエネルギーでわれわれは教会貴重品の収用を行うことができる（そのため、そうしなければならない）。[……]

　われわれは是非とももっとも断固としてもっとも速やかに教会貴重品の収用を行う必要があり、それによりわれわれは数億金ルーブリの基金を確保することができる（いくつかの修道院と大修道院の巨万の富を想起する必要がある）。この基金なしに、一般にいかなる国家活動、いかなる経済建設、特に、ジェノア[会議]でのいかなる立場の堅持もまったく考えられない。〔……〕」
内容でも異常なこの書簡は党内情勢を一変させた。それまで党中央委員にあった待機的気分は一掃され、このときから、教会貴重品徴収のキャンペーンは教会と民衆信徒への弾圧キャンペーンに変わり、ゲー・ペー・ウーが主導する弾圧措置を駆使して、教会弾圧の中心的人物であったトロツキーの方針が次々と具体化された(おもに秘密の書簡で指示して)。

レーニンがこの厳秘書簡の中で飢民対策にまったく触れなかったのは、この一連の事件を理解するために非常に示唆的である。まさに飢饉の絶頂期に民衆が苦しみあえいでいるときに、レーニンはそれを教会弾圧の好機と捉え、民衆から最後の拠り所を奪ったのである。スモレンスク県で行われた教会貴重品の徴収活動は、民衆の抵抗により再三中断され、圧倒的軍事力を動員して大勢の抵抗を排除しようやく目的を達成し、その際一〇〇人以上が逮捕された。この事件に激怒したトロツキーは、事態収拾後にトゥハチェーフスキィを長とする懲罰軍を新たに派遣し、この事件がポーランド国境付近で発生したことに憂慮し、逮捕者は西部戦線革命軍事法廷で審理を行うよう指示を与えた。[36]

このキャンペーンで徴収された貴重品が飢民救済に向けられたならば、そこでの犠牲者はまだ救われたかもしれない。正確な数字を挙げることはできないが、ここで集められた資金は、レーニンが書簡で触れたように、ネップ体制下での経済建設に利用され、このとき商業の制度化にともなう通貨改革が行われ、貴金属により保証された新通貨が発行されたのは偶然ではない。ＡＲＡ広報責任者は二二年五月の覚書で、カニバリズムがありながら、「教会から一億ドル近くと推定される貴金属と貴石を集めたにもかかわらず、外国からの穀物のためにこの宝飾を交換する」ことはなかったと、ボリシェヴィキ政権の飢饉対策を断罪した。[37] まさにネップは民衆の墓標の上に咲いた徒花であった。

血まみれの「赤色テロル」はスターリンの独創ではなく、まさにボリシェヴィキが権力を握ったそのときから、その支配の論理と実践を貫く「赤い糸」としてソヴェト＝ロシア社会を支配し、ボリシェヴィキ政治支配の要諦となった。

十月政変によって権力の中枢に据えられたのは、ソヴェトの最高決定機関である全ロシア・ソヴェト中央執行委と政府機関の人民委員会議であった。まもなく、このときの共産党と左翼エスエルとの連立が決裂し、共産党独裁がはじまるにつれ、次第に党中央委、特にその中でも政治局が実質的に最高政治決定機関として登場しはじめる。二一年のクロンシタット反乱、アントーノフ蜂起、飢饉などの一連の危機的状況の中で、党中央委政治局の権威は不動のものとなった。この過程は、これらの一連の危機への対応にチェー・カーが重要な役割をはたすようになった時期と奇妙に一致している。しかし、事態はさらに進展する。すでに触れたように、二二年に本格的に開始される教会弾圧の過程で、以下の現象が現れるようになる。第一に、党エリートの機密文書と秘密特別委（どこで誰によって設置されたのかが分からないような）の決定が政治局決議の指針を先決するようになり、第二に、全ロシア・ソヴェト中央執行委はその本来の機能を完全に喪失し、上記の決定の傀儡になってしまい、第三に、ゲー・ペー・ウーが政策実施機関に組み込まれたことである。いわゆるネップ初期にソヴェト体制の政治構造は完全に様変わりしてしまった。これはレーニン支配の晩年の出来事であり、レーニン体制の総仕上げであった。

メリグーノフの記述で特徴的なのは、われわれがソヴェト＝ロシア史で常識となっている戦時共産主義からネップへといった時代区分にまったく触れずに、むしろ連続した現象として「赤色テロル」が語られていることである。二一年には翌年に頂点を極める飢饉があり、二二年には教会への弾圧がその年いっぱいにかけて敢行される。割当徴発量のほぼ半分になった現物税は農民の負担を軽減したといわれる。しかし、人質や銃殺といった「赤色テロル」を駆使しても、割当徴発の遂行率は半分に満たなかった。こうして実際の割当徴発による達成量が現物税として農民に課せられただけでなく、未曾有の飢饉の中でもそれは大きく減量されることなく、二一年秋の徴税キャンペーンでは軍事組織や革命裁判所などのあらゆる弾圧装置が動員され、隠匿耕地が徹底的に摘発された。穀物一粒ごとに農民の涙と血がにじみ出たことであろう。まさに「奔流となって流れる」無辜の民衆の血の中でネップが生まれようとしている。

［注］

（1）Красная книга ВЧК.Т.2.М.,1989.с. 34,53,292. 本書は本文で言及されているチェー・カーの活動概要報告書（一九二二年出版）の復刻版である。

（2）В.И.Ленин и ВЧК: Сборник документов (1917-1922 гг.).М.,1975.с.13-14,24,26-28, 33-38,112-113; Litvin A.L. The Cheka.*Critical companion to the Russian Revolution*. Arnordo,1997,p.318.

（3）Переписка Секретариата ЦК РКП(б) с местными партийными организациями: Сборник документов.М.,1971. Т.6.с.61-62; В.И.Ленин и ВЧК.с.543-553.

（4）Продовольственное дело. Орган Мос.прод.комитета.1918.№2.с.19.

（5）Государственный Архив Российской Федерации.Ф.130,Оп.2,Д.265,Л.8.［以下 ГАРФ］初期ソヴェト体制については、梶川伸一『飢餓の革命』、名古屋大学出版会、一九九七年、同『ボリシェヴィキ権力とロシア農民』、ミネルヴァ書房、一九九八年、を参照。

（6）Ленин В.И. Полн.собр.соч.Т.50.с. 442,143-145,156,160.

（7）В.И.Ленин Неизвестные документы:1891-1922.М.,1999.с.246.

（8）Российский Государственный Архив Социально-Политической Истории. Ф.17,Оп.5,Д.17,Л.1,138; Д.22,Л.33［以下 РГАСПИ］; ГАРФ. Ф.393,Оп.4,Д.31, Л.36-37, 70 ; Изв. Наркомпрода.1918.№20/21.с.59; Центральный Архив Федеральной службы безопасности Российской Федерации. Ф.1,Оп.4,Д.160,Л.10.［以下 ЦА ФСБ］; Правда. 1918.25 сент.

（9）Российский Государственный Архив Экономики. Ф.1943,Оп.1,Д.745, Л. 82,103.［以下 РГАЭ］

（10）ГАРФ.Ф.130,Оп.4,Д.604, Л.42; Д.586а, Л. 17; Д.602, Л.603.

（11）Беднота.1921.17 фев.; ГАРФ. Ф.1235,Оп.56,Д.9, Л.218; Ф.130,Оп.4,Д.601, Л.60; Оп.3,Д.507, Л.14,16, 29,37.

（12）共産主義幻想とネップの導入に関しては、梶川伸一『幻想の革命』、京都大学学術出版会、二〇〇四年、参照。

（13）РГАСПИ. Ф.17,Оп.65,Д.453,Л.17-18об.; ГАРФ. Ф.5556,Оп.1,Д.37, Л. 42; ЦА ФСБ.Ф.1,Оп.4,Д.123,Л.50об.; Архив ВЧК: Сборник документов.М.,2007.с.400.

（14）奥田央編著『二〇世紀ロシア農民史』、社会評論社、二〇〇六年、二七ページ；Кондрашин В.В. Крестьянское движение в Поволжье в 1918-1922 гг.М.,2001.с.71.

（15）РГАСПИ. Ф.17,Оп.84,Д.176,Л.100; Осипова Т.А. Крестьянский фронт в гражданской войне //Судьбы Российского крестьянства.М.,1996.с.146; РГАЭ. Ф.1943, Оп.7,Д.918, Л.187;Оп.3,Д.246, Л.2; Оп.65,Д.370, Л.96; Ф.478,Оп.1,Д.330, Л.32.

（16）«Антоновщина»: крестьянское восстание в Тамбовской губернии в 1920-1921 гг. Тамбов,2007.с.133,143; ГАРФ.Ф.130,Оп.4,Д.608, Л.1; РГАСПИ. Ф.4,Оп.1,Д.1256,Л.2-3; 梶川伸一『ボリシェヴィキ権力とロシア農民』、五九三―九五ページ。

（17）« Антоновщина »,2007.с.13.

（18）以下の叙述は特に断りがなければ、Самошкин В.В. Антоновское восстание.М., 2005, Крестьянское восстание в Тамбовской Губернии в 1919-1921 гг.: «Антоновщина».Тамбов,1994、«Антоновщина»,2007、梶川伸一『ボリシェヴィキ権力と民衆』に拠る。ただし、煩雑さを考えページ数は省略。

（19）Самошкин В.В. Указ.соч. с.48; Ленин В.И. Полн.собр.соч.Т.51.с. 310.

（20）Архив ВЧК.с.145; РГАСПИ. Ф.17,Оп.112,Д.108, Л.2-3; Оп.2,Д.55, Л.4; Оп.3,Д.128, Л.1.

（21）Антоновщина : Статьи, воспоминания и другие материалы к истории эсеро-бандитизма в Тамбовской губ. Тамбов,1923.с.93-94; The Trotsy Papers 1917-1922.v.2,Mouton,1971,p.528-30.

（22）梶川伸一『幻想の革命』、一四七―四八ページ；Кронштадт 1921.М.,1997.с.8-14; Правда о Кронштадте. Прага,1921.с.5-31; РГАСПИ. Ф.17,Оп.84,Д.228,Л.43.

（23）Там же. Ф.17,Оп.3,Д.155,Л.2-3.

（24）Осипова Т.А. Указ.соч.с.150.

（25）РГАЭ. Ф.1943,Оп.7,Д.2334, Л.177,226. 以下の記述は特に断りがなければ、梶川伸一『幻想の革命』に拠る。

（26）РГАСПИ. Ф.17,Оп.13,Д.1007,Л.119; Д.668, Л.70; РГАЭ. Ф.1943,Оп.6,Д.577, Л.11; ЦА ФСБ. Ф.1,Оп.6,Д.523,Л.168; РГАСПИ. Ф.17,Оп.65,Д.640,Л.183-185.

（27）Hoover Institution Archives. American Relief Administration. Russian Unit.6-6,133-6.［以下 HIA］

（28）ЦА ФСБ. Ф.1,Оп.6,Д.523,Л.220; HIA. 18-6,146-8; Итоги борьбы с голодом в 1921-22 гг. : Сборник статей и отчетов. М.,1922.с.255.

（29）Изьятие церковных ценностей в Москве в 1922 году: Сборник документов из фонда Реввоенсовета Республики. М.,2006.с.135,137-139,142; ГАРФ.Ф.1065, Оп.1, Д.16, Л.41,42-43; РГАСПИ. Ф.17,Оп.3,Д.242,Л.5; Одинцов М.И. Русские патриархи XX века. М.,1999. с.61.

（30）Бюллетень ЦК помгол. 1921.№1.с.12,17; РГАСПИ.Ф.17,Оп.112,Д.209,Л.2,46, 46об.; Декреты Советской Власти. Т.7.с.193-194.

（31）РГАСПИ. Ф.17,Оп.3,Д.194,Л.1; Оп.12,Д.263,Л.70; Усманов Н.В. Деятельность Американской администрации помощи в Башкирии во время голода 1921-1923 гг.Бирск,2004.с.54; Итоги борьбы с голодом. с.425-428; После голода.1922.№1.с.73,84; №2.с.125.

（32）Следственное дело патриарха Тихона. М., 2000. с.15-17.

（33）Итоги борьбы с голодом. с.418-419; The Trotsy Papers 1917-1922.v.2,p.670-72; РГАСПИ. Ф.5,Оп.2,Д.48,Л.3-3об.; В.И.Ленин Неизвестные документы.с.517-518.

（34）Следственное дело патриарха Тихона. с.114-115.

（35）РГАСПИ. Ф.5,Оп.2,Д.48,Л.77; Советская деревня глазами ВЧК-ОГПУ-НКВД 1918-1939.Т.1.М.,1998.с.582-587.

（36）Там же.с.587-588; В.И.Ленин Неизвестные документы.с.516-523; ГАРФ.Ф.1235,Оп.140,Д.60, Л.721.

（37）HIA. 94-10.

[訳者紹介]

梶川伸一（かじかわ・しんいち）

1949年金沢市生まれ。文学博士。

京都大学大学院博士後期課程（現代史）満期修了、現在、金沢大学教授。

著書として『飢餓の革命――ロシア十月革命と農民』（名古屋大学出版会、1997年）、『ボリシェヴィキ権力とロシア農民――戦時共産主義下の農村』（ミネルヴァ書房、1998年）、『幻想の革命――十月革命からネップへ』（京都大学学術出版会、2004年）、論文 「共産主義「幻想」と1921年危機」（奥田央編『20世紀ロシア農民史』、社会評論社、2006年、所収）、Голод и большевистская власть. - В кн. : Государственная власть и крестьянство в конце XIX- начале XXI века. Коломна, 2009. など

ソヴェト＝ロシアにおける赤色テロル（1918-23）

――レーニン時代の弾圧システム

2010年5月25日　初版第1刷発行

著　者＊S・P・メリグーノフ

訳　者＊梶川伸一

発行人＊松田健二

装　幀＊後藤トシノブ

発行所＊株式会社社会評論社

東京都文京区本郷2-3-10　tel.03-3814-3861/fax.03-3818-2808

http://www.shahyo.com/

印刷・製本＊株式会社技秀堂

Printed in Japan